Internationale Jugendgemeinschaftsdienst
Kasernenstr. 48, D- 53111 Bonn
Tel: +49 (0)228 228 00 -11 Fax: -10
workcamps@ijgd.de
www.ijgd.de
Servicezeiten 09:00 – 16:00 Uhr
Ansprechpartnerin: Christa Knobloch

Schwerpunkte eines Workcamps:
– Gemeinnützige Projekte in den Bereichen Umweltschutz, soziales Engagement
  (Arbeiten mit Kindern oder Menschen mit Behinderung), Denkmalpflege,
  Naturschutz, Kunst und Kulturprojekte
– Interkulturelles Lernen, d.h. durch das gemeinsame Leben & Arbeiten kulturelle
  Gemeinsamkeiten & Unterschiede entdecken

Besondere Voraussetzungen:
– Jeder kann teilnehmen! Alle die, die Freude am ehrenamtlichen Engagement
  & an der internationalen Begegnung haben
– Englische (evtl. spanische) Sprachkenntnisse

– Altersbegrenzung: ab 18 Jahren

Dauer des Aufenthalts:
– Die Workcamps dauern meistens 2 Wochen

Einsatzperiode, Abreisezeitpunkt:
– Juni bis August
– Fünf Arbeitsstunden pro Tag, das Wochenende steht zur freien Verfügung

Anmelde- oder Bewerbungsfrist:
– Das neue Programm erscheint jeweils im März
– Eine Anmeldung ist jederzeit möglich, solange es freie Plätze gibt

Kosten:
– An- / Abreise werden von den Workcampern selbst organisiert & finanziert
– Workcamper versichern sich selbst
– Vermittlungsgebühr € 120,–

Entgelt während des Aufenthalts, Förderung:
– Verpflegung, Unterkunft & ein kleines Freizeitprogramm werden kostenfrei gestellt

Träger von FSJ, DJiA, FÖJ, EFD, Weltwärts und bzw. oder ADiA:
– Ja, wir sind Träger!

Anzahl der jährl. Vermittlungen:
– Nach Spanien vermitteln wir ca. 50 Workcamper
– Weltweit vermitteln wir über 2000 Workcamper

Staatsangehörigkeit: Jeder kann teilnehmen

Länder / Gebiete, des Aufenthaltes:
– Unsere Workcamps finden in ganz Spanien statt und weltweit!

Aktion Bildungsinformation e.V.
Lange Str. 51
70174 Stuttgart
Tel. 0711/22021630
Fax: 0711/22021640
www.abi-ev.de

Bereits jetzt sprechen ca. 400 Millionen Menschen in 23 Ländern Spanisch.
Wer regelmäßig Sprachen im Berufsleben benötigt, sollte daher neben Englischkenntnissen auch Spanischkenntnisse besitzen.

Und am besten wird die Sprache dort gelernt, wo sie gesprochen wird, da dort das im Unterricht erlernte Wissen sofort in die Praxis umgesetzt werden kann.

In Frankreich bieten fast 200 private Sprachschulen und Universitäten Spanischkurse für Ausländer an. Ein Teil davon wird durch deutsche Sprachreiseveranstalter und -vermittler vertreten.

Fazit: Die Wahl des richtigen und seriösen Angebots fällt durch die Vielfalt des Angebots schwer.

Hier hilft die unabhängige und gemeinnützige ABI-Aktion Bildungsinformation e.V. durch die Herausgabe von Broschüren und individuellen Rat.
Gestützt wird diese Tätigkeit durch vierzigjährige Verbraucherschutztätigkeit im Bildungsbereich, wozu auch das Sprachenlernen im Ausland gehört.

Über das Angebot in Spanien informiert die Broschüre

„Spanien: Sprache lernen – Tipps für den Alltag"

Alles Wissenswerte über
- Sprachreisen, Sprachkurse und Schulbesuch
- Sprachförderungsprogramme
- spanische Alltagsfragen.

Kernstück des Ratgebers ist eine Marktübersicht der deutschen Sprachreiseveranstalter und der spanischen Sprach- und Hochschulen mit Preisen und Leistungen. Aufgenommen sind Veranstalter, die die ABI-Kriterien erfüllen.

In einem Kapitel der Broschüre wird ausführlich über den Gastschulaufenthalt bzw. Schüleraustausch berichtet.

Liste der gesamten Publikationen im Internet unter
www.abi-ev.de, > „Broschüren" und „Listen".
Ratschläge über Sprachreisen unter www.abi-ev.de/ratschlaege.htm

Für Rat und Auskunft steht die Autorin, Barbara Engler, am besten telefonisch, zur Verfügung.

Barbara Engler

Leben & Arbeiten in Spanien

interconnections

Leben & Arbeiten in Spanien

Jobs, Praktika, Austausch, Spanisch lernen
Alltag und Menschen

Warum Spanier nerven, man sie aber trotzdem mag …

Kay Marco
Georg Beckmann

interconnections

BÜCHER KOSTENLOS!

Viele unserer Bücher finden sich online bei
ReiseTops.com

Unsere Leser sind zur Mitarbeit eingeladen. Gute Tipps, Verbesserungen und Beiträge werden gerne eingearbeitet und mit einem Buch aus unserem Programm belohnt, s. http://shop.interconnections.de

Daneben suchen wir auch Manuskripte zu interessanten Themen. Näheres bei „Shop - Bücher", „Bücher kostenlos" unter www.interconnections-verlag.de, > Manuskripte

Impressum
Reihe Jobs und Praktika, Band 49, erste Auflage
Kay Marco, Georg Beckmann
Bearbeitung & Lektorat: Hanna Markones
Leben & Arbeiten in Spanien – Jobs, Praktika, Austausch, Spanisch lernen
Alltag und Menschen – Warum Spanier nerven, man sie aber trotzdem mag ...

ISBN: 978-3-86040-135-4
2010 – 2009

Umschlagdesign, DTP-Satz: Linuxnet-Online, Anja Semling
Umschlagfotos: Stefan Lutz (links), Hr-Webselling, Pixelio (rechts), Pixelio (mittig).

Copyright: Verlag interconnections
Schillerstr. 44, D – 79102 Freiburg
Tel. 0761 700650, Fax 0761 700 688
info@interconnections.de
www.interconnections.de
www.interconnections.de/spanien

Inhaltsverzeichnis

Vorwort 7
Einleitung 8

Wirtschaft 10
Arbeitsmarkt 16
Selbständigkeit 26
   Erfahrungsbericht: Auf eigenen Füßen in Spanien? 28
   Arbeitnehmer 31
   Erfahrungsbericht: „Lebe Deinen Traum" 43
      Tarifpartner, IHK 47
      Vorbereitung und erste Gänge 48
Soziales 53
   Erfahrungsbericht: Kommunikation im Geschäftsleben 58
   Erfahrungsbericht: Networking 60
   Allgemeine Anlaufstellen 62
   Erfahrungsbericht: Praktikumsaufenthalt in Málaga 66
   Verlagspraktikum in Alicante 69
   Studium 72
   Erfahrungsbericht: Barcelona – Ausbildung 75
   EU – Bildungsprogramm 77

Leben 80
Essen und Trinken 80
   Lokale 83
Soziales Leben 88
   Erfahrungsbericht: Wie Spanier uns sehen 101
Dienstleistungen 104
Medien, Kultur 106

Presse 110
Jugend 110
  Erfahrungsbericht: Barcelona – Aupair: Probier's mal mit Gemütlichkeit 115
Verkehrsmittel 117
  Rund ums Auto 117
  Öffentliche Verkehrsmittel, Fahrrad 120
Behörden, Institutionen 122
Kriminalität 125
Reisen, Tourismus 127
Praktisches Leben & Alltag 137
  Was ist anders? 137
Mentalität 140
  Probleme 147
Sprache 148
Nützliche Anschriften 151
  Botschaften & Konsulate und Konsulate 151
  Austauschprogramme, Internationale Dienste 155
    Träger des Freiwilligen sozialen bzw. ökologischen Jahres / ADiA 155
  FÖJ und FSJ 157
  Sonstige Anschriften 159
  Deutsche Schulen 163
  Eures-Berater 163
  Statistische Angaben 164
  Spanische Verkehrsbüros 164
  Spanische Universitäten 165
  Literaturempfehlungen 166

Index 169

Vorwort

Hola!
Wer mit dem Gedanken spielt, nach Spanien auszuwandern, sich dort niederzulassen, seinen Lebensunterhalt dort zu verdienen, ob auf Dauer oder nur in den Ferien, wird sicherlich mit einigen Hürden und größeren oder kleineren Problemen konfrontiert. Zweifellos steht man zu Beginn vor einem ganzen Berg von Fragen: Wie und wo melde ich mich um? Bekomme ich auch in Spanien noch eine Zeitlang Arbeitslosenunterstützung? Wie sieht ein typisches spanisches Vorstellungsgespräch aus, und wie verhalte ich mich im Umgang mit Kollegen?
Auf diesen und viele weitere Fragen gibt das vorliegende Buch Antworten.

Nach einem kritischen Blick auf den Arbeitsmarkt, Trends und Tendenzen, Tipps und Fallen des spanischen Geschäftslebens, Arbeitsrecht, etc. folgen Beispielbewerbungen und mögliche Abläufe von Vorstellungsgesprächen. Auch eine Liste der ersten (Behörden-)Gänge fehlt nicht.

Neben zahlreichen Erfahrungsberichten all jener, die den Schritt tatsächlich gewagt haben, greift das Buch auch aktuelle Themen der spanischen Presse auf, beispielsweise den Immobilienboom, illegale Einwanderung oder die derzeitige Regierung Zapateros.
Daneben werden zahllose Aspekte des täglichen Lebens beleuchtet; vom Nachtleben über kulinarische Spezialitäten bis hin zum Schulwesen, dem richtigen Geschenk bei Einladungen und anderen kitzligen Punkten der spanischen Mentalität.
Die einzelnen Regionen unter besonderer Betrachtung der jeweiligen Wirtschaft werden ebenso vorgestellt wie die Feiertage des Landes.
Abgerundet wird das Buch mit einer Liste wichtiger Adressen (von Einrichtungen, Auskunftstellen, stipendienvergebenden Organisationen, möglichen Arbeitgebern, etc.) sowie einer Liste weiterführender Literaturempfehlungen.

Viel Freude beim Lesen

Kay Marco

Einleitung

Spanien steht bei vielen Mitteleuropäern für Sonne, Strand und Meer. So kennen es die meisten aus dem Urlaub. Aber Spanien hat viel mehr zu bieten! Ein faszinierendes Land mit herrlichen Landschaften, tollen, lebendigen Städten und großer Geschichte.

Liebenswert sind aber vor allem die Bewohner. Aus unserer Sicht oft ein immer fröhlicher, feiernder, fauler, flamencotanzender Macho, der lispelt. Soweit das Klischee. Das trifft es aber ebenso wenig, als wenn man den Bayern auf einen lederhosentragenden und schuhplattlernden Deppen, der nur Dialekt spräche, reduzieren würde.

Die Iberer wissen das Leben zu genießen und zu feiern, wobei auch ein deutliches Nord-Südgefälle, ähnlich wie in Italien oder Deutschland, zu beobachten ist. Während man im Norden eher zurückhaltend und geschäftsmäßiger ist, zeigt sich der Andalusier warmherzig, offen und feierfreudig. Überall, wo Industrie, Handel und somit Geld vorherrschen, wo – verborgenes – Interesse hinter der Stirn glimmt, sich die Euros in den Augäpfeln widerspiegeln, sind auch die Menschen verschlossener, weniger herzlich und lebensfroh; die Gastfreundschaft ist geringer. Die Verhaltenheit äußert sich in Gestik, Mimik und in der Sprache. Alles ist kontrollierter, bedachter, gefilterter.

Im Arbeitsalltag stellt man eine stoische Gelassenheit unter Beweis, man tratscht gerne (auch wenn am Schalter eine endlose Schlange hinter einem steht, soviel Zeit muss sein), man telefoniert gerne mit der Freundin, egal wie viel Kunden warten, man pflegt Beziehungen, das ist definitiv wichtiger.

Getreu dem Motto: Vieles erledigt sich von selbst, wenn es nur lange genug liegenbleibt.

Spanier bewundern unseren Fleiß, unsere Pünktlichkeit und Korrektheit, halten uns aber gleichzeitig für unflexibel, humorlos und gefühlskalt, „cabezas cuadradas" halt, Quadratköppe.

Der Spanier liebt den persönlichen Kontakt, auch körperlich, ist locker, offen und höflich. Er kann nicht „nein" sagen und sagt deshalb „vielleicht". Ein „ja" bedeutet aber bestenfalls „eventuell", was zu heftigen Missverständnissen führen kann, wenn Deutsche und Spanier Geschäfte machen wollen. Der Spanier plant, verspricht und kündigt an, ohne wirklich an die Durchführung zu denken. Der Deutsche oder Schweizer nimmt dies für bare Münze, macht sich an die Arbeit und ist dann enttäuscht, wenn nichts passiert. Hier tut sich der Österreicher leichter, da in diesem Punkt mit dem Spanier seelenverwandt.

Auch in Punkto Geschäftsgebaren sind sich Österreicher und Spanier ähnlich. Beide agieren beziehungsorientiert und nicht ergebnisorientiert wie Deutsche oder Schweizer.

Entweder die Chemie oder die Beziehungen stimmen oder das Geschäft kommt nicht zustande, egal wie günstig man anbietet.

Im Arbeitsalltag ist die Siesta heilig, komme was wolle. Dies führt dazu, dass Spanier gegen 16 h oder 16.30 h wieder ins Büro zurückkehren, um danach bei den Kollegen in Deutschland anzurufen, die dann natürlich gerade weg sind, die faulen Kerle! Und so ruht das Anliegen halt einfach einen Tag. Die Schuld trifft ganz klar die Deutschen, da diese ja nie im Büro sind! Denn Spanier haben nie Schuld, es sind immer die Umstände!

Wer also in Spanien oder mit Spaniern arbeiten möchte, sollte sich in Geduld üben und gemächlich vorgehen, eben „tranquilo".

Höchste Vorsicht ist beim Ausspruch „No te preocupes" (Mach Dir keine Sorgen) geboten, denn dann ist das Kind meist schon in den Brunnen gefallen.

Zusammenfassend gilt, dass die Spanier wesentlich entspannter leben und arbeiten. Hat man sich erst einmal an ihre Arbeitsweise – böse Zungen sagen „Schlendrian – gewöhnt, empfindet man sie als angenehm, obwohl sie einen vorher manchmal zur Weißglut getrieben haben mag.

Womit wieder bewiesen ist, dass doch immer wieder mal was an den Klischees dran ist und sich Vorurteile als Urteile erweisen! Voilà!

Auslandsreiseversicherung für Working-Holiday-Maker, Aupairs, Animateure, Sprachschüler u.a Langzeitreisende

Bei einem Aufenthalt im Ausland wird ein sinnvoller Versicherungsschutz nötig. Die Versicherung hier sollte keinesfalls gekündigt werden, sondern nur ruhen, denn würde man krank zurückkehren, so würde keine Versicherung einen aufnehmen wollen.

In Zusammenarbeit mit einem Versicherer bieten wir eine auf die Bedürfnisse von Langzeitreisenden zugeschnittene Lösung.

Beim Zeitraum läßt es sich bis zu zwei Jahren Auslandsaufenthalt wählen. Typische Kunden sind neben Working-Holiday-Reisenden, Animateuren, Aupairs, Sprachschüler, Studenten, Praktikanten, nicht entsandte Arbeitnehmer im Ausland und Langzeiturlauber. Besonderheit: auch bei Unterbrechung des Auslandaufenthaltes ist man abgesichert.

Wer z.B. seinen Auslandsaufenthalt unterbricht, um beispielsweise zu Weihnachten daheim zu sein oder seine Reise vorzeitig beenden muß, dem werden unkompliziert und ohne die Berechnung einer Bearbeitungsgebühr, alle überzahlten Beiträge erstattet.

Unterlagen bitte per Mail oder schriftlich anfordern.
interconnections, Schillerstr. 44, 79102 Freiburg
Tel. +49 761 700 650, Fax +49 761 700 688
vertrieb@interconnections.de   www.interconnections.de

Wirtschaft

Unbestritten wurde der wirtschaftliche Anschluss Spaniens an Europa maßgeblich von der konservativen Partei vorangetrieben. Während die Wirtschaft vor fünfzig Jahren noch stark landwirtschaftlich geprägt war, zählt das Land mittlerweile zu den zehn wirtschaftsstärksten Volkswirtschaften der Welt. Allein im vorletzten Jahr betrug das BIP 976 Milliarden Euro. Der Aufstieg rührt nicht zuletzt von Brüsseler Transferleistungen in Milliardenhöhe her. Auch heute noch ist Spanien einer der größten Nettoempfänger der EU.

Das Land nimmt in Europa eine Spitzenstellung unter den Einwanderernationen ein; hier leben viereinhalb Millionen Immigranten, die für gut die Hälfte des Wirtschaftswachstums verantwortlich gemacht werden. Das Wirtschaftswachstum 2008 lag bei knapp 3 %. Seit Jahren bleibt der Haushaltsüberschuss konstant, und die Staatsverschuldung liegt bei lediglich 34 %.

Zu den Entwicklungen der letzten Zeit zählen eine strenge Privatisierungspolitik und wirtschaftsliberale Strukturreformen, die Spanien zu einem Haupanziehungspunkt für ausländische Direktinvestitionen werden ließen. Die Mischung von niedrigen Unternehmenssteuern, verlockenden Subventionsanreizen und niedrigen Produktionskosten bewirkte ein rasches, stetiges Wirtschaftswachstum, dessen Erfolge jetzt offenbar werden, denn bislang scheint das Land die Finanzkrise einigermaßen zu meistern. Die Konjunkturerwartungen liegen immer noch bei einem erwarteten Wirtschaftswachstum um die zwei Prozent.

Die Mehreinnahmen und Gewinne aus der in Schwung kommenden Wirtschaft wurden in die Konsolidierung der staatlichen Haushalte gesteckt. Seit Jahren verzeichnet man einen konstanten Haushaltsüberschuss und eine Staatsverschuldung von heute nur 34 %, eine Seltenheit bei anderen EU-Länder.

Positive Entwicklungen machte die Finanzpolitik durch; so verringerte sich die Staatsverschuldung zwischen 2001 und 2006 von 56 auf 39% des BIPs.

Nicht ganz so gut sieht es im Außenhandel aus. Zwar erhöhte sich die Zahl der Exporte im vorletzten Jahr um über zehn Prozent; insgesamt weist die Handelsbilanz in dem Jahr aber noch immer einen negativen Saldo von 80,5 Milliarden Euro auf.

Wichtige Handelspartner kommen vor allem aus der EU, allen voran Deutschland, das der spanische Botschafter in der BRD, Gabriel Busquets Aparicio, als wichtigsten Außenhandelspartner Spaniens bezeichnet.

Raum für Entwicklung sieht Miguel Sebastián Gascón, der Minister für Industrie, Tourismus und Handel, in seinem jährlichen Artikel für das Jahrbuch der AHK vor allem in der Dienstleistungs- und der Tourismusbranche. Besonders letztere muss, so Gascón, ihr Angebot diversifizeren. Es gilt, neue Quellmärkte zu erschließen und moderne, weniger saisonbedingte Angebote aufzustellen.

Die spanische Wirtschaft erlebte vor der Finanzkrise einen ordentlichen Aufschwung, so der Präsident des Dachverbandes der spanischen Industrie- und Handelskammern, Javier Gómez-Navarro. Dies belegen beeindruckende Zahlen: fast eine Million Unternehmen wurden im letzten Jahrzehnt im Land gegründet. Dies gründet sich auf die attraktiven Unternehmenssteuern und Subventionsanreize bei vergleichsweise niedrigen Produktionskosten.

Auch die Zahl der im Ausland tätigen spanischen Unternehmen ist in den letzten Jahren beständig angestiegen. Aufholen konnte die spanische Wirtschaft laut Gómez-Navarro vor allem auf dem Gebiet der neuen Technologien und der Innovation. Bis zum Jahr 2011 sollten sich die staatlichen Investitionen in Forschung und Entwicklung mit 2,2 % des BIP nahezu verdoppeln.

Zudem wird verstärkt in eine hochwertige Ausbildung investiert, d.h. in Managementtechniken und Fremdsprachen sowie weiteren Fortbildungsmaßnahmen.

Automobilindustrie

Auf dem Automobilsektor ist aufgrund der Finanzkrise ein starker Abschwung zu verzeichnen. Gute Geschäftschancen bieten sich dagegen im Bereich „Aerospace"; hier ist ein Aufschwung zu beobachten.

Bauwirtschaft

Die Bauwirtschaft, so Gerhard Hexel, Geschäftsführer von PERI, S.A.U. in Madrid, erlebt derzeit einen weit größeren Abschwung als erwartet, was sich auf steigende Kreditzinsen, ein Überangebot an Wohnungen und generell Misstrauen gegenüber der spanischen Wirtschaft zurückführen lässt. Tatsächlich wurde in nur einem Jahr der Bau von 860.000 Häusern begonnen – mehr als in Deutschland, Frankreich und Italien zusammen! Von Seiten der Nationalbank *Banco de España* heißt es, die Immobilien seien bereits 2004 zwischen 24 und 35% überbewertet. Laut Statistiken der Maklerfirma Don Piso wurden Anfang 2007 bereits 25 % weniger Transaktionen abgeschlossen als im Jahr davor. Das Jahr 2008 war dann bislang das schlimmste. Tausende von Immobilienfirmen gingen Bankrott. Es bleibt abzuwarten, ob es einen noch größeren Crash geben oder ob die Branche sich in den nächsten Jahren doch noch erholen wird.

Eindrucksvoll dargestellt hat Erwin Wagenhofer (*We Feed The World*) das Immobiliengeschäft in „Let's Make Money", DVD u. Buch bei Orange Press.

Im Zuge der neuen EU-Richtlinien bieten sich jetzt jedoch vor allem Geschäftschancen auf dem Gebiet der Industrialisierung, der Energieeffizienzmaßnahmen im Wohnungsbau und der Gebäudesanierung.

Aus der Presse

Bauwut an der Küste Enteignung der Immobilienbesitzer

An Spaniens Küsten tobt die Bauwut, so dass inzwischen bereits ein Drittel der Mittelmeerküste zubetoniert ist. Elf weitere Prozent werden in Kürze ihr Schicksal teilen, denn die Baufreigaben sind bereits erteilt.

Binnen eines Jahres schossen in Spanien ungefähr 800 000 neue Wohnungen und Häuser aus dem Boden, was etwa der Summe der von Deutschland, Frankreich und Großbritannien entspricht. Werden neue Gebäude dort allerdings auf staatliche Vorgaben abgestimmt, bauen die Spanier überall, wo es ihnen gerade in den Kram passt. Das Bauwesen ist die bedeutendste Einnahmequelle der Gemeinden – wobei das Geld nicht nur der Gemeindekasse zugute kommt, sondern oft auch den Politikern.

Die Küste gehört offiziell bis zu dem Punkt, den die Wellen bei höchstem Seegang erreichen, dem Staat, ebenso wie die sechs folgenden Meter, die der Bevölkerung den Zugang ermöglichen. Die nächsten hundert Meter sind Schutzzone, offen für Sportanlagen, Parks oder landwirtschaftliche Flächen, nicht jedoch für Gebäude. Die Schutzzone untersteht der Gemeinde.

Doch wie die Küstenbebauung zeigt, so achtet nicht jede Kommune die staatlichen Vorgaben. Neue Gebäude bringen Geld, wobei man auch die Schmiergelder zur Baufreigabe berücksichtige, die die Sache zu einem einträglichen Geschäft machen. Inzwischen ist der Bau größte Einnahmequelle der Gemeinden. Man nehme nur Marbella an der Costa del Sol als Beispiel, wo die Bürgermeisterin und die Hälfte des örtlichen Parlaments ins Gefängnis wanderten. Der angebliche Kopf der Bande verdiente an illegal ausgestellten Baugenehmigungen wahrscheinlich über dreißig Millionen Euro.

Korruption und Baugenehmigungen treten in Spanien als Geschwister auf. Mal erteilen die Städte Genehmigungen ohne Beachtung der Raumordnungspläne (ganz abgesehen von Wasserversorgung oder Landschaftsschutz), mal drücken sie bei rechtswidrig gebauten Neubauten einfach beide Augen zu. Nach vier Jahren ohne Anzeigen werden illegale Gebäude legal.

Experten schlagen vor, illegale Bauten rigoros abzureißen. Doch ob die Regierung genug Mut (und Unbestechlichkeit) dazu aufbringt? Sie plant zur Rückeroberung von knapp 800 Küstenkilometer fünf Milliarden Euro ein. Dabei werden keine Enteignungen angestrebt sondern Verhandlungen, denn ersteres könnte sich durch Gerichtsstreits lange hinziehen. Auf den Kanarischen Inseln trugen die Gespräche bereits Früchte, so z.B. durch eine Umsiedlung der Einwohner, die zu nah am Meer lebten. Ebenfalls in Planung: rund 780 km Küstenweg für Fußgänger und Fahrradfahrer.

So hehr das Ziel der spanischen Regierung, der Schutz des Strandes, auch sein mag, sorgt ihr willkürliches Vorgehen doch für Probleme. Es führt dazu, dass plötzlich dreihundert Meter Küstenlinie als Staatseigentum anerkannt werden, während es früher nur hundert waren. Wer damals rechtmäßig baute, ist heute ein „Übeltäter". Einen Beitrag zur Ungerechtigkeit leistet auch die Natur. Staatseigentum erstreckt sich schließlich bis zu dem Punkt, den die Wellen bei höchstem Seegang erreichen. Wie sieht die Sache jedoch aus, wenn die Wellen plötzlich eine Stelle erreichen, an die sie früher selbst bei Sturm nicht kamen? Und was ist mit San Sebastian, wo Meerwasser bis in die Innenstadt dringt?

Staatsbesitz sind neben allen Stränden auch alle Bereiche mit „Ablagerungen lockerer Materialien" (Geröll, Kies, Sand ...). Gilt dies auch für bewachsene Sand- oder Kiesschichten, die vom Meer aus oft weit ins Landesinnere reichen? Bis zu wie vielen Zentimetern Mächtigkeit ist die Schicht Staatseigentum?

Doch das größte Problem ist wohl, dass die Behörden weniger gegen Riesenhotelketten und Großunternehmer vorgehen als gegen Besitzer kleiner Häuschen oder Appartements. Oft erwarben diese das Baugrundstück legal und bewegten sich auch beim Bau völlig im Rahmen des Gesetzes. Nun stehen zehntausende von ihnen in Gefahr, Haus oder Wohnung zu verlieren. Grundbucheinträge und einstige Rechtmäßigkeiten spielen dabei kaum eine Rolle; eine Entschädigung erhalten die Enteigneten nicht. Eigentumsrechte werden in Spanien offenbar selten anerkannt, weshalb das Küstenamt auch die meisten Gerichtsstreits gewinnt.

Dabei ist die Bebauung nicht das einzige Problem der spanischen Küste, denn es kommt der Klimawandel hinzu, der das Mittelmeer steigen lässt. In vierzig Jahren werden fünfzehn spanische Küstenmeter überflutet sein.

Geplatzte Immobilienblase

Sinnigerweise schadet der Bauboom nicht nur Natur und Gesetzen, sondern auch denen, die an ihm verdienten. Im Laufe der Jahre entwickelte sich in Spanien eine Immobilienblase, deren Platzen verheerende Wirtschaftsfolgen nach sich zog. Viele Einheimische und Ausländer investierten ihr Geld aufgrund günstiger Zinsen in spanische Immobilien (auf dem Festland ebenso wie auf den Inseln), die dadurch zu Spekulationsobjekten wurden. Riesenprojekte überzogen Spanien mit Beton, so z.B. an der Costa del Sol, wo vier Fünftel des Küstenstreifens verschwanden.

Da die Häuser nur zur Wertanlage dienten (als Anstoß einer Reihe von Investitionen), stehen sie häufig leer. Banken, Firmen und Immobiliengesellschaften erwartete dadurch ein Jahresgewinn von ungefähr einem Fünftel;

die Kosten der Instandhaltung leerstehender Wohnungen übernimmt Spaniens Regierung.

Befremdliche Auswüchse nahm der Bauwahn z.B. bei Siedlungen mit Golfplätzen selbst in trockenen Regionen. Aufgrund der Golfplätze haben die Gebäude mehr Wert, doch schlucken die Grünanlagen so viel Wasser wie eine 20 000-Einwohner-Stadt.

Innerhalb eines Jahrzehntes stiegen spanische Immobilienpreise aufs Doppelte oder Dreifache. Die Blase blähte sie zu ungefähr dreißig Prozent auf. Fallende Zinsen erlaubten Darlehensnehmern den Kauf von mehr Objekten bei gleicher Kreditbelastung. Aufgrund der wachsenden Nachfrage kletterten natürlich auch die Preise. Hier hätten Banken (z.B. durch höhere Zinsen) oder verantwortliche Aufseher gegensteuern müssen, was jedoch offenbar unterblieb. So verselbstständigte sich die Preisentwicklung, denn die wachsende Nachfrage trieb die Preise stets weiter in die Höhe. Die Entwicklung der spanischen Immobilienblase gehörte in den letzten Jahren zu den weltweit stärksten.

Mit steigenden Zinsen platzte die Blase schließlich. Investoren blickten plötzlich auf eine deutlich niedrigere Nachfrage; die Bankenkrise erschwerte Kreditaufnahmen. Der Preis für spanische Immobilien fiel um bis zu dreißig Prozent in den Keller. Ungefähr eine Million Wohnungen blieben ohne Abnehmer. Viele Makler und Immobilienunternehmen wurden ruiniert. Die spanische Immobilienbranche blickt auf Schulden von bis zu dreihundert Milliarden Euro, spanische Unternehmen auf Schulden in Höhe von 106 Prozent des Bruttoinlandsprodukts. Der Branchenindex fiel binnen zwölf Monaten um nahezu fünfzig Prozent.

Die geplatzte Blase zog böse Folgen für die spanische Wirtschaft nach sich. Die durchschnittliche Zunahme in den letzten zehn Jahren von vier Prozent pro Jahr lag nach dem Platzen nur noch bei 0,1 Prozent in drei Monaten, dem niedrigsten Stand der letzten anderthalb Jahrzehnte.

Besonders schwer traf es natürlich die Bauwirtschaft, die vor dem „Todesstoß" noch bis zu zwanzig Prozent zur Wirtschaftsleistung beitrug. Vielerorts wurden Arbeiter auf die Straße gesetzt; bis zu einer Million Angestellten drohte eine Entlassung. Die Arbeitslosenquote von elf Prozent wurde von keinem anderen EU-Land übertroffen. Dabei hatten in den Jahren zuvor Millionen Menschen in Spanien Arbeit aufgenommen: Mehr als acht Millionen zwischen 1993 und Anfang 2008. In einigen Jahren schuf das Land die Hälfte der neuen Arbeitsplätze in der EU. Doch mit dem Platzen der Immobilienblase folgte der Abstieg: Plötzlich schoss die Arbeitslosenquote auf vierzehn Prozent. Da niemand mehr baute, wurden Arbeiter nicht mehr gebraucht.

Neben der Nachfrage an Immobilien und Bauleistungen sank auch die nach anderen Waren, so z.B. Autos.

Regierungschef Zapatero versuchte, die Wirtschaftsprobleme u.a. durch eine Umbesetzung seines Kabinetts zu lösen. Dadurch erhoffte er sich neue

Impulse und neue Energie zur Überwindung der Krise, zudem eine Rhythmusänderung bei der Umsetzung der Entscheidungen. Das alte Kabinett brachte trotz mehrmonatiger Arbeit kein überzeugendes Programm gegen die Probleme zustande. Dies lag zum Teil an einigen Gebrechen der spanischen Wirtschaft, die bisherige Regierungen noch nicht aus der Welt schaffften: ein Mangel an Innovationskraft und an Anreizen für Arbeitnehmer zur Um- oder Fortbildung.

Erneuerbare Energien
Positive Entwicklungen werden im Bereich der Solarthermie vorausgesagt. Seit einigen Jahren findet alljährlich ein Fachkongress zum Thema Solarenergie statt, bei dem deutsche und spanische Marktexperten zu Wort kommen. Auch von der AHK werden Veranstaltungen zum Thema Bioenergie organisiert.
Auf dem Gebiet der Windenergie ist Spanien bereits dominant; so steht es auf Rang zwei der international führenden Windkraftnationen. Ein Plan zum Ausbau der Windkraftanlagen (*Plan de Energías Renovables*) sieht vor, bis zum Jahr 2010 auf 20 Gigawatt auszubauen.

Aus der Presse

Günstige Solarthermie

Spanien lockt Touristen mit Sonne, Strand und Meer. Zumindest der erste Punkt interessiert auch Unternehmer, weshalb sie verstärkt ihr Augenmerk auf das Mittelmeerland richten. Es ist günstiger Standpunkt für Solarthermieanlagen, die bei solchen Bedingungen – wenig Wolken, geringe Luftfeuchtigkeit, direkte Sonneneinstrahlung – stärker punkten als Photovoltaikanlagen. Vermutlich erzeugen die Mittelmeerstaaten bald deutlich günstigeren Strom als nördlichere Länder. Dabei gilt Spanien als einer der vielversprechendsten Märkte.
Das Land beheimatet z.B. die weltweit größte Solarkraftwerksanlage, Andasol 1 und 2. Acht Jahre tüftelte man an den Parabolrinnenkraftwerken. Sie fangen Sonnenlicht durch gebogene Spiegel ein, leiten es auf ein Rohr, in dem Öl erwärmt wird. Das erwärmt Wasser, dessen Dampf eine Turbine antreibt.

Tourismus-Branche
Der Tourismus in Spanien boomt (wieder) – nicht zuletzt wegen der starken Zunahme von Billigfliegern wie *Air Berlin* oder *Ryanair*, die um einiges günstiger als Bus- oder Bahnreisen sind. Während früher meist einer der beiden großen Flughäfen, *Madrid-Barajas* oder *Barcelona-El Prat*, angeflogen wurde, steuern viele der Billigflieger inzwischen auch kleinere, regionale Flughäfen an. Dank der günstigen Angebote kommen die Touristen mittlerweile auch „außerhalb der Saison".

Chancen auf dem Arbeitsmarkt

Generell schlecht sieht es für Akademiker aus dem geistes- und wirtschaftswissenschaftlichen Sektor aus; hier herrscht ein Überangebot an einheimischen Fachkräften, die nach dem Universitätsabschluss noch dazu um einiges jünger als ihre deutschen Kollegen sind. Gute Chancen dürfen sich dagegen Arbeitnehmer mit handwerklicher oder technischer Ausbildung ausrechnen, ebenso IT-Experten und Ingenieure.

Die Wachstumsbranchen Spaniens sind neben Tourismus, Handel, Bau und Finanzen auch recht neue Gebiete wie Erneuerbare Energien und Energieeffizienz.

Arbeitsmarkt

Arbeitserlaubnis

EU-Staatsbürger benötigen keine Arbeitserlaubnis. Dasselbe gilt auch für Schweizer nach dem Freizügigkeitsabkommen zwischen der Schweiz und der EU.

Einwanderung

3,6 Millionen Menschen wanderten zwischen 2000 und 2007 in Spanien ein; 2006 waren über 2.800.000 Ausländer offiziell gemeldet, darunter knapp 30% EU-Bürger. Etwa die Hälfte der in Spanien gemeldeten Ausländer gehören den folgenden fünf Nationalitäten an: Marokkanisch, Ecuadorianisch, Kolumbianisch, Rumänisch und Britisch.

Die Reallohnzuwächse der letzten Jahre fielen wegen der traditionell hohen Infaltion gering aus, anders der Beschäftigungsanstieg, der wahrhaft Rekorde schlägt. Seit 1995 ist die Zahl der Beschäftigten um annähernd vierzig Prozent gestiegen und hat damit – selbst angesichts eines gleichzeitigen Wachstums der Erwerbsbevölkerung – zu einer nachhaltigen Senkung der Arbeitslosenquote geführt. Zu berücksichtigen ist ferner, dass von den derzeit etwa Arbeitslosen nur ein Bruchteil wirklich lange ohne Stelle gemeldet bleibt. Nicht die Langzeitarbeitslosen sind also die Problemstellen der Arbeitsmarktpolitik, sondern eher die Entwicklung der Arbeitslosigkeit bei Frauen und Jugendlichen. Während die allgemeine Arbeitslosenquote im letzen Jahr 8 % betrug, sind es nunmehr durch die „Finanzkrise" 14 %. Darüber existieren erhebliche regionale Unterschiede, die vornehmlich auf das regionale Strukturgefälle zurückzuführen sind: Während sich Madrid oder Barcelona zu reichen, wachstumsstarken Regionen entwickelt haben, präsentieren sich Andalusien oder die Extremadura weniger gut aufgestellt.

Zu den wirtschaftspolitischen Zielen der Regierung Zapatero zählt auch die Steigerung, ja fast Verdoppelung staatlicher Investitionen in Forschung und Entwicklung bis zum Jahr 2011 auf 2,2 % des Bruttoinlandproduktes, eine bittere Notwendigkeit, denn unter den High-Tech-Standorten Europas ist Spanien abgeschlagen. Zukunftsträchtige Branchen sollen kräftig unterstützt werden, denn zu den Wachstumsbranchen zählen nicht nur Fremdenverkehr, Handel, Bau und Finanzen, sondern auch die höchst technologieabhängigen Bereiche Erneuerbare Energien und Energieeffizienz. Die Erweiterung dieser Bereiche wird in den genannten Wachstumsbranchen eine Vielzahl neuer Stellen entstehen lassen.

Neben Ingenieuren und IT-Experten werden überwiegend handwerkliche und zunehmend auch technische Qualifikationsgruppen nachgefragt – für Deutsche also gute Chancen, zumal unser duales Ausbildungssystem hier als vorbildlich gilt.

Was akademische Berufe betrifft, so sind die Aussichten eher trübe, denn in geistes- und wirtschaftswissenschaftlichen Bereichen herrscht bereits ein einheimisches Überangebot an Fachkräften, die bei Berufseintritt auch noch einige Jahre jünger sind als die Konkurrenz aus Deutschland, Österreich oder der Schweiz. Obschon die spanische und deutsche Ökonomie eng miteinander verwoben sind, ist der Blick auf die etwa elfhundert deutschen Unternehmen bzw. Unternehmensbeteiligungen für deutsche Job-Sucher weniger attraktive wie der Blick in den spanischen Mittelstand: Immer mehr spanische Firmen tummeln sich auf den deutschen Markt, so dass sich hier viel eher Nischen für Deutsche mit Berufserfahrung und Sprachkenntnissen eröffnen.

Die von vielen Spaniern befürchtete Zunahme der Arbeitslosigkeit blieb zunächst allerdings aus – es gab im Gegenteil einen Rückgang von 12,5% im Jahr 1999 auf 8,1% im Jahr 2006, um heute aber auf 14% (sic!) zu steigen. Wie wichtig die Einwanderer für die spanische Wirtschaft im Gegenteil sind, hat Guillermo de la Dehesa, Präsident des *Centre for Economic Policy Research*, in einem Thesenpapier für die Spanische Botschaft herausgestellt: Immerhin sind die Immigranten in den Jahren zwischen 2001 und 2005 für mehr als die Hälfte des jährlichen BIP-Wachstums von 3,6 % verantwortlich.

Ein nicht zu leugnendes Problem stellt jedoch die illegale Einwanderung dar, die insbesondere aus Afrika über den Seeweg stattfindet. Mehr als 100.000 illegale Einwanderer erreichten so per Boot seit 1999 andalusische und kanarische Küsten.

Konsequenz ist eine rigorose Migrationspolitik, die besonders Landwirte in Verzweiflung stürzt. Die Regierung zieht die Daumenschrauben an und schickt immer häufiger Arbeitsinspektoren aufs und übers Land, um nach illegalen Arbeitskräften zu fahnden. Die werden in der Landwirtschaft der letzten Jahren verstärkt eingesetzt, da durch den Wirtschaftsaufschwung immer weniger Spanier die Lust verspüren, selbst Erdbeeren oder Tomaten zu ernten. Die Regierung setzt daher auf Saisonarbeiter aus Osteuropa, um die drei Monate währenden Erntejobs zu besetzen. Leider geht die Rechnung nicht ganz auf: während sich 2006 nicht mal ein Drittel der erforderlichen Pflückerinnen aus Rumänien meldeten, strömten weiterhin illegale Arbeiter aus Afrika ins Land. Die Arbeit, die sie seit Jahrzehnten machten, durften sie aber in den wenigsten Fällen verrichten.

Aus der Presse

Erdbeerernte

Nicht nur leckere Orangen gelangen aus Spanien zu uns, auch süße Erdbeeren. Huelva, eine Provinz im Westen Andalusiens, ist größter europäischer Erdbeererzeuger. Etwa 300 000 Tonnen Erdbeeren im Jahr bringen die siebentausend Hektar Felder hier am Atlantik hervor. Vier Zehntel werden nach Deutschland exportiert.
Von März bis Mai kümmern sich sechzigtausend Saisonarbeiter um die Ernte – Spanier, Osteuropäer und illegale Einwanderer aus Afrika. Die wollen jedoch nicht so, wie sie sollen. Etwa zur Jahrtausendwende ließ das Interesse der Spanier an Pflückarbeiten nach. Ihre Stellen würden Afrikaner (oder andere der etwa eine Million illegal im Land lebenden Ausländer) liebend gerne besetzen, was sie auch lange Zeit taten. Das bereitet der Regierung hinsichtlich der Legalität jedoch Kopfzerbrechen, weshalb sie lieber osteuropäische Saisonarbeiter engagiert. Die zeigen aber offensichtlich kein ausreichendes Interesse an der Erdbeerernte, so dass Marokkaner doch einspringen müssen. Engagiert werden vorzugsweise Mütter mit in Afrika lebenden Kindern, um sie rasch wieder aus dem Land zu bekommen. Ihr Lohn? Etwa dreißig Euro netto pro Tag.
Wer dann mal in Erwin Wagenhofer „We feed the World", 2005, reinguckt, wie die Obst- und Gemüseproduktion, dabei insbesondere Tomaten, Paprika, u.ä., so vonstatten geht, dem werden die Erdbeeren allerdings im Halse steckenbleiben. Gut in Erinnerung ist ein unerwarteter Blick von einem Bergkamm in die Ebene hinab: Toll, ein Riesensee glitzerte in der Tiefe, schier endlos. Bei näherem Hinsehen entpuppte sich die glitzernde Fläche als eine von Plastikplanen erfüllte Ebene. Zwar nicht direkt spanienbezogen aber hochinteressant
www.essen-global.de/filminfo_interviews.html
http://de.youtube.com/watch?v=jYMQ1dgPXLE, Jean Ziegler und Brabeck, Wasser braucht das liebe Vieh, hollera und hollero ...
Clips, Filmausschnitte, Interviews, durch entsprechende Eingaben bei You Toube od. im Internet allgemein.
Zu ähnlichen Themen sehr gut auch „Unser täglich Brot", 2005, von Nikolaus Geyrhalter, www.unsertaeglichbrot.at/jart/projects/utb/website.jart, dort auch mal auf „Downloads" gehen, ferner „Septemberweizen", ein Ausdruck aus der Warenterminspekulation, von Peter Krieg. Etwas älter, vor der Gentechnik, aber sehr gut u.a. zum Thema Hybridpflanzen, Nahrungsmittelspekulation u.a.

Arbeitslosigkeit

Die Arbeitslosenquote, in den letzten Jahren stark gesunken, kletterte landesweit auf zur Zeit ca. 14 % an. Der spanische Arbeitsmarkt liebt, wie manche Südländer, die Extreme. Während er in guten Zeiten zahlreiche neue Stellen zum Erstaunen der übrigen Welt her-

vorzaubert, lässt er sie in schlechten Zeiten ebenso rasch wieder verschwinden.
Großes Problem des spanischen Arbeitsmarktes ist seine Unflexibilität. Es kostet derart viel, einem festen Angestellten zu kündigen, dass Arbeitgeber lieber Zeitarbeiter beschäftigen. Die verlieren bei Konkunkturabschwung natürlich als erste ihre Stelle. Somit hat der hohe Schutz der Angestellten auch schlimme Folgen für viele Arbeiter und andere Beschäftigte.
Ein weiteres Problem ist die schwierige Wiedereingliederung. Eine Jobvermittlung erfolgt hauptsächlich durch Bekannte und Verwandte, was in Krisenzeiten eben nicht genügt. Von Weiterbildung oder Umschulung für Arbeitslose ist selten die Rede. Sowohl Regierung als auch Wirtschaft sollten hier eingreifen, was sicher mehr Sinn ergäbe, als bei Entlassungen nur über Abfindungen zu sprechen.
Während in den Ballungszentren Madrid, Barcelona und Valencia sowie auf den Balearen und der Mittelmeerküste (Tourismus) die Arbeitslosigkeit geringer ist, liegt die Quote in dünnbesiedelten Landesteilen, vor allem im Landesinnern Andalusiens oder in der Extramadura, wesentlich höher. Noch immer sind hauptsächlich Frauen und Jugendliche von der Arbeitslosigkeit betroffen.
Laut dem Bundesverwaltungsamt Deutschlands betrug die Arbeitslosenquote bei den Frauen im Jahr 2003 15,6 % – deutlich mehr als in der männlichen Bevölkerung (6,4 %). Andererseits hat in den vergangenen Jahren die Einschreibung von Frauen an den Universitäten stark zugenommen. Zudem haben insbesondere im öffentlichen Leben zunehmend Frauen Führungsaufgaben übernommen.

ERFAHRUNGSBERICHT, AURELIA PERTL

Arbeitsmarkt unter besonderer Betrachtung der prekären Beschäftigungssituation von Gehaltsbeziehern der sogenannten „Mileuristas".

Innerhalb der EU weist Spanien die schlechteste arbeitsvertragliche Situation auf. In den Medien immer wiederkehrende Begriffe lauten: *precariedad laboral* (prekäre Arbeitsverhältnisse), *temporalidad* (befristete Arbeitsverträge), *mileuristas* (Arbeitnehmer mit einem Einkommen von maximal 1000 Euro monatlich).

Unter „prekären" Arbeitsverhältnissen leiden in Spanien rund vier Millionen Arbeitskräfte, bei denen befristete Arbeitsverhältnisse und Arbeitslosigkeit über einen Zeitraum von fünf Jahren wechseln. Verträge sind oft auf sechs oder gar nur drei Monate befristet, wie aus einer Studie der *Fundación Foessa* hervorgeht

Obwohl in den letzten elf Jahren vier Millionen stabile Arbeitsplätze geschaffen wurden, hält Spanien bei den befristeten Arbeitsverhältnissen noch immer den traurigen Negativrekord in der EU.

Trotz eines leichten Absinkens der Anzahl der Zeitverträge waren Mitte letzten Jahres noch immer über 30% der Arbeitsverträge in Spanien befristet – ein Wert, der mehr als doppelt so hoch ist wie der EU-Durchschnitt mit 14,2 %. Das bedeutet, dass jedes dritte spanische Arbeitsverhältnis befristet ist. Zum Vergleich: in Deutschland 14,2 %, Österreich 9,1 %, Schweden 15,3 % und Niederlande 15,7 %. . Anders als in Deutschland ist die Verkettung befristeter Verträge erlaubt und wird häufig angewendet.

Für Arbeitnehmer im Alter zwischen 16 und 24 Jahren liegt der spanische Wert bei 66 % (gleichauf mit Polen), während der EU-Durchschnitt bei 42 % liegt.

Hinzu kommt, dass von Arbeitnehmern hohe Flexibilität erwartet wird. Nicht selten haben Arbeitssuchende bei einem auf ein halbes Jahr befristeten Arbeitsvertrag einen Wechsel des Wohnorts in Kauf zu nehmen.

Einen besonderen Fall stellen die *mileuristas* dar.

Als solche werden jene Arbeitnehmer bezeichnet, die ein monatliches Bruttogehalt von maximal 1000 Euro für ihre Tätigkeit erhalten. In diese Gruppe fallen 58% der Gehaltsempfänger, also rund 11 Millionen spanische Arbeitnehmer.

Der prozentual größte Anteil an *mileuristas* lebt in Extremadura, wo 70 % der Gehaltsempfänger weniger als 1000 Euro brutto verdienen. Es folgt die Region Murcia mit 67 % und Andalusien mit 64 %, die Kanarischen Inseln mit 62 %, gefolgt von Castilla-La Mancha, Galicien, Balearen und Valencia.

Zahlenmäßig führt Andalusien mit mehr als 2,2 Millionen *mileuristas* vor Katalonien mit 1,8 Millionen, Madrid mit 1,5 Millionen und Valencia mit 1,3 Millionen die Statistik an. In diesen vier Regionen leben somit 62 % aller *mileuristas* Spaniens.

Laut Umfragen geben *mileuristas* mehr als ein Drittel ihres Gehalts für die Miete einer Wohnung aus. In der Regel haben sie weder Ersparnisse, noch eine eigene Wohnung, noch ein Auto, noch Kinder. Sie wohnen bei ihren Eltern oder in Wohngemeinschaften und werden nicht selten von den Eltern finanziell unterstützt. Sie sind Opfer einer prekären Arbeitsmarktsituation; sie erleben sich als „Hängengebliebene", die die Loslösung von den Eltern aus ökonomischen Zwängen heraus nicht schaffen. Man schätzt, dass 30 % der Generation der 30- bis 35-Jährigen noch bei ihren Eltern hausen, 63 % der Jugendlichen zwischen 25 und 29 Jahren und 95 % zwischen 18 und 25 Jahren.

Die größte spanische Tageszeitung *El País*, veröffentlichte im lezten Jahr einige Briefe von Betroffenen, die ihre Lebenssituation schildern.

Carolina, 27 Jahre, wohnt im Zentrum von Barcelona und arbeitet in einer Werbeagentur. Sie verbrachte einige Tage in Deutschland und verglich ihre Situation mit Berliner Freunden. Sie hatte ein Gefühl von Wut und Neid. Sie teilt ihre Wohnung mit drei anderen Mitbewohnern im Alter von 25 bis 29 Jahren. Keine von ihnen verdient genügend Geld, um selbst eine Wohnung anmieten zu können. Pro Kopf bezahlen sie 360 Euro Miete. Die Wohngemeinschaft beschreibt sie als eine „seltsame Familie", da die Mitglieder einander vor einem Jahr noch nicht kannten.
Sie erzählt von einer Freundin, die in einem Verlag in Madrid für ein Gehalt von 1000 Euro arbeitet. Auch ihr Bruder, von Beruf Ingenieur, und ihre Schwägerin, die über eine Uniausbildung in Ökologie verfügt, sind *mileuristas*. Ihr Lebensgefühl beschreibt sie folgendermaßen: „Wir sind alle gleich, und es ist nicht so, dass wir schlecht leben, für einige sind wir Privilegierte, aber die Lebenssituation ist nicht so, wie wir sie uns erhofft hatten."
Wenn sie in ein Restaurant essen geht, das ein Mittagessen um 7 Euro anbietet, ist das ein Luxus, den sie sich nur ausnahmsweise erlauben kann. „Ich wollte beim Film arbeiten, z.B. als Produzentin oder etwas ähnliches, aber rasch begriff ich, dass ich dies nicht könnte."
Sie akzeptierte das und verlor nicht den Mut. Deprimierend war, dass sie nicht wusste, was aus ihr werden sollte.
Eine Familiengründung sei angesichts ihrer Lebenssituation nicht in Betracht zu ziehen. Sie hat keine Perspektive: „Es ist ein Leben als ewige Studentin, ohne Studentin zu sein", sagt sie. Sie habe nicht das Gefühl, gescheitert zu sein, aber sie spricht von einem Gefühl der Mutlosigkeit und Verbitterung in der Beschreibung der Haltung ihrer Freunde und Bekannten.

Belén ist 37 Jahre alt, lebt in Madrid und beschreibt ihr Gefühl „zu allem zu spät gekommen zu sein". Sie hat Psychologie studiert. Mehr als vierzehn Jahre jobbte sie, ohne jemals eine ihrem Ausbildungsniveau gemäße Tätigkeit verrichtet zu haben. Nie verdiente sie mehr als 1000 Euro brutto. Sie ist froh, seit einem Jahr einen zeitlich unbefristeten Arbeitsvertrag im administrativen Bereich zu haben. Seit dieser Zeit lebt sie mit ihrem Partner, der ebenfalls *mileurista* ist, in einer gemeinsamen Mietwohnung. Der Kauf einer Eigentumswohnung und eine Familiengründung betrachtet sie als nicht realisierbar. „Mit den Stunden, die wir arbeiten, könnten wir nicht mal einen Hund betreuen", sagt sie. Sie habe das Gefühl, dass man ihr das Leben geraubt habe.
Einer ihrer Freunde verfügt über eine akademische Ausbildung und arbei-

tet in einem Callcenter als *teleoperador*. Er erzählt, dass in dieser Firma hauptsächlich überqualifizierte Personen beschäftigt sind.

Laut Aussage eines Sozialprofessors hat sich die Anzahl von Universitätsabsolventen in den letzten Jahrzehnten vervielfacht. In den frühen siebziger Jahren erreichten nur zehn Prozent der Jugendlichen einen Universitätsabschluss und besetzten ihrer Ausbildung oder Qualifikation gemäß eine Arbeitsstelle. In den achtziger Jahren stieg der Anteil der Hochschulabgänger, dabei besonders derjenige der Studentinnen. In der Folge kam es zu einem Mangel an angemessenen Arbeitsplätzen. Zusatzqualifikationen wie Master, Doktor und Spezialisierungen steigerten die Frustration und Auswegslosigkeit der qualifizierten jungen Leuten.

Laut Statistik übten im Jahre 2005 nur vierzig Prozent der Universitätsabsolventen eine Tätigkeit gemäß ihrer Ausbildung aus, die Arbeitslosenrate zählte zu den höchsten in Europa.

Daniel, 29 Jahre, ist Architekt, spricht drei Fremdsprachen und verdient weniger als tausend Euro im Büro. Er hatte nie einen festen Arbeitsvertrag, konnte sich keine Ferien leisten und vermied Extraausgaben. Sein Auto, das er dienstlich brauche, sei 15 Jahre alt. Er berichtet, dass er in diesem Monat auf den Kauf der Tageszeitung verzichtet habe, weil er sich nicht erlauben konnte, weitere dreißig Euro auszugeben.

In einer anderen Wohngemeinschaft lebt Laura, 29 Jahre, mit zwei Mitbewohnern. Sie hat eine Ausbildung in Wirtschaftswissenschaften mit einer Spezialisierung in Marketing und spart, um sich eine zweite Masterausbildung finanzieren zu können.

Ana, 24 Jahre alt, verfügt über eine juristische Ausbildung und arbeitet in der Buchhaltung eines großen Unternehmens.

Simona ist 29 Jahre alt, hat Kunstgeschichte studiert und verdient ihren Lebensunterhalt in einem Kulturzentrum. Ihr Zusammenleben in der Wohngemeinschaft beschreiben sie als sehr positiv. Sie sind nicht nur Zimmergenossinnen, sondern auch Lebenspartnerinnen. Son más que amigas – y con la casa, comparten su vida: Sie teilen nicht nur die Wohnung, sondern auch ihr Leben.

Alle Mitglieder der Wohngemeinschaft haben jetzt einen langfristigen Arbeitsvertrag – endlich, nach jahrelangen Erfahrungen mit allen möglichen „prekären" Arbeitsverhältnissen.

Juan, 33 Jahre alt, arbeitet seit neun Jahren als Handelsvertreter. Er versuchte zweimal, selbständig zu leben. Das erste Mal wohnte er gemeinsam mit seiner

Schwester, das zweite Mal mit einer Freundin in einer Wohngemeinschaft. Aus Kostengründen ist er jetzt wieder zu seinen Eltern zurückgekehrt, da er 600 Euro als Wohnungsmiete hinzublättern hatte. Dazu kamen 200 Euro für das Auto, das er beruflich brauchte, sowie weitere 200 Euro fürs Nahrungsmittel. Während dieser Zeit konnte er sich weder Ausgehen noch Reisen leisten. Er besaß kein Geld für Kleidung. Seiner Meinung nach konnte er nicht mehr als überleben. Er wollte eine gewisse Lebensqualität erreichen: dieselbe, die er im Hause seiner Eltern genossen hatte. Dies gelang nur, indem er wieder zu seinen Eltern zurückkehrte – unter dem Vorsatz, es später noch einmal zu versuchen.

Objektiv betrachtet sind die gegenwärtigen Lebensbedingungen der Jugendlichen besser als die der Jugendlichen der 50er und 60er Jahre.

Der französische Soziologe und Professor für Politikwissenschaften Louis Chauvel weist in der Zeitschrift Nouvel Observateur jedoch darauf hin, dass die Armen des 19. und des 20. Jahrhunderts Arbeiter ohne Qualifikation, Bauern und alte Menschen waren, während die Armen von heute in der jüngeren Generation anzutreffen sind. Wie die Lebensläufe vieler mileuristas belegen, bietet auch eine gute Ausbildung, oder gar ein Universitätsstudium, immer weniger Schutz vor prekären Arbeitsverhältnissen.

In gesellschaftlicher Hinsicht bedeutet diese „Junge Armut", dass die Personengruppe der mileuristas die wesentliche Erfahrung der Ablösung von der Autorität der Eltern nicht vollziehen kann. Dies ist aber eine Voraussetzung bei der sozialen Reifung des Individuums, die als Grundlage des Fortschritts für Gesellschaft und Kultur gilt.

Mag. Aurelia Pertl, Psychologin in Wien, tätig in der beruflichen Rehabilitation, lebt phasenweise in Spanien.

Arbeitsrecht

In der Verfassung verankerte Arbeitnehmergrundrechte sind u.a. das Recht auf Arbeit, freie Berufswahl, Mitgliedschaft in einer Gewerkschaft, Streik und Beteiligung am Unternehmen sowie die Versammlungsfreiheit. Laut dem Gesetz über das Arbeitnehmerstatut (*Ley del Estatuto de los Trabajadores*, LET) hat der Arbeitnehmer neben dem Anspruch auf eine geeignete Tätigkeit bzw. angemessene Beschäftigung auch Anspruch auf berufliche Aus- und Weiterbildung, Wahrung der körperlichen Unversehrtheit, Intimität und Würde sowie auf Arbeitsentgelt. Es besteht ein Diskriminierungsverbot bezüglich religiöser und politischer Zugehörigkeit, Rasse, Staatsangehörigkeit und Geschlecht.

Gesetzlich vorgeschrieben ist eine durchschnittliche Höchstarbeitszeit von 40 Wochenstunden, zudem müssen zwischen Arbeitsende und nächstem Arbeitsbeginn wenigstens zwölf Stunden liegen. Neun Stunden Arbeitszeit pro Tag dürfen nicht überschritten werden, wenn nicht durch Tarifvertrag oder Betriebsvereinbarung und unter Einhaltung der gesetzlichen Ruhezeiten eine andere Regelung getroffen wurde. Minderjährigen ist es untersagt, mehr als 8 Stunden täglich zu arbeiten. Überstunden müssen binnen vier Monaten durch Freizeit ausgeglichen werden, ein Überstundenzuschlag ist gesetzlich nicht vorgeschrieben. Der Urlaubsanspruch beträgt 30 Kalendertage pro Jahr; während dieser Zeit wird das Gehalt in voller Höhe gezahlt. Sonn- und Feiertagsarbeit ist nur in Ausnahmefällen zulässig.

Oft sieht die Realität aber völlig anders aus. Es wird viele Stunden an sechs bis sieben Tagen die Woche gearbeitet, die gesetzlichen Bestimmungen werden einfach ignoriert. Aus Angst vor Arbeitsplatzverlust (die meisten Arbeitsverträge in Spanien sind befristet) nehmen viele Angestellte diesen Zustand hin. Teilzeitstellen in Spanien sind ausgesprochen selten; in den allermeisten Fällen wird in Vollzeit gearbeitet.

Der Mutterschaftsurlaub beträgt 16 Wochen, allerdings wird das Arbeitsentgelt nicht weiter bezahlt, sondern lediglich die Sozialversicherungsleistungen übernommen. Ein auf den Mutterschaftsurlaub folgender Elternurlaub zur Erziehung des Kindes kann bis zu 36 Monate in Anspruch genommen werden. Dabei besteht während des ersten Jahres eine Arbeitsplatzgarantie, danach Anspruch auf einen gleichwertigen Arbeitsplatz.

Mindestlohn

In Spanien existiert ein Mindestlohn, der jährlich neu festgelegt wird (*Salario Minimo Interprofesional*, SMI). Für das Jahr 2008 betrug er 20 € pro Tag, 600 € pro Monat und 8.400 € pro Jahr. Im Vergleich zu Deutschland hinken die spanischen Arbeitnehmer mit ihrem Gehalt etwa dreißig bis vierzig Prozent hinterher.

Nebenjobs

In Spanien ist es weniger kompliziert als hierzulande, eine Nebenbeschäftigung auszuüben. Daneben ist es weder so einfach, noch so günstig wie in Deutschland, ein Gewerbe anzumelden. Ebensowenig existieren in Spanien sogenannte 400 Euro-Jobs. Wer dennoch eine Nebentätigkeit ausüben möchte, kann beispielsweise eine eigene Firma gründen, wobei allerdings die dabei entstehenden Kosten oft in keinem Verhältnis zu Aufwand und Verdienst stehen. Eine weitere Möglichkeit ist die, als Selbstständiger (*autónomo*) tätig zu werden. Dabei sind allerdings dabei mindestens 200 Euro monatlich für die Sozialversicherung einzukalkulieren. Weitere Option: der Arbeitgeber meldet einen als „geringbeschäftigt" (*subocupado*), wobei er anteilig die

Sozialabgaben für die vereinbarten Stunden zu übernehmen hat. Wer allerdings für mehrere Arbeitgeber arbeitet, gilt nicht mehr als geringbeschäftigt.

Eine gesonderte Regelung gilt für alle Arbeiten um den Haushalt. Laut dem *Régimen especial para trabajadores domésticos* darf man in diesem Bereich bei mehreren Arbeitgebern tätig sein, bei vergleichsweise geringen Sozialversicherungskosten (ca. 120 Euro pro Monat).

Dank dieser Hindernisse üben viele Spanier ihre Nebentätigkeit schwarz aus, wür den Arbeitgeber das aber schwerwiegende – und teure – Folgen zeitigen kann: bei Unfällen haftet dieser in vollem Umfang für seinen Angestellten.

Gesundheitszeugnis

Wie in anderen EU-Staaten auch benötigt man zur Ausübung einiger Berufe ein Gesundheitszeugnis, erhältlich nach einer Untersuchung beim Arzt (*certificado médico*). Bei Branchen im Lebensmittelbereich ist zusätzlich ein Kurs zu besuchen, der Kenntnisse im sicheren und hygienischen Umgang mit Nahrungsmitteln vermittelt.

Diese Kurse werden von auf das Thema spezialisierten Firmen angeboten, wie z.B. *Avisur Formación* (www.grupoavisur.com)

Steuern

Das beliebteste Thema kurz gefasst ...
Einkommenssteuer (*impuesto sobre la renta*): Einkommenssteuerpflichtig sind alle Personen mit Wohnsitz in Spanien, die sich länger als 183 Tage im Jahr dort aufhalten. Der Steuersatz ist progressiv, die Steuerschuld wird automatisch vom Gehalt abgezogen und an die zuständigen Stellen weitergeleitet. Sie beginnt jenseits einer Freigrenze von derzeit etwa 17 360 Euro bei 20 % und endet bei 56 %. Aktuelle Berechnungen auf der Homepage der Steuerbehörde *Agencia Tributaria,* www.aeat.es.

Recht präzise Angaben und auch an entsprechendes Berechnungsmuster finden sich auf den Intemetseiten der zuständigen Steuerbehörde (Agencia Tributaria, www.aeat.es).

Körperschaftsteuer (*impuesto de sociedades*): Körperschaftsteuerpflichtig sind alle juristischen Personen mit Sitz in Spanien. Der Steuersatz beträgt 35 %.

Ferner gibt es die Vermögenssteuer (impuesto sobre el patrimonio), Gewerbe- (impuesto industrial), Grund- (impuesto sobre bienes inmuebles) und Erbschaftssteuer (impuesto sobre los bienes heredados).

Mit allen EU-Staaten und der Schweiz bestehen Abkommen zur Vermeidung von Doppelbesteuerung (Doppelbesteuerungsabkommen).

Steuerhinterziehung und Steuerverkürzung ist in Spanien gängige Praxis. Fast niemand gibt alle seine Einkünfte an. Im Geschäftsleben wird man oft gefragt, ob man eine Quittung mit Umsatzsteuer braucht, oder lieber ohne. Das bedeutet: sowohl die Kosten wie auch die Umsätze werden einfach

nicht angegeben. Darüber wird in der Öffentlichkeit offen gesprochen, ohne dass jemand Angst vor Entdeckung hätte.
Für alle weiteren steuerrechtlichen Fragen wende man sich an die Staatliche Behörde für das Steuerwesen *(Agencia Estatal de la Administración Tributaria)*.

wandten). Bedingung für diese Finanzspritze ist, dass die neue Arbeitsstelle, die für mindestens sechs Monate anzutreten ist, mindestens 100 Kilometer vom ursprünglichen Wohnort entfernt liegt. Zudem gibt es zwei Jahre lang steuerliche Vergünstigungen für Arbeitslose, die eines neuen Jobs wegen umziehen.

Staatliche Hilfe

Im Zuge der Lissabon-Agenda wurden verschiedene Gesetze verabschiedet und Maßnahmen ins Leben gerufen, die die Lage auf dem spanischen Arbeitsmarkt dauerhaft verbessern und Spanien seine Position als bedeutende Wirtschaftsmacht sichern sollen.

Während in den USA 32% der Bürger arbeitsbedingt in einem anderen Staat leben als dem, in dem sie geboren wurden, sind es in Europa nur 18% der Einwohner, die, obwohl noch im selben Heimatland, in einer anderen Region arbeiten als die, in der sie aufwuchsen. Spanien belegt dabei mit lediglich 11% einen der hintersten Plätze.

Zur Förderung der geographischen Mobilität gibt es daher seit April 2008 finanzielle Hilfe vom spanischen Staat für umzugsbedingte Unkosten, bis zu 11.000 Euro in Einzelfällen (max. 2000 Euro für Reisekosten, max. 2000 Euro für den Transport von Möbeln, max. 5000 Euro für zusätzliche Kosten beim Mieten oder Kaufen eines Hauses und max. 2000 Euro für die Betreuung von Kindern oder pflegebedürftigen Ver-

Selbständigkeit

Formal ist es sehr einfach, sich in Spanien selbständig zu machen.
De facto ist dieser Schritt aber sehr schwer. Am erfolgsversprechenden ist es, wenn man den eigenen in Spanien lebenden Landsleuten seine Dienstleistungen oder Waren anbietet.
Spanier kaufen in der Regel nicht bei Ausländern. Sie bevorzugen es, ihr Geld bei Leuten auszugeben, die sie schon kennen, oder bei Leuten, die jemanden kennen, der jemanden kennt, der einen Freund hat, dessen Cousin jemanden kennt, der genau diese Dienstleistung oder Ware anbietet. Das führt sogar oft so weit, dass für mindere Qualität überhöhte Preise bezahlt werden, nur weil eine persönliche Beziehung besteht.

Unsere direkte Art des Business ist in Spanien völlig fehl am Platz. Am wichtigsten ist der persönliche Kontakt; es wird endlos geredet, ohne zu irgendwelchen Ergebnissen zu kommen, Zeit ist hierbei völlig nebensächlich. Man

geht sehr freundlich und höflich miteinander um.

Meist ist man im Anschluss an eine Besprechung im Ungewissen darüber, ob ein Abschluss zustande kommt oder nicht, da Spanier nicht „nein" sagen können. Es passiert danach einfach nichts ...

Ein „ja" bedeutet aber nicht ja, sondern vielleicht, wenn nicht eine Verknüpfung von unglücklichen Umständen den Abschluss verhindert, z.B. das Wetter ist zu heiß, zu kalt, zu nass, zu trocken, eine Familienfeier, etc. Der Betreffende ist aber immer und in jedem Fall unschuldig!

Grundsätzlich muss man immer *„mañana"* einplanen. Wobei *mañana* eigentlich „morgen" heißt, in Spanien aber sehr dehnbar angewendet wird. Dies kann morgen, nächste Woche, Monat, Jahr oder nie bedeuten – nur eben nicht heute.

Bei Besprechungen sollte man darauf achten, dass Spanier höchst sensibel sind. Obwohl selbst sehr kräftig in der Wortwahl, reagieren sie äußerst empfindlich auf jede Art von Kritik. Sie entscheiden meist impulsiv und intuitiv. Auch die Zahlungsmoral ist meist *„mañana"*.

Der Autor hat schon einige Existenzgründungen von Auswanderern scheitern sehen. Meist liegt es an naiven, idealistischen Vorstellungen vom Leben in einem fremden Land.

Man nimmt sich immer mit! Wer zu Hause keinen Erfolg hatte, wird ihn in Spanien auch nicht haben.

Die Geschäftsgründung muss gut durchdacht und geplant werden, genau wie bei uns, sollte man einen Businessplan erstellen.

Spanische Banken finanzieren nicht jede abstruse Idee – reicht das Eigenkapital?

Die besten Chancen haben diejenigen, die gemeinsam mit einem Einheimischen ein Projekt starten, oder ihren Landsleuten ihre Waren bzw. Dienstleistungen anbieten. Die besten Chancen haben hier Handwerksberufe.

Ferner sollte man über entsprechend solides „Knowhow" in dem Bereich, in dem man tätig werden will, verfügen. Auch eine Strandbar macht Arbeit und erfordert Fachkenntnisse.

Aufnahme einer selbständigen Tätigkeit

Dazu ist keine Aufenthaltserlaubnis erforderlich.

Es empfiehlt sich, eine NIE, oder besser: eine *Tarjeta de Residencia* zu beantragen, da diese bei allen wirtschaftlichen Transaktionen anzugeben ist. Ferner ist bei der Gemeindeverwaltung des Aufenthaltsortes eine *Licencia Municipal de Apertura de Establecimiento* zu beantragen, also eine Gewerbeerlaubnis. Hier sollte nachgewiesen werden, dass geeignete Geschäftsräume zur Verfügung stehen und dass mögliche Beeinträchtigungen, denen Nachbarn ausgesetzt sind, zumutbar sind.

Wer einen bereits bestehenden Geschäftsbetrieb übernimmt, sollte alle rechtlichen Fragen inklusive Haftung einwandfrei klären. Oft ist es aus haftungsrechtlichen Gründen empfehlenswerter, statt einer Einzelfirma eine Gesellschaft mit beschränkter Haftung (*Sociedad Limitada S.L.*) oder eine Aktiengesellschaft (*Sociedad Anónima, S. A.*) zu gründen.

2003 erschien ein Gesetz zur Vereinfachung von Geschäftsgründungen, u. a. steuerliche Erleichterung. Unterzeichnet wird die Gründungsurkunde (*Escritura Pública de Constitución de Sociedad*) beim Notar, der daraufhin die neue Gesellschaft bei der Steuerbehörde und beim Handelsregister anmeldet. Den Eintragungsantrag reicht man daraufhin beim Finanzamt (*Hacienda*) ein und erhält die *Número de Identificación Fiscal* (NIF).

Bleibt noch die verpflichtende Sozialversicherung: hierfür meldet man sich bei der Provinzdirektion des Hauptschatzamtes der sozialen Sicherheit (*Dirección Provincial de la Tesoreria General de la Seguridad Social*) an. Darüber hinaus bestehen besondere Vorschriften im Bereich Tourismus; in manchen Fällen muss man sich auch in ein Register eintragen lassen, das von der jeweiligen Autonomen Gemeinschaft verwaltet wird.

Gesonderte Regelungen bestehen auch für *Die Kanarische Sonderzone ZEC*; reduzierte Steuersätze sollen das Archipel wirtschaftlich und sozial voran- und auf einen gleichen Stand mit dem Festland bringen.

Grenzüberschreitende Dienstleistungen können bis zu 90 Arbeitstage pro Jahr anmeldefrei erbracht werden, d.h. der Geschäftssitz wird nicht nach Spanien verlegt.

ERFAHRUNGSBERICHT – AUF EIGENEN FÜßEN

Auf eigenen Füßen in Spanien?

Ist auf jeden Fall eine Herausforderung. Eine Tätigkeit als Unternehmer bietet oft mehr Flexibilität als bei uns, kostet häufig aber auch deutlich mehr Nerven, wenn man eine andere Arbeitskultur gewöhnt ist.

So wie Mecklenburg nur bedingt mit Bayern vergleichbar ist, so gilt natürlich gleiches für Andalusien und Katalonien. Von daher sei an dieser Stelle darauf hingewiesen, dass der größte Teil meiner unternehmerischen Erfahrungen aus Andalusien stammt. In Andalusien ist die „mañana-mañana-Mentalität" (was du heute kannst besorgen, das verschiebe ruhig auf übermorgen) deutlich ausgeprägter, und die bei uns gängigen Klischees von Spanien treffen hier noch am ehesten zu.

Wie geht man vor, wenn man eine Idee hat? Mal abgesehen von den eigenen unternehmensspezifischen Anforderungen muss man die Behördengänge erle-

digen. Die ersten behördlichen Schritte sind relativ einfach und schnell zu erledigen:
Ausländerkennnummer (NIE= Número de Identad de Extranjero)
Gewerbeanmeldung – Finanzamt (*darse de alta en hacienda*)
Anmeldung bei der Sozialversicherung (*darse de alta en la seguridad social*)
Bei allen Ämtern wurde ich relativ schnell und immer korrekt behandelt. Als EU-Bürger bin ich den Spaniern nicht nur formell auf dem Papier gleichgestellt sondern werde auch tatsächlich genau wie sie behandelt.

Weiter geht es in der Regel mit:
Bankkonto
Handy
Räumlichkeiten

Wer mit den Behörden erst mal durch ist, hat auch in der Regel nicht mehr viel Kontakt mit ihnen, denn sie lassen einen weitgehend in Ruhe. Es herrscht ein „leben und leben lassen". Das Anmeldeverfahren beim städtischen Amt (*Ayuntamiento*) zur gewerblichen Nutzung von Räumlichkeiten (*Licencia de Apertura*) dauert meist gut ein Jahr. Rechtlich gesehen darf man eigentlich erst nach Erhalt der Lizenz loslegen. Aufgrund der langen Wartezeit ist es allerdings so, dass unmittelbar nach Antragstellung die geschäftliche Tätigkeit aufgenommen wird und die Aufsichtsbehörde, Polizei etc. sich mit dem Antrag zufriedengeben. Dieses „laissez-faire" ist in Spanien deutlich weiter verbreitet als bei uns. Es gibt z.B. Gastronomiebetriebe, die bei über zehnjähriger Tätigkeit noch keinen einzigen Besuch vom Lebensmittelaufsichtsamt bekommen haben.

Wer seine Buchführung in Spanien selber machen will, sollte sich damit ein wenig auskennen oder einen *gestor* (externer Buchhalter und Steuerberater) beauftragen. Ich habe es erst ohne versucht, was mich viel Nerven kostete, da mir die Finanzbeamten meine Fragen zu ihren eigenen Formularen nicht beantworten konnten und mit Dingen wie Skonto oder ausländischen Rechnungen nicht wirklich viel anfangen konnten. Hinweise, wie: „Ist egal, wo Du das reinschreibst – es sind ja eh nur ein paar Cent" führen nicht unbedingt dazu, die fachliche Autorität des Gegenübers für voll nehmen zu können.

Dass es mit der Buchhaltung nicht so genau genommen wird, scheint weithin verbreitet, da zumeist auch zwei Arten der Buchführung existieren: die offizielle und die richtige. Dies scheint allgemein bekannt und akzeptiert zu sein. Das merkt man spätestens dann, wenn man ein neues Kundenkonto bei einem Lieferanten einrichten möchte und dieser bei vollem Laden für alle hörbar fragt: "Möchten Sie mit Mehrwertsteuer oder ohne?"
Wenn man dann später telefonisch bestellt und die Verkäuferin einen fragt:

"Ach sind Sie der, der die Mehrwertsteuer bezahlt?", so fragt man sich doch selbst, ob man da wirklich der Einzige ist.

Die Banken in Spanien sind ein Kapitel für sich. Gerade die großen und etablierten unter ihnen behandeln einen ziemlich arrogant, so dass man meinen könnte, man müsse dankbar sein, bei ihnen ein Konto eröffnen zu dürfen. Vieles, was zu Hause üblich ist, gibt es in Spanien nicht oder nur gegen Aufpreis. Die meisten Banken nutzen keine TAN-Listen mit wechselnden Nummern, sondern haben nur eine PIN und eine weitere immer gleich bleibende Transaktionsnummer.

Bankgebühren liegen hoch, besonders bei Auslandüberweisungen. Die Gebühren für eine Überweisung von Deutschland nach Spanien betragen ca. 10–15 Cent – andersherum zahlt man schnell mal zwischen 5–10 Euro. Außerdem ist die Auslandsüberweisung in Spanien (bei meiner Bank) nicht online möglich, was bedeutet, dass man einen halben Vormittag zu opfern und sich mit den vielen älteren Leuten anzustellen hat, die sich dort einfach gerne aufhalten, um ihre Lebensgeschichte den netten Schalterangestellten, die nicht weg können, zu erzählen.

Auch die Lieferanten verhalten sich anders als daheim gewohnt. Bei den meisten Lieferanten hapert es oft schon mit den einfachen „Grundtugenden", wie Pünktlichkeit und Zuverlässigkeit. Ausdrückliche Hinweise, wie „telefonische Avisierung vor Auslieferung notwendig" werden regelmäßig ignoriert, zugesagte Termine nicht eingehalten, und es erfolgt keine Benachrichtigung. Selbst zu einem zugesagten Rückruf kommt es oft nicht. Wer nicht selbst am Ball bleibt, hat verloren.

Wenn man Ende Juli etwas kaufen will und die Sommerferien stehen vor der Tür, dann heißt es: „Fragen Sie doch einfach ab Mitte September noch mal an – vielleicht haben Sie ja Glück."

Wer etwas „Besonderes" oder einen wahren „Spezialisten" in Spanien sucht, hat es oft schwer. Zum einen gibt es nur die Standardware, und andere Produkte werden nach dem Motto: „Haben wir nicht, und bekommen wir auch nicht wieder rein" gar nicht erst bestellt. Das andere ist die schlechte Auffindbarkeit von Firmen & Unternehmensinformation im Internet. Hier ist Spanien in vielerlei Hinsicht noch Entwicklungsland.

Viele Lieferanten kennen ihre Produkte oft nur oberflächlich und können Fachfragen nicht zufriedenstellend beantworten. Im Zweifel weiss der informierte Kunde mehr als die vielen „Hilfsangestellten".

Falls der Computer gerade nicht funktioniert, wird auch gerne angeboten: „Kommen Sie doch morgen noch mal vorbei, und holen Sie die Rechnung ab." Gegenfrage: "Können Sie die auch zuschicken?"

Tatsache ist, dass der Kunde selten hofiert wird. So kann man verstehen, warum die wenigen guten Lieferanten treue Kunden haben.

Das Erfreuliche an den Kunden ist, dass sie ein "mehr an Service" auch zu schätzen wissen und auch nicht wirklich mit dem spanischen Durchschnitt zufrieden sind. Hier ergibt sich dann auch bei Standardprodukten schnell die Möglichkeit, sich durch guten Kundenservice deutlich von der Konkurrenz abzusetzen.

Für die Spanier ist auch im Geschäftsleben der Smalltalk recht wichtig, und sie kommen selten direkt zur Sache. Teilweise tritt das eigentliche Geschäft zumindest phasenweise in den Hintergrund.

Mein generelles Fazit im direkten Vergleich:
Wer versucht, mitteleuropäisches Geschäftsgebaren in Spanien umzusetzen, muss eine sehr starke Position haben oder er wird scheitern.

Mit der richtigen Einstellung kann man oftmals die Konkurrenz vor allem im Service und Fachwissen ausstechen.

Viele Nebenkriegsschauplätze (Probleme mit der Hausgemeinschaft, fehlendes Internet, nicht eingehaltene Zusagen von Handwerkern, Lieferanten, etc.) können schnell viel Zeit und Geld verschlingen und einen so von der eigentlichen Arbeit abhalten.

Ein Freund (30 Jahre), selbständig in Andalusien

Arbeitnehmer

Arbeitsvertrag

Grundlage des spanischen Arbeitsrechts sind die Verordnungen des *Estatuto de los Trabajadores*, wobei zahlreiche Einzelbestimmungen auch tarifvertraglich geregelt bzw. frei verhandelbar sind. Die gängigen schriftlichen Arbeitsverträge verweisen häufig nur auch auf die ohnehin geltenden gesetzlichen Regelungen. Ausländische Arbeitnehmer sollten auf größtmögliche Ausführlichkeit des schriftlichen Arbeitsvertrags bestehen. Im übrigen sind auch mündliche Arbeitsverträge rechtsverbindlich, aber im Streitfall eben leider schwer belegbar.

Ein Beispiel für die Strapazierbarkeit gesetzlicher Bestimmungen ist die 40-Stundenwoche. Die Arbeitszeitregelung mit ihrer Beschränkung auf vierzig Wochenstunden und auf höchstens neun Stunden täglich begrenzt, wird in der Praxis oft mißachtet. Wenn Überstundenregelungen nicht greifen, wird die Zeitüberschreitung über Jahresarbeitszeitkonten geregelt, so dass es nicht wundert, wenn Spanien hinsichtlich der Jahresarbeitszeit von über 1.800 Stunden europaweit führend ist. Selbst die heilige Siesta wurde in den letzten Jahren zugunsten einer strafferen Unternehmensorganisation geschleift. In der Regel hat der spanische Arbeitnehmer eine Vollzeitstelle; Teilzeitstellen sind ausgesprochen selten. Bezogen auf das volle Stundenkontingent erwirbt der Arbeitnehmer einen gesetzlichen Anspruch auf dreißig jährliche Urlaubstage, die durch bis zu vierzehn Feiertage ergänzt werden.

Ein Ausbildungsvertrag ist ein befristeter Vertrag (max. 2 Jahre) für 16 bis 21jährige ohne abgeschlossene Ausbildung.

Man sollte sich eine Bestätigung geben lassen, die aussagt, dass man tatsächlich bei der Sozialversicherung angemeldet ist. Spanische Arbeitgeber, vor allem im Gastronomiebereich, „vergessen" gerne, die Arbeitnehmer bei der Sozialversicherung anzumelden, da sie den überwiegenden Anteil bezahlen müssen.

Es empfiehlt sich bei Arbeitsaufnahme in Spanien, einen schriftlichen Arbeitsvertrag abzuschließen, der alle Rechte und Pflichten beider Vertragspartner regelt. Wie auch bei uns üblich, sollte der Vertrag einige Angaben zwingend enthalten: Name und Anschrift von Arbeitnehmer und Arbeitgeber, Art der Tätigkeit (Stellenbeschreibung), Entlohnung, Arbeitszeit, Laufzeit, Probezeit, Kündigungsfristen und Urlaubsanspruch. Die Grundlagen des spanischen Arbeitsrechts liest man am besten im *Estatuto de los Trabajadores* nach.

Fast alle Arbeitsverträge sind anfänglich auf 6 oder 12 Monate befristet.

Bei Zufriedenheit des Arbeitgebers wird der Arbeitsvertrag manchmal nach Ablauf der Befristung in einen unbefristeten Vertrag verwandelt. Allerdings sind landesweit nur ca. 12% der Arbeitsverträge unbefristet. In Andalusien sind sogar nur 8,5% unbefristet. Grund hierfür ist die Tatsache, dass es früher Arbeitgebern äußerst schwer gemacht wurde, längerdienende Betriebsangehörige ihrer Firma zu entlassen. Diese Gesetzeslage wurde zwar längst geändert, wird von den Arbeitgebern aber weitgehend ignoriert.

Der Gesetzgeber hat übrigens ein entscheidendes Hintertürchen offengelassen, die Verkettung von befristeten Verträgen ist nämlich anders als bei uns zulässig und wird gerne ausgenützt.

Obwohl Spanien kein Niedriglohnland ist, liegen die Löhne und Gehälter deutlich unter denen bei uns. Der gesetzliche Mindestlohn liegt z.Zt. bei rund 8000 Euro per annum, doch mit seinem Jahresbruttojahresverdienst von etwa 21 000 Euro (im Bereich Industrie bzw. Dienstleistung) liegt der spanische Arbeitnehmer etwa 30-40% Prozent unter seinem Kollegen hierzulande. Selbst ein gestandener Hochschullehrer erreicht nur mit Mühe ein Monatsgehalt von mehr als 2.000-Euro.

Auch die vorgeschriebenen 14 Monatsgehälter per annum ändern an der Situation wenig, ja selbst in den Hochlohnregionen wie Madrid bleibt das

Einkommen ziemlich bescheiden, die Summe der monatlichen Abgaben glücklicherweise allerdings auch. Dazu gesellt sich, dass die Lebenshaltungskosten um 10–15 % niedriger liegen. Eigentlich keine schlechte Grundlage zu einem auskömmlichen Leben, wäre da nicht das Wohnungsmarktproblem, mit der Folge, dass spanische Familien etwa dreißig Prozent ihres Einkommens für die Miete aufzubringen haben, so dass dieses Geld fehlt natürlich beim Konsum fehlt.

Näheres unter www.inem.es, modalidades y descargas de contratos.

Bewerbung

Bewerbungen in Spanien unterscheiden sich inhaltlich nicht sonderlich von solchen bei uns; allerdings werden Zeugnisse und Referenzen im ersten Bewerbungsdurchlauf meist nicht mitgeschickt, sondern auf Anfrage nachgereicht oder zum Vorstellungsgespräch mitgebracht. Da in Spanien Bewerbungen oft in großer Zahl verschickt und Bewerbungsunterlagen nicht zurückgesandt werden, erspart man sich so Kosten und Mühe. Generell legen Spanier bei der Bewerbung weniger Wert auf Zeugnisse. Ihnen ist es wichtiger, welche Ziele man in den nächsten Jahren verfolgt, bzw. was man bislang gemacht hat.

Nach dem Bezug auf die Stellenanzeige sollte der Bewerber seine Motivation zu seiner die Bewerbung darlegen und seine wichtigsten Qualifikationen zu der angestrebten Tätigkeit herausarbeiten. Lediglich formal gibt es eine Besonderheit zu beachten:

In Spanien steht die Absenderadresse am Ende des Schreibens zwischen der Grußformel und der Unterschrift. Nach den persönlichen Angaben sollte im Lebenslauf zunächst das Berufsziel definiert werden. Hobbys, Weiterbildungskurse oder Ähnliches sollten nur genannt werden, wenn sie in direktem Zusammenhang zum angestrebten Tätigkeitsfeld stehen. Der Lebenslauf wird datiert und unterschrieben. Ein Foto ist nicht obligatorisch.

Unbedingt in eine Bewerbung gehören ein einseitiges Bewerbungsschreiben (*carta de solicitud*) und ein höchstens zweiseitiger Lebenslauf (*Currículum Vitae*).

In das Bewerbungsschreiben gehört die Motivationsbegründung zur Bewerbung. Äquivalent des deutschen „Sehr geehrte Damen und Herren" ist *Muy señores míos*. Das Schreiben sollte computergeschrieben und höchstens eine Seite lang sein, am Schluss mit der Bitte um ein Vorstellungsgespräch.

Den Lebenslauf verfasse man am besten in tabellarischer Form, wodurch einerseits eine viel bessere Übersicht gegeben ist – und der Lebenslauf sollte auch in Spanien auf den ersten Blick überzeugen – andererseits fallen bei der eher stichwortartigen Gestaltung weniger vollkommene Spanischkenntnisse weniger auf, als es bei Übersetzungen in Textform der Fall ist. Wie bei uns sollte er Angaben zur Person (*datos personales*), Berufsziel, Berufserfahrung (*experiencia*), Ausbildung (*estudios, formación*), Sprachkenntnisse (*idiomas*) und eventuelle Referenzen enthalten. Hobbys anzugeben ist in Spanien eher unüblich, es sei denn, sie passen auf das künftige Arbeitsfeld. Wichtiger als die bisherige Ausbildung des Bewerbers ist dem spanischen Personaler normalerweise das persönliche Berufsziel (*objetivo profesional*); daher sollte dieses den Lebenslauf nach den persönlichen Daten anführen.

Unter den persönlichen Daten sollte Folgendes zu finden sein: Name, Adresse, Telefonnummer, Ausweisnummer, Geburtsdatum und -ort, Nationalität, Familienstand, Kinderzahl und –alter. Die berufspraktischen Erfahrungen sollten zwar chronologisch angegeben werden, aber nach der Wichtigkeit der Erfahrungen geordnet sein; immer konkrete Angaben zu den Aufgabeninhalten, Erfolgen und Verantwortlichkeiten machen!

Als nächster Punkt sollte Ausbildung folgen, die Abschlüsse sind unbedingt auf Spanisch anzugeben. Noten spielen eine untergeordnete Rolle. Sprachkenntnisse müssen aufgeschlüsselt angegeben werden (von *muy bien* über *bien* bis hin zu *regular*). Abschließend PC-Kenntnisse und weitere für die angestrebte Tätigkeit nützliche Fähigkeiten.

Die ganze Bewerbung muss in spanischer Sprache abgefasst sein. Wichtiger Unterschied zu Anschreiben bei uns: In Spanien steht die Absenderadresse erst am Ende des Schreibens, zwischen Grußformel und Unterschrift. Wie bei uns auch wird der Lebenslauf datiert und unterschrieben. Ein Foto ist keine Pflicht, erhöht die Chancen aber erheblich.

Es ist in Spanien durchaus üblich seine Unterlagen persönlich bei der in Frage kommenden Firma abzugeben.

Bewerber sollten sich darüber im klaren sein, dass man über sehr gute bis perfekte Spanischkenntnisse verfügen sollte, um eine qualifizierte Stelle zu ergattern – das gilt vor allem für Spezialisten und Akademiker.

Relativ einfach sind Saisonarbeitsplätze im Tourismusbereich zu finden, da hier viele Kunden Ausländer sind und Deutsch oder Englisch sprechen, über diese Sprachkenntnisse verfügen wenige Spanier, so dass die Chance hier gut stehen. Am besten fragt man in allen in Frage kommenden Bars, Cafes und Hotels nach.

Grundsätzlich spielen persönliche Beziehungen in Spanien eine sehr wichtige Rolle. Wer jemanden kennt, der einen kennt ... hat es viel leichter, eine Stelle zu finden.

Die besten Karten hat man, wenn ein Verwandter oder Freund bereits in der Firma arbeitet, bei der man sich bewirbt. Im Spanischen heißen diese Beziehungen *tener enchufe*, man hat einen Stecker, d.h. man hat gute Beziehungen.

Im Extremfall kann es passieren, dass jemand, der bekannt ist, eingestellt wird, obwohl ein Fremder qualifizierter wäre. In Spanien läuft fast alles über persönliche Kontakte. Viele Entscheidungen werden „aus dem Bauch" heraus getroffen.

Der Europaß, http://europass.cedefop.europa.eu

Eingeführt wurde er durch das Europäische Parlament zur Förderung der Transparenz bei Qualifikationen und Kompetenzen. Hier finden sich gute Tipps zur Erstellung des Lebenslaufes: Wer einen beruflichen Bildungsgang absolvieren, möchte, auf Stellensuche ist oder Arbeitserfahrung erwerben möchte und zwar im Ausland ist hier richtig. Die Webseite hilft, die eigenen Fähigkeiten, Kompetenzen und Qualifikationen darzustellen und zu präsentieren, so dass sie von den Adressaten auch nachvollziehbar sind.

Der Europass hilft Bewerber:

die eigenen Fähigkeiten, Kompetenzen und Qualifikationen in klar verständlicher und allgemein nachvollziehbarer Form auszuweisen und zu präsentieren, und zwar europaweit (d.h. in den Mitgliedstaaten der Europäischen Union, den EFTA-/EWR-Staaten und in den Beitrittsländern); europaweit mobil zu sein.

Er beinhaltet fünf Dokumente:

zwei Dokumente, die Sie selbst ausfüllen können (den Europass-Lebenslauf und den Europass-Sprachenpass), sowie drei weitere Dokumente, die von den jeweils zuständigen Organisationen ausgefüllt und ausgestellt werden (die Europass-Zeugniserläuterung, den Europass-Diplomzusatz und den Europass Mobilitätsnachweis).

Zivi Weltweit
Der Andere Dienst im Ausland als Alternative zum Zivildienst

Alles über den „Anderen Dienst im Ausland", rechtliche Grundlagen, Träger und ausführliche Beschreibung möglicher Wege zu einer Dienststelle im Ausland sowie praxisnahe Tips zu allgemeinen Themen wie Kriegsdienstverweigerung oder die Formulierung eines Nichtheranziehungsantrags. Sämtliche 130 Trägervereine, die Stellen im Ausland vermitteln, werden mit Angaben über Einsatzland, Tätigkeitsbereich, Bewerbungsvoraussetzungen etc. ausführlich vorgestellt.

Handbuch Zivildienst
Alles für den angehenden Zivi

Altenheim oder Krankenhaus? Essen ausfahren oder Behinderte betreuen? Klischees zum Zivildienst gibt es viele! Wer weiß schon, dass es Zivildienststellen im Bereich der Archäologie, im Museum, beim Goethe-Institut oder bei den Jüdischen Gemeinden gibt. Derzeit mausert sich der Zivildienst zum attraktiven Lerndienst. Das Handbuch Zivildienst enthält alles Wissenswerte

http://shop.interconnections.de

Musterbewerbung

Anschreiben:

S.A.
C./ Paseo Maritimo 5
00000 Barcelona

Berlin, 15 de julio de 2008

Muy señores míos:

Me dirijo a ustedes para darles a conocer mi interés en formar parte de la empresa a la que ripresenta y para presentar mi solicitud al puesto de …

Con este fin les envio mi Currículum Vitae y una fotocopia de la documentación a la que en él hago referencia.
Considero que mi candidatura cumple con el perfil que busca su empresa, de cuyo equipo me gustaría entrar a formar parte.

A la espera de sus noticias y quedando a su disposicion, les saluda atentamente.

Daniel Schweizer

Glockenstr. 34b
D-10115 Berlin

Currículum vitae

I. Datos personales

Apellido:	Schweizer
Nombre:	Daniel
Dirección particular	Glockenstr. 34b
	10115 Berlin
Teléfono:	030 5559201
E-Mail:	Daniel.Schweizer@gmx.de
Fecha de nacimiento:	03 /02/1981
Lugar de nacimiento:	Berlin
Estado civil	soltero
Nacionalidad	alemán
Número del pasaporte	78925687281
Carné de Conducir	B 1

II. Objetivo profesional
Desarrollarme dentro de una empresa en las diversas áreas de la ingeniería.

III. Formación escolar
Setiembre 1991 a junio 2000. Goethegymnasium. Berlin.

Junio 2000 bachillerato.

IV. Servicio sustitutorio civil
Setiembre 2000 a julio 2001. „Kinderfreunde Kreuzberg". Berlin.

V. Estudios
Setiembre 2001 a dicembre 2007. Licenciado en „Economía política"
por la „Freie Universität" de Berlin.

VI. Experiencia profesional
Asistente del profesor de Economía política, Freie Universität Berlin.

Octubre 2004 a actualmente.

VII. Idiomas
Excelente dominio del español
Buenos conocimientos de inglés
Conocimientos de francés

VIII. Otros conocimiento
Buenos conocimientos de informática

Berlin, 15.de julio de 2008

Daniel Schweizer

Vorstellungsgespräch

Sind die eingesandten Bewerbungsunterlagen auf Interesse gestoßen, kommt es zum Vorstellungsgespräch. Dabei sind verschiedene Gesprächstypen möglich; angefangen bei *simple* (Gespräch zwischen Bewerber und Arbeitgeber), über *de jurado* (Bewerber und mehrere Angestellte) und *sucesivas* (mehrere aufeinanderfolgende Gespräche) bis hin zu *de grupo* (mehrere Bewerber in einem Gespräch).

In den Bewerbungsgesprächen kommt es Personalverantwortlichen vor allem darauf an, die Persönlichkeit des Bewerbers einzuschätzen, weshalb außeruniversitäres Engagement, auch wenn im Lebenslauf nicht unbedingt angegeben, sicherlich ein Gesprächsthema sein wird. Ebenso verhält es sich mit der Bildung und dem kulturellen bzw. historischen Interesse eines Kandidaten.

Ob ein Bewerber in das Unternehmen passt, ob er beispielsweise die nötige Teamfähigkeit besitzt, ist eines der vorrangigen Entscheidungskriterien bei der Auswahl potentieller Kandidaten – aus diesem Grund werden Persönlichkeitstests ebenso wie biographische Fragebögen in Spanien relativ häufig eingesetzt. Der kommunikative Spanier legt auch in seiner Eigenschaft als Personalchef Wert auf Persönlichkeit und Intelligenz, die oft ein einem zusätzlichen Einstellungstest neben dem eigentlichen Vorstellungsgespräch getestet werden. Zudem sollte man sich gepflegt kleiden und ein sicheres Auftreten haben, also einen festen Händedruck und generell eine gute Körpersprache (Augenkontakt, Hände auf den Tisch).

Um gut vorbereitet zu sein, am besten vorher auf der Internetseite Informationen über die Firma recherchieren, auf mögliche Fragen gefasst sein und selber ein paar Fragen in petto haben, um Interesse zu bekunden.

Wichtig sind auch gute Sprachkenntnisse. In Regionen mit starkem Nationalgefühl wie Katalonien oder dem Baskenland können auch Kenntnisse der Regionalsprache erforderlich sein. Allgemeine Bewerbungstipps finden sich u.a. bei www.bewerben.com.

Fast ein Muss bei der Einstellung eines Bewerbers in Spanien bildet die medizinische Begutachtung – die Vorlage eines ärztlichen Attests wird von den meisten Unternehmen verlangt.

Wichtiges und Wissenswertes Kulturunterschiede

Traditionell ist Spanien ist ein Land mit hoher Arbeitslosigkeit, so dass der Anteil an ausländischen Arbeitnehmern gering ausfällt. Gute Aussichten hatten qualifizierte ausländische Fachkräfte wie Naturwissenschaftler und Ingenieure bislang in der Telekommunikation und der Computerbranche. Ausländische Bewerber mit guten Spanischkenntnisse genießen Vorteile, da spanische Unternehmen Mühe haben, ihren Bedarf an Personal mit guten Fremdsprachenkenntnissen zu decken, der wegen der ausgeprägten Exportorientierung der spanischen Wirtschaft existiert.

Zuvorkommendes Auftreten

Eine der wichtigsten Tugenden in Spanien ist Höflichkeit, insbesondere gegenüber Damen. Auch wenn die Frau im modernen Spanien eine emanzipierte Stellung einnimmt – Frauen haben hier gute Karrierechancen – steht das Kavaliersein der Herren nicht im Widerspruch dazu. Höflichkeit, Freundlichkeit und Bildung sind die Erwartungen, die spanische Arbeitgeber vorrangig in das Auftreten potentieller Kandidaten setzen; dies sollte jedoch nicht die Ausprägung zu starker Zurückhaltung annehmen. Im Gegenteil, Sie dürfen sich in Spanien gerne direkt und extrovertiert zeigen, lediglich die Katalanen erwarten etwas mehr Zurückhaltung.

Im Gespräch ist Takt gefragt, insbesondere da es in Spanien in dieser Situation nur wenige Tabus gibt. Wer sich an das in Spanien allgemein geltende Sprichwort „Rede nicht über dich selbst und nie schlecht über andere" hält, wird die meisten Fettnäpfchen umgehen können.

Kleidung

Die Kleidung im Berufsleben ist formeller. Die Spanier legen ähnlich wie die Italiener ein höheres Modebewusstsein an den Tag als es hierzulande üblich ist. Während die Damen auch im Geschäftsleben Chic zeigen, allerdings immer unter Achtung des allgemeinen Schamgefühls der Spanier, hat die Kleidung der Herren grundsätzlich formell und dem Anlass entsprechend zu sein. Freizeitkleidung, auch das Weglassen der Krawatte, sind lediglich am Wochenende gestattet, wobei diesbezüglich je nach Unternehmen, Position oder Branche selbstverständlich Ausnahmen existieren.

Titel spielen in Spanien keine Rolle – die Benutzung derselben bei der Anrede gebührt lediglich hohen Würdenträgern.

Weiterhin wissenswert ist der Umgang der Spanier mit dem Thema Pünktlichkeit: Auch wenn sie selbst sich nicht unbedingt an vereinbarte Termine halten, wird von Ihnen absolute Pünktlichkeit erwartet.

Die durchschnittlichen Anfangseinkommen von Hochschulabsolventen liegen deutlich niedriger als bei uns, während sich die Lebenshaltungskosten beider Länder annähernd gleichen. Es gilt im übrigen, wie schon erwähnt die Vierzigstundenwoche; der Urlaubsanspruch beträgt mindestens 25 Tage.

Typische Fehler

– Bei der schriftlichen Bewerbung
– Anschreiben
– Verwendung des Titels in der Anrede
– Übertriebene Länge des Anschreibens
– Falsche Platzierung der Absenderadresse

Lebenslauf

Fehlerhafte oder schlechte Übersetzung ins Spanische

• Betonung und zu ausführliche Darstellung der Ausbildung

- Hervorheben von Hobbies, sonstigen Interessen oder außeruniversitärem Engagement
- Fehlende Übersetzung der Studien-/Berufsabschlüsse
- Weglassen des Datums und der Unterschrift

Im Vorstellungsgespräch

- Unpünktlichkeit
- Stilloses oder ungepflegtes Auftreten
- Übertriebene Zurückhaltung
- Negatives Sprechen über andere Personen

Redewendungen

Nachfolgend sind die wichtigsten Redewendungen zusammengestellt, die im Laufe eines Vorstellungsgesprächs auftreten können:

Warum haben Sie ... studiert?
¿Por qué ha estudiado ...?

Wieviel Berufserfahrung haben Sie?
¿Cuánto tiempo de experiencia profesional tiene?

Könnten Sie uns bitte Ihren bisherigen beruflichen Werdegang beschreiben?
¿Podría describirnos su desarrollo profesional?

Welche Funktion haben Sie in der derzeitigen Firma inne?
¿Qué cargo tiene en la empresa actual?

Warum möchten Sie sich verändern?
¿Por qué quiere cambiar?

Warum interessiert Sie gerade unsere Firma?
¿Por qué se interesa justamente por nuestra empresa?

Wie sind Sie auf uns gestoßen?
¿Nos ha visto en un anuncio del periódico?

Hat das Arbeitsamt Sie an uns verwiesen?
¿Se dirige a nosotros a través del INEM?

Was sind Ihre Gehaltsvorstellungen?
¿Cuál es su salario pretendido?

Erzählen Sie von Ihren Stärken / Schwächen?
¡Cuéntenos sobre sus puntos fuertes/ débiles!

Was sind Ihre Hobbys?
¿Cuáles son sus aficiones?

Warum ist die Stelle frei geworden?
¿Por qué se desocupó el puesto?

Welches wären meine künftigen Aufgaben?
¿En qué consistirían mis tareas en el futuro?

Welche Verantwortung ist mit der Stelle verbunden?
¿Qué tipo de responsabilidad conlleva este puesto?

Gibt es Aufstiegschancen?
¿Existe la posibilidad de ascender?

Bietet Ihre Firma Weiterbildungsmöglichkeiten an?
¿Se ofrecen posibilidades de perfeccio- namiento en su empresa?

Welche betrieblichen Sozialleistungen erhalten Ihre Angestellten?:
¿Qué prestaciones sociales reciben sus empleados?:

Essenszuschläge
dietas para la comida

Altersversorgung
plan de retiro

Zusatzversicherung
seguro suplementario

Fahrtkostenzuschläge?
¿dietas de desplazamiento?

Wie viele Urlaubstage stehen mir zu?
¿Cuántos días de vacaciones me corresponden?

Bis wann dauert die Probezeit?
¿Hasta cuándo dura el período de prueba?

Bis wann kann ich mit einer Antwort rechnen?
¿Para cuándo puedo esperar una respuesta?

Würden Sie mir einen Tag Bedenkzeit geben?
¿Me permite un dia para pensarlo?

Ich danke Ihnen für das Gespräch.
Le agradezco la entrevista que me ha concedido.

Ich würde sehr gern in Ihrer Firma arbeiten.
Me gustaría mucho trabajar en su empresa.

Jobben Weltweit
Arbeiten, Helfen, Lernen
Auslandserfahrung, Austausch, Begegnung, Sprachenlernen

Standardwerk für Schüler, Jugendliche und Studenten, Tausende von Möglichkeiten

ISBN: 978-3-86040-002-9
15,90 Eur, 240 S.

http://shop.interconnections.de

Erfahrungsbericht – Lebe Deinen Traum

„Lebe Deinen Traum"

Auswandern nach Spanien ist der Traum vieler Menschen, aber nur wenige verwirklichen ihn. Wie setze ich meine Vorstellungen vom Auswandern um? Werde ich mich im Ausland zurechtfinden? Wie finde ich eine Arbeit? Einige von vielen Fragen, die jeder sich vielleicht schon gestellt hat. Es scheint alles so schwer zu sein, aber eigentlich doch ganz einfach. Ich könnte mich in das nächste Flugzeug setzen und „Adiós Alemania" sagen, aber was muss ich beachten?

Ich habe diese Erfahrung gemacht und lebe seit knapp zwei Jahren in Spanien. Andalusien ist mein Zuhause geworden. Und denen, die den gleichen Traum noch vor sich haben, Mut zu machen und ein paar Ratschläge mit auf den Weg zu geben, erzähle ich, wie ich zu meinem jetzigen Leben in Spanien gekommen bin.

Auf Urlaubsreisen stellte ich mir fast jedes Mal vor, wie es wohl sei, im Ausland zu leben. Mit 19 Jahren habe ich unmittelbar nach dem Abitur kurzfristig die Entscheidung getroffen auf Formentera als Gästebetreuerin zu arbeiten. Vier Monate lang habe ich die Leitung des Kids-Club für die Vier bis Zwölfjährigen übernommen. Zwischen Ausflügen, basteln und Sport habe ich einen nachhaltigen Eindruck vom Leben in Spanien bekommen.

Gästebetreuer in Spanien

Um als Gästebetreuer im Ausland tätig sein zu können, sollte man aufgeschlossen und kontaktfreudig sein. Am besten sucht man im Internet nach Reiseveranstaltern, die auf ihrer Webseite Bewerbungsinformationen veröffentlichen. Nach meiner Bewerbung wurde ich vom Reiseveranstalter zu einem Vorstellungs-Workshop eingeladen. Dabei musste ich erstaunlich viele Aufgaben bewältigen. Ein Test zur Allgemeinbildung (Politik, Wirtschaft, Geografie, Aktuelles), persönliche Beschreibung auf Englisch, Projekt Teamarbeit, Verkaufsgespräch, Tanzkurs und Moderation sollten uns auf unsere Eignung prüfen. Nach einer Woche kam die Zusage auf meine Bewerbung und das Angebot, nach Formentera zu reisen. Im Flugzeug dann durchlief mich ein unglaubliches Freiheitsgefühl und eine Vorfreude auf einen Neunfang. Ich kannte niemanden, und das bei mangelhaften Spanischkenntnissen. Ich erinnere mich noch gut daran, von einem Hotelmitarbeiter im Auto, bei dem ich die fast abfallende Tür festhalten musste, zu meiner Finca gefahren worden zu sein, und dass ich mich kaum mit ihm unterhalten konnte. Die

Straßen waren unbefestigt; der Weg vom Hotel zur Unterkunft kam mir ewig vor. Ich saß in meinem Zimmer, um mich herum sauste eine Fliege, die sich in der Hitze merklich wohler fühlte als ich. Dennoch fühlte ich mich schon nach einigen Tagen wie zu Hause. Zu meinen täglichen Aufgaben gehörten die Leitung des Kids-Clubs und die Abendveranstaltungen (Musicals, Sketche und Spiele).
Letztlich bin ich zum Studieren wieder heimgekehrt. Dort verging aber nicht ein Tag, an dem ich mir nicht vorgenommen hätte, so rasch wie möglich wieder nach Spanien zurückzukehren.
Im Rahmen meines Studiums erhielt ich die Gelegenheit, ein Auslandssemester zu absolvieren. Ich bewarb mich auf einen Studienplatz innerhalb des Erasmus- bzw. Sokrates-Programms. Dazu war ein Motivationsschreiben (auf Spanisch) zu verfassen sowie ein Lebenslauf und ein Empfehlungsschreiben. Ohne zu wissen, ob ich eine Zusage bekomme, nahm ich mir vor, meine letzten Scheine an der Uni vorher zu beenden, so dass mir nur noch Hausarbeiten und meine Abschlussarbeit blieben. Der Gedanke an einen Spanienaufenthalt hat mich motiviert. Nach einer langen Wartezeit, bekam ich sechs Wochen vor Reiseantritt die Zusage für Málaga.

Studieren in Spanien
Das Erasmus- bzw. Sokrates Programm bietet eine gute Organisiation. Die Partneruniversität im Ausland versorgt die Studierenden mit ausreichend Informationen. Eine Wohnung sollte man am besten vor Ort suchen und für die ersten Tage ein Zimmer in einer Jugendherberge oder einem Hostel nehmen. Eine weitere Möglichkeit besteht darin, ein Zimmer über eine Sprachschule zu buchen. Für den Anfang ist dies eine günstige Möglichkeit, allerdings sollte man sich bemühen, eine Wohnung mit spanischen Mitbewohnern zu ergattern. Ich habe die ersten drei Tage in einer Wohnung einer Sprachschule gewohnt. Als ich in Málaga eintraf, wollte ich wie abgemacht auch den Schlüssel für die versprochene Wohnung abholen, die dann ganz plötzlich doch noch nicht frei war. Mit Gepäck und Stadtplan musste ich nun die mir neu zugeteilte Wohnung suchen. Nach mehr als einer halben Stunde Suchens fand ich sie schließlich in einer nicht wirklich schönen Wohnanlage. Mein Gepäck füllte das ganze Zimmer aus, und das gelbe Sofa hatte einen merkwürdigen Braunton. Ich suchte sofort im Internet nach einer neuen Behausung. Noch am selben Tag hatte ich die Besichtigung und die Zusage. Ich hatte wirklich Glück, denn die Anzeige war gerade am Vortag geschaltet worden. Schon nach drei Tagen bezog ich meine Wohnung in Strandnähe. Meine drei spanischen Mitbewohnerinnen halfen mir, mein Spanisch zu verbessern.
An der Uni verlief alles ziemlich einfach. Man muss eine Menge Formulare

ausfüllen, sich auf Seminare, die man nicht versteht und Sprechstunden, die nicht stattfinden, einstellen. Ich habe die Erfahrung gemacht, dass Spanier grundsätzlich alles mitschreiben und viel Spaß an Gruppendiskussionen haben. Ich habe viele Kurse besucht, die vor allem meinen Spanischkenntnissen sehr weitergeholfen haben. Meine Abschlussarbeit in Spanien zu schreiben war eine gute Wahl.

Arbeiten in Spanien
Für mich stand sehr früh fest, dass ich in Spanien bleiben würde. Das angenehme Klima, die offenen Menschen, der Lebensrhythmus und die Kultur haben mich in ihren Bann gezogen, so dass eine Rückkehr nach Deutschland kaum vorstellbar war.
Noch während meiner Abschlussarbeit hatte ich eine Stelle als Kellnerin in einem Strandhotel angenommen. In Spanien läuft viel über Beziehungen, und so war es auch bei mir. Eine deutsche Freundin hatte im Hotel aufgehört und mir Bescheid gegeben. Eine Freundin von einer ehemaligen Mitarbeiterin wird einer noch so guten Bewerberin vorgezogen. Um schnell eine Stelle zu bekommen, sollte man seinen Lebenslauf in zahlreichen Firmen abgeben. Zu gleicher Zeit wurde mir eine Arbeit im Büro einer Autovermietung angeboten. Ich war wirklich begeistert, denn ohne zu suchen, flogen mir die Angebote von alleine zu. Bei Ausländern stehen die Jobchancen bei vorhandenen Sprachkenntnissen gut.
Über eine Anzeige im Internet und einem Hinweis von einem Freund habe ich von der freien Stelle in einer Sprachschule erfahren. Gesucht wurde eine Person, die eine neue Marketingabteilung aufbaut und fünf Sprachinstitute in ganz Spanien betreut. Nach zwei Bewerbungsgesprächen bekam ich eine Zusage. Marktanalyse, Produktentwicklung, Online- und Telefonmarketing, Vorbereitung und Teilnahme an Messen und Workshops, Übersetzungen und vieles mehr zählen zu meinen Aufgaben. Meine ersten Geschäftsreisen gingen nach London, Prag, Berlin und Seoul. Ich habe in kürzester Zeit eine Menge Menschen verschiedener Nationalitäten kennengelernt.
Der Umgang in den Unternehmen ist sehr freundschaftlich, es wird gleich geduzt. Aber mir ist bei der Arbeit bewusst geworden, dass ich doch mehr als gedacht von den deutschen Klischees verkörpere. Ständig auf morgen vertröstet zu werden, wobei morgen auch noch nichts passiert, hat meine Geduld schon oft auf die Probe gestellt. Sobald ich mich aber in meiner Mittagspause mit einem Kaffee ans Meer setze, sind alle Sorgen wie weggespült.
Ich empfehle, schnellstmöglichst eine NIE (Número de Identificación de Extranjeros) beim Polizeiamt zu beantragen. Mit dem Personalausweis und ca. sechs Euro hat man sich möglichst frühmorgens vor dem Polizeiamt in die

Schlange für Ausländer einzureihen. Mit etwas Glück wartet man nur eine halbe Stunde, um von den Beamten die entsprechenden Papiere zu erhalten. Nach Ausfüllen der Formulare ist möglichst rasch bei irgendeiner Bank in der Nähe die Gebühr einzuzahlen. Mit dem Nachweis darüber darf man dann erneut eine halbe Stunde warten. Bei besonders großem Glück erhält man seine NIE sofort überreicht. Heutzutage wird den EU-Bürgern nur noch ein Papierdokument im A4-Format ausgestellt, das aber vollkommen ausreicht.

Mir wurde damals leider das falsche Polizeiamt genannt, was mir aber nach drei Stunden Wartezeit mitgeteilt wurde. Letztlich versicherte mir der Polizeibeamte im Brustton voller Überzeugung, dass einige Änderungen vorgenommen wurden und ich zum Ausländeramt müsse. Ich konnte das eigentlich nicht ganz glauben, dachte aber, die Polizei wisse ja wohl Bescheid. Auf dem Amt angekommen, stellte ich fest, ich die einzige Deutsche unter einer großen Anzahl von Afrikanern zu sein. Nachdem ich erneut bei den Beamten nachfragte, wurde mir nochmals versichert, dass alles seine Richtigkeit habe, ich aber morgen nochmals wiederkommen solle, weil sie heute keinen weiteren Personen mehr aufnähmen. Das Gebäude war mit blauen Gitterstäben eingezäunt und regelrechte Menschenmassen harrten auf Einlass. Nie zuvor in meinem Leben habe ich mich so auswärtig gefühlt. Als ich am nächsten Tag erneut vor dem Ausländeramt stand, wurde mir zum Glück schon nach fünf Minuten mitgeteilt, dass doch das Hauptpolizeiamt für mich zuständig sei. Nach einer langen Wartezeit, Ausfüllen der Formulare, Bankbesuch und wieder Warten, hielt ich endlich meine NIE in den Händen.

Anschließend sollte man sein zuständiges Seguridad Social-Amt aufsuchen. Die Zuständigkeit bestimmt sich nach dem Wohnsitz. Auch ohne Arbeitsplatz erhält man eine Sozialversicherungsnummer. Diese wird bei der Arbeitsaufnahme durch einen Anruf des Arbeitgebers beim Amt freigeschaltet. Das jeweilige Ärztezentrum richtet sich nach dem Wohnsitz. Jeder Person wird ein Allgemeinarzt zugeteilt, der von da an für alle Krankheiten die erste Anlaufstelle ist. Dieser Arzt verweist einen im Bedarfsfall an einen Spezialisten weiter.

Ein weiterer wichtiger Hinweis ist die Tatsache, dass der Zahnarzt für die Spanier nicht wirklich ein Arzt ist. Als ich meine Arbeitskollegin fragte, zu welchem Zahnarzt ich gehen müsste, damit die Sozialversicherung zahlt, fragte sie mich, ob ich mir einen Zahn ziehen lassen möchte, da die Krankenversicherung nur die Kosten für das Zähneziehen übernimmt. In den übrigen Fällen ist die Behandlung selbst zu bezahlen oder eine Zusatzversicherung ist abzuschließen. Die Rezeptionistin des Ärztezentrums war nicht bereit, mir mehr über die Konditionen der Sozialversicherung zu erzählen. Für sie war es unverständlich, dass in anderen Ländern das System anders sein könnte.

Fazit

Die Entscheidung, in Spanien zu bleiben, habe ich nie bereut. Die Lebensqualität ist so hoch, dass es mir schwer fiele, darauf zu verzichten. Ich habe hier viele positive Menschen kennengelernt, die viel lachen und wissen, wie sie das Leben genießen. Während in Deutschland um 22 Uhr die Straßen fast leer sind, fängt hier der Abend erst an. Jung und alt sind auf der Straße und genießen das warme Klima.

Ich habe hier viele schöne Momente erlebt, bei denen ich mir gewünscht habe, dass die Zeit stehen bleibt. Spanier kennen keine Distanz und nehmen Dich einfach in den Arm oder geben Dir einen Kuss. El cariño wird hier offen gezeigt, so dass man sich eigentlich nie einsam fühlt.

Ich werde immer wieder gefragt, ob ich jemals wieder nach Deutschland zurückkehren werde, aber darauf weiß ich keine Antwort. Ich weiß nur, dass ich die Vorteile hier in Spanien sehr zu schätzen weiß und Spanien mein Zuhause geworden ist. Trotzdem werde ich nie vergessen, wo meine Heimat ist und dass in dieser Heimat Menschen leben, die ich über alles liebe und denen ich für alles, was sie für mich getan haben, ewig dankbar sein werde.

Eva (23 Jahre), arbeitet in Spanien

Tarifpartner, IHK

Gewerkschaften

Gemäß der Verfassung ist die Gewerkschaft die Organisation, die die Interessen der Arbeitnehmer vertritt. Verschiedene Gewerkschaften eines Wirtschaftszweigs bilden für gewöhnlich eine Vereinigung.

Bekannte Vereinigungen sind:

CCOO (Confederación Sindical de Comisiones Obreras)
http://www.ccoo.es

UGT (Unión General de Trabajadores)
C/Hortaleza, 88
E-28004 Madrid
T. 0034 915 897 100
F. 0034 915. 897. 603
http://www.ugt.es

CNT (Confederación Nacional de Trabajo)
C/ Julián Ceballos, n° 23
entlo Izquierda
E-39300 Torrelavega (Cantabria)
T/F. 0034 942 085 410
E-Mail: sp_cn@cnt.es
http://www.cnt.es

CGT (Confederación General del Trabajo)
Secretariado Permanente del Comité Confederal

C/ Sagunto, 15 1º
E-28010 Madrid
www.cgt.es

Außerdem haben die Autonomen Regionen jeweils eigene Gewerkschaften, wie z.b. SOC (Sindicato de Obreros del Campo), die Landarbeitergewerkschaft Andalusiens oder die CIG (Confederación Intersindical Galega), Vereinigung der Gewerkschaften in Galizien.

Arbeitgeberverbände
CEOE (Confederación Española de Organizaciones Empresariales) – Spanischer Arbeitgeberverband
Diego de León, 50
E-28006 Madrid
T. 0034 915663400 / 902884403
F. 0034 915622562
E-Mail: ceoe@ceoe.es
http://www.ceoe.es/

CEPYME (Confederación Española de la Pequeña y Mediana Empresa)
Spanischer Verband der kleinen und mittelständigen Unternehmen
Diego de León, 50
E-28006 MADRID
T. 0034 91 411 61 61
F. 0034 91 564 52 69
E-Mail: cepyme@cepyme.es
http://www.cepyme.es

IHK
In jeder der 50 spanischen Provinzen existiert eine Industrie und Handelskammer (IHK), die dort Cámara de Comercio heißen. Die Mitgliedschaft ist für Firmen Pflicht.

Die Aufgaben bestehen in erster Linie in der Unterstützung beim Verkauf der Produkte der Mitglieder (z.B. durch Messefinanzierung), der Beschaffung und Bereitstellung von Daten, Informationen und Statistiken sowie der Pflege von Beziehungen zu anderen Institutionen.

Man kann sich von der IHK zu Themen der Unternehmensgründung, Gründung von Auslandstöchtern im Hinblick auf Standortsuche, rechtliche und steuerliche Aspekte, Subventionsmöglichkeiten oder Geschäftschancen im Markt beraten lassen.

Am besten erkundigt man sich bei der Cámara vor Ort, wenn man ausreichend Spanisch spricht. Sonst vorab bei folgenden Institutionen:

Amtliche Spanische Handelskammer für Deutschland, Friedrich-Ebert-Anlage 56, 60325 Frankfurt, T. 069 743481-0,
mail@spanische-handelskammer.de,
www.spanische-handelskammer.de.

Spanisch-Schweizerische Handelskammer, Torgasse 4, 8001 Zürich,
T.044/2549070, info@hispano-suiza.ch, www.hispano-suiza.ch.

Vorbereitung und erste Gänge

Abmeldung
Wer sein Heimatland, Österreich oder Deutschland, auf längere Zeit verlassen, oder sich als Schweizer Bürger

länger als ein Jahr in Spanien niederzulassen gedenkt, muss sich bei seiner Heimatgemeinde abmelden.
Bei kürzeren Aufenthalten oder unter Beibehaltung des Lebensmittelpunktes im Heimatland (z.b. wenn der Partner oder die Familie am Heimatort wohnen bleibt) ist keine Abmeldung erforderlich. Man kann in diesem Fall Spanien als Zweitwohnsitz wählen.
Schweizer, die länger als ein Jahr im Ausland leben, sind verpflichtet, sich beim zuständigen Schweizer Konsulat zu melden.
Liste der deutschen, österreichischen und Schweizer Konsulate im Infoteil.

Checkliste vor dem Umzug
Zwecks Arbeitssuche sollte sollten folgende Dokumente mitgenommen werden:
Gültiger Reisepass oder Personalausweis
Bewerbungsunterlagen, zusammengesetzt aus den übersetzten Versionen des Lebenslaufs, Anschreiben, Zeugnisse, Referenzen usw.
Europäische Krankenversicherungskarte
E-301 Formular zur Bescheinigung der Beitragszeiten der Arbeitslosenversicherung und/oder E-303 zur Übertragung des Anspruchs auf Arbeitslosenunterstützung nach Spanien. Der Maximalzeitraum für die Übertragung beträgt drei Monate
Fotokopie der Geburtsurkunde
Beglaubigte Übersetzungen von Berufs- oder akademischen Abschlüssen
Führerschein

Wer sich als „Resident" in Spanien niederlassen möchte, sollte eine Bescheinigung über ausreichende monatliche Mittel vorweisen können, z.B. Rentenbescheid, Bankbestätigung oder Ähnliches.

Ferner sind vonnöten:
Reserve zur Überbrückung bis zur ersten Gehaltszahlung oder zur Auszahlung des Arbeitslosengeldes bzw. – wenn alle Stricke reißen – zur Rückreise im Notfall
Krankenversicherung, d.h. eine Versicherung im Heimatland oder in Spanien über den Arbeitsvertrag
ausreichende Sprachkenntnisse, um den Arbeits- oder Mietvertrag verstehen zu können. Sollte dies nicht der Fall sein, unbedingt einen Einheimischen zu Rate ziehen!
Wohnungssuche in Spanien ist, vor allem in Ballungsräumen, nicht ganz einfach. Auch ist der gewohnte Standard nicht immer zu finden. Man sollte sich daher sehr früh um eine Unterkunft kümmern!

Hier eine Liste der gebräuchlichsten Abkürzungen in Zeitungs- und Internetannoncen:

coc. = cocina =	Küche
asc. = ascensor =	Aufzug
com. = comedor =	Esszimmer
hab. = habitación =	Zimmer
pk. Opc. = parking opcional =	Parkmöglichkeit auf Wunsch
entlo = entresuelo =	Halbgeschoss
nvo. = nuevo =	neu
pta = puerta =	Tür
calef. = calefacción =	Heizung

fca. = fachada = Vorderfront
sol t/d. = sol todo el día = ganztägig Sonne
tza = terraza = Terrasse

Wer seinen angestammten Wohnsitz verlegt, vergesse im Heimatland nicht, alle Dienste abzumelden, wie z.B. Strom, (Kabel-)Fernsehen, Telefon, Handy etc., da diese sonst weiterlaufen und unnötig Kosten verursachen. Man denke ggf. auch an eine Postlagerung oder einen Nachsendeantrag.

Bei einer etwaigen Rückkehr aus Spanien nach Hause sollte man beim spanischen Arbeitsamt das Dokument E 301 beantragen, das die Beitragszahlungen in Spanien für die Sozialversicherung attestiert.

Ferner sollte man sich das spanische Arbeitsverhältnis durch ein Arbeitszeugnis bestätigen lassen.

Arbeitsvertrag, Gehaltsabrechnungen, Zeugnisse etc. sind sorgfältig aufzubewahren, da sie zur späteren Rentenberechnung Bedeutung haben!

Umzug

Bei der Einfuhr nach Spanien sind der Hausrat und persönliche Gegenstände zoll- und mehrwertsteuerfrei. Dies gilt sowohl für EU-Bürger als auch für Schweizer. Eine Inventarliste in spanischer Sprache ist dabei in vierfacher Ausfertigung zu erstellen. Lediglich für die Kanarischen Inseln gibt es eine Sonderregelung, bei der das Umzugsgut zunächst als Handelsware betrachtet und somit ein Verzollungsvorgang eingeleitet wird, der über eine Zollagentur läuft. Dabei muss der Beweis erbracht werden, dass die einzuführenden Gegenstände tatsächlich Umzugsgut sind. Ferner ist die tatsächliche Wohnsitznahme nachzuweisen, entweder durch Vorlage der Grundbucheintragung (Escritura), oder, sofern ein Neubau noch nicht im Grundbuch eingetragen ist, mittels einer Erklärung des Architekten oder der beauftragten Baufirma. Bei Mietwohnungen ist ein auf mindestens ein Jahr laufender Mietvertrag vorzulegen. Dieser muss bei der kommunalen Liegenschaftskammer (Cámara de la Propiedad Urbana) gemeldet sein.

Weitere einfuhr- und zollrechtliche Fragen beantwortet die Allgemeine Zollbehörde:
General de Aduanas
Guzmán el Bueno 137,
E-28071 Madrid
T. 0034 91 554 0200
F. 0034 91 533 5242

Aufenthaltsbewilligung

Bei einer Aufenthaltsdauer von höchstens drei Monaten ist weder für EU-Bürger noch für Schweizer eine Aufenthaltsbewilligung nötig. Es reichen Personalausweis, Identitätskarte (DNI) oder Reisepass. Kinder unter 16 Jahren benötigen einen Kinderausweis, der einen Verweis auf die Nationalität enthalten muss.

Bei Aufenthalten zur Aufnahme einer unselbständigen oder selbständigen Arbeit sowie für Studenten ist unabhängig von der Aufenthaltsdauer für EU-Bürger keine Bewilligung erforderlich.

Anders bei Rentnern, die bei einem Aufenthalt von über drei Monaten eine Aufenthaltsgenehmigung beim zuständigen Polizeikommissariat beantragen müssen. Man benötigt dazu den Identitätsnachweis, drei Passfotos, Fingerabdruck, Nachweis ausreichender Existenzmittel und Sozialversicherung.

Unter bestimmten Voraussetzungen kann der Erwerb der Aufenthaltsbewilligung (tarjeta de residencia) hilfreich sein, auch wenn sie nicht vorgeschrieben ist; z.B. bei geschäftlichen Transaktionen, Anmietung eines Objekts, Kontoeröffnung, etc.

Ausländernummer

Bei touristischen Aufenthalten von über 90 Tagen wird eine Ausländernummer NIE (Número de Identidad de Extranjero) fällig, die das Kommissariat der Policía Nacional in der Gemeinde, in der man leben möchte, vergibt.

Diese NIE benötigt man bei jeder Art von öffentlicher und ökonomischer Transaktion, d.h. zur Eröffnung eines Kontos, beim Kauf eines Hauses oder Autos, zur Gründung einer Firma, zur Arbeitsaufnahme, bei der Steuererklärung, etc.

Um die NIE zu erhalten, muss man seinen Antrag hierzu gut begründen.

Auslandsversicherung

Am besten besorgt man sich vor der Abreise einen Auslandskrankenschein seiner Krankenkasse, der zur kostenlosen Behandlung in spanischen Krankenhäusern und Gesundheitszentren berechtigt. Dies gilt nicht für den Zahnarzt (mit Ausnahme von Extraktionen).

Zusätzlich empfiehlt sich der Abschluss einer Reisekranken- und Rücktransportversicherung.

Näheres unter: www.dvka.de (Webseite der Deutschen Verbindungsstelle Krankenversicherung Ausland).

Mietvertrag

Im spanischen Mietrecht gilt eine Unterscheidung zwischen Wohn- und Geschäftsräumen. Mietobjekte, die dem Wohnen dienen, unterliegen den Vorschriften zur Vermietung von Wohnräumen (Ley de Arrendamiento Urbano, LAU).

Es empfiehlt sich der Abschluss eines schriftlichen Mietvertrags. Üblich sind ein bis zwei Monatsmieten Kaution (confianza). Die Miete wird monatlich entrichtet, und zwar, sofern nicht per Vertrag anders geregelt, bis zum siebten Tag des jeweiligen Kalendermonats.

Es gilt, eine Besonderheit des spanischen Mietrechts zu beachten: Ohne Festlegung einer bestimmten Mietdauer gilt der Vertrag auf ein Jahr und kann jeweils für ein Jahr verlängert werden.

Wird eine Vertragsdauer unter fünf Jahren festgelegt, verlängert sich der Mietvertrag automatisch um ein Jahr, wenn man nicht mindestens 30 Tage vor Vertragsende kündigt, dies bis zu einer Gesamtlaufzeit von fünf Jahren.

Das heißt: Der Abschluss eines Mietvertrags bedeutet automatisch den Abschluss auf ein Jahr.

Eine jährliche Mieterhöhung ist zulässig, die sich nach dem Índice de Precios al Consumo (IPC) richtet, einem

Verbraucher-Preisindex. Diese Mieterhöhung muss nicht eigens im Vertrag erwähnt sein, um gültig zu sein. Allerdings muss der Vermieter dem Mieter die beabsichtigte Mieterhöhung einen Monat im voraus ankündigen.

Das Preisniveau schwankt erheblich, je nach Gegend, Größe der Stadt, ob man in der Innenstadt oder außerhalb wohnen will. Allgemein liegen die Mieten etwas günstiger als bei uns.

Nicht der erste, aber der letzte Gang, und notwendig: Generell ist die Wohnung in dem Zustand zurückzugeben, indem der Mieter sie erhalten hat, d.h. renoviert, mit Möbeln, etc. Wände, Fliesen und Fensterrahmen, die stärker als normal abgenutzt sind, müssen vom Mieter renoviert werden.

Autoanmeldung

Um ein Auto anmelden zu können, braucht man folgende Unterlagen: Personalausweis (DNI), Ausländernummer (NIE), Führerschein, Meldebestätigung, Typenblatt (tarjeta de inspección técnica) und den Eigentumsnachweis (Kaufvertrag).

Bei Einführung eines ausländischen Kfz und anschließender Anmeldung ist zusätzlich noch eine Zollbestätigung vorzuweisen.

Die Anmeldung kostet ca. 70 €. Das Ganze ist höchst kompliziert, so dass sich die Beauftragung eines Anmeldeservices (gestor) empfiehlt. Weitere Auskünfte erteilt aber auch das spanische Innenministerium:
Ministerio del Interior
Dirección General de Tráfico
C/Arturo Soria 143, E-28071 Madrid

T. 0034 91 301 8500
F. 0034 91 301 8484

Spanische Nummernschilder bestehen aus vier Ziffern und drei Konsonanten. Aus den Schildern ist nicht erkenntlich, woher der Wagen kommt, da die Schilder zentral vergeben werden. Das Schild verbleibt immer am Auto, auch bei Eigentumswechsel, Umzug etc.. Die Schilder sind weiß mit schwarzer Schrift.

Einfuhrbestimmungen

Pkw: Bei einer richtigen Wohnsitznahme in Spanien können Bürger der EU und der Schweiz ihren PKW zoll- und mehrwertsteuerfrei einführen. Die Einfuhr muss spätestens sechs Monate nach Verlegung des Wohnsitzes (Anmeldung) erfolgen.

Haustiere: Bei der Einreise ist der EU-Tierpass erforderlich, der alle für die Einreise erforderlichen Daten enthält (Heimtierpass). Dieser wird in der Regel vom Tierarzt ausgestellt. Dieses tierärztliche Gesundheitszeugnis darf bei der Ankunft in Spanien nicht länger als 10 Tage zurückliegen und muss vom örtlich zuständigen spanischen Konsulat beglaubigt werden. Wer jedoch ein zweisprachiges Formular verwendet, umgeht diese konsularische Bestätigung.

Die Tiere müssen entweder eine Tätowierung oder einen Mikrochip aufweisen. Für Katzen und Hunde ist ferner eine Tollwutimpfung nötig, von der nur Tiere unter drei Monaten befreit sind. Die Impfung muss länger als 30 Tage zurückliegen, darf jedoch nicht älter als ein Jahr sein. Im Allgemeinen wird beim Grenzübertritt erneut eine Untersuchung durch einen Tierarzt durchgeführt. Für Hunde besteht in Spanien Maulkorbzwang.

Waffen: dürfen generell nicht eingeführt werden; man erhält aber eine zweimonatige Einfuhrerlaubnis für Gewehre mit glattem oder gezogenem Lauf sowie die erforderliche Jagdgenehmigung von den spanischen Zolldienststellen, wenn man an Wettkämpfen teilnimmt oder auf die Jagd gehen möchte. Hierfür muss man die im Heimatland ausgestellte und vom spanischen Konsulat beglaubigte Jagdlizenz vorlegen. Der europäische Waffenschein ist erforderlich.

Notfälle: deutsche, bzw. österreichische oder Schweizer Konsulate sind die Vertretung der staatlichen Verwaltung im Ausland und zuständig für Passangelegenheiten, Meldungen von Geburten und Todesfällen, Heiraten und Scheidungen im Ausland, und leitet diese Dinge an das zuständige Amt im Heimatort. Weitere Aufgaben sind die Informationen über Einreise-, Aufenthalts- und Arbeitsbedingungen.

Das Konsulat hilft zwar bei (finanziellen) Notlagen im Ausland, aber meist auch nur dann, wenn eine Rückzahlung gesichert ist, Bürgen vorhanden sind, usw. Nie wird es Bargeld aushändigen. Eine Liste mit deutschen, österreichischen und Schweizer Konsulaten und Botschaften findet sich im Infoteil.

Interrailers.net
www.interrailers.net

Soziales

Arbeitslosigkeit

Im Falle von Arbeitslosigkeit bleiben zwei Wochen Zeit, dies den Behörden zu melden.

Man wird beim Arbeitsamt seiner Gemeinde oder seines Stadtteils (barrio) vorstellig und meldet sich arbeitssuchend. Hierbei muss man seine Anschrift angeben, und den Personalausweis bzw. Pass sowie das documento de la empresa vorlegen, eine vom Arbeitgeber ausgestellte Bescheinigung über das Arbeitsverhältnis.

In einer anderen Abteilung dann beantragt man das Arbeitslosengeld, wozu DNI, Sozialversicherungsnummer, Bankverbindung, die Gehaltszettel der letzten drei Monate sowie ein Antragsformular nötig sind.

Voraussetzung zum Erhalt von Arbeitslosengeld ist die Mindesteinzahlung in die Sozialversicherung von einem Jahr. Die Auszahlungsdauer des Arbeitslosengelds schwankt von 120 Tagen bei einer Einzahlung von einem Jahr bis zu einer Auszahlungsdauer von 720 Tagen, bei Einzahlung von sechs Jahren. Die ersten 180 Tage erhält man 70 Prozent des regelmäßigen Nettoverdienstes, danach nur noch 60 Prozent des Nettogehalts.

Sind bereits mehr als zwei Wochen verstrichen oder die Voraussetzungen für den Bezug von Arbeitslosengeld oder Kurzarbeitergeld nicht erfüllt, so erhalten Arbeitsuchende Arbeitslosenhilfe (Subsidio de Desempleo) bzw. Kurzarbeiterhilfe, sofern ihr Einkommen nicht 75 % des gesetzlich festgelegten Mindestlohnes übersteigt. Die Arbeitslosenhilfe bzw.Kurzarbeiterhilfe wird normalerweise für sechs Monaten geleistet, abhängig von Alter und Unterhaltsverpflichtung des Empfängers ist es jedoch möglich, eine zweimalige Verlängerung um jeweils sechs Monate zu beantragen. Die Höhe der Arbeitslosenhilfe beläuft sich generell auf 75 % des gesetzlichen Mindestlohnes.

Wer als arbeitslos Gemeldeter in Spanien auf Arbeitssuche geht, hat unter bestimmten Voraussetzungen für maximal drei Monate Anspruch auf deutsches Arbeitslosengeld und die deutsche Arbeitslosenhilfe. Das von der deutschen Arbeitsagentur ausgestellte Formular E 303 ist hierfür vonnöten. Mehr unter: www.inem.es, dort gibt es auch Näheres zum örtlichen Arbeitsamt.

Kindergeld

Das staatliche Kindergeld (prestaciones familiares por hijo a cargo) steht allen Arbeitnehmern zur Verfügung, die dem allgemeinen System der sozialen Sicherheit angehören; außerdem Rentnern und Empfängern von Geldleistungen aufgrund vorübergehender Invalidität. Alle unterhaltsberechtigten Kinder bis zu 18 Jahren werden berücksichtigt. Auslandtätige und Auswanderer, die weiterhin Sozialversicherungsbeiträge in Deutschland zahlen und bzw. oder dort der unbeschränkten Steuerpflicht unterliegen, haben weiterhin Anspruch auf deutsches Kindergeld, wenn die Kinder in Spanien leben. Wenn auch die Voraussetzungen für den Bezug des spanischen Kindergeldes erfüllt werden, kommt der jeweils höhere Betrag zur Auszahlung. In Spanien beträgt das Kindergeld monatlich knapp 24 Euro (Stand 2006); ist das Kind behindert, erhöht sich der Betrag. Die Zahlungen erfolgen halbjährlich durch das Hauptschatzamt der Sozialen Sicherheit, TGSS und sind steuerpflichtig.

Aus der Presse

Vornamen

Leider dürfen sich Kinder ihre Namen nicht selbst aussuchen. Was zur Zeit ihrer Geburt angesagt war, ziert später ihren Pass, und so tragen sie stets einen Namen nach dem Geschmack ihrer Eltern und hinken sie dem Namensstrend hinterher. Spanische Erwachsene ärgern sich z.B. über katholische Namen, die ihnen ihre Eltern in den Sechzigern während der Franco-Zeit verliehen: Viele Frauen heißen Dolores (Schmerzen), Concepción (Empfängnis), Pilar (Säule), Piedad (Erbarmen) etc, stets in Erinnerung an Maria, die Mutter Jesu.

Inzwischen geht der Namenstrend an erster Stelle zu Laura, Lucía und Paula, gefolgt von – auf dem zweiten Platz – María. Jungen heißen Alejandro, Pablo und Daniel.

1994 erfolgte die Liberalisierung des spanischen Namensrechtes, so dass inzwischen auch ausländische Namen genehm sind. Katalanen und Basken haben zudem das Recht auf katalanische und baskische Namen. Seitdem nennen die Basken ihre Jungen gern Ander, Iker und Unai, die Mädchen hingegen Irati, Ane oder Naroa. Die Katalanen entscheiden sich meist für Carla, Laia und Paula bei den Mädchen, bei den Jungen für Marc (an erster Stelle), Alex oder Pau. Letizia Ortiz, asturische Prinzessin, war eines der ersten Kinder mit nicht-zeitgemäßem Namen. 1972, gegen Ende der Franco-Regierung, wollten ihre Eltern sie auf den Namen einer italienischen Freundin (Letizia) taufen. Das sei, so der Standesbeamte, unmöglich, da der Name kein spanischer sei. Möglich wäre allerdings María Leticia (mit c, der korrekten spanischen Schreibweise wegen). Hilfe kam (über den Erzbischof) vom Vatikan, der an die Madonna della Letizia erinnerte. Damit war der Name genehmigt.

Gesundheitswesen
Über 90 % der Bevölkerung sind gesetzlich sozialversichert. Alle Arbeitnehmer und alle Selbständigen müssen monatliche Beiträge entrichten und bei der Sozialversicherung gemeldet sein. Arbeitnehmer haben 4,7 % des Gehalts abzuführen, Selbständige bezahlen 250 €. Detaillierte und aktuelle Auskünfte zum spanischen Sozialversicherungsdienst erteilt das Internetportal www.seg-social. In Deutschland sind das Bundesverwaltungsamt, www.bva.bund.de, und die Deutsche Rentenversicherung, www.deutsche-rentenversicherung.de, für derlei Auskünfte zuständig, in Spanien informiert das Portal www.seg-social.de.

Jeder Versicherte hat eine Versicherungskarte, mit der er kostenlose ärztliche Dienste und Krankenhausleistungen in Anspruch nehmen kann – allerdings nur in den Kliniken und Gesundheitszentren, mit denen der staatliche Gesundheitsdienst (Servicios Públicos de Salud) kooperiert. Die Karte gilt also als Nachweis, dass der Arbeitnehmer ordentlich gemeldet und somit Mitglied der spanischen Sozialversicherungsanstalt (INSS) ist. Konsultationen und Behandlungen in privaten Krankenhäusern und Gesundheitseinrichtungen sind dagegen aus eigener Tasche zu bezahlen; in den meisten Fällen lohnt sich der Abschluss zumindest einer privaten Zusatzkrankenversicherung, da die staatlichen Krankenhäuser und Gesundheitszentren oft heillos überfüllt sind und mit langen Wartezeiten gerechnet werden muss. Medikamente werden zu 60 % von der Krankenkasse übernommen. Diese Arzneien sind allerdings wesentlich billiger als hierzulande.
EU- Staatsbürger erhalten während ihres Kurzaufenthalts in Spanien kostenlose Behandlung gegen Vorlage der Krankenversicherungskarte ihrer Versicherung in Krankenhäusern und Centros Sanitarios. Ein Verzeichnis von Ärzten mit Fremsprachenkenntnissen ist bei den Ärztekammern der Provinzen erhältlich.
Niedergelassene Ärzte müssen bar bezahlt werden, im Regelfall erstattet die eigene Krankenkasse die Kosten, zumeist bis zur Höhe der üblichen Kosten im Heimatland. Dies ist meist ausreichend, da die Preise für ärztliche

Behandlungen in Spanien niedriger liegen als bei uns. Gerade in touristischen Gegenden muss aber mit Preisen von 60 bis 120 € für eine Konsultation gerechnet werden. Im Privatkrankenhaus muss mit 90-210 € für ein Einbettzimmer mit einem zusätzlichen Bett für die Begleitperson gerechnet werden (Tagessatz) – dies beinhaltet allerdings noch nicht das Arzthonorar.

Es empfiehlt sich, eine private Zahnzusatzversicherung abzuschließen, da die spanische Krankenkasse lediglich eine jährliche Zahnreinigung sowie Extraktionen bezahlt. Alles andere muss privat behandelt werden. Auch Rehabilitationsleistungen sind weitaus geringer als in Deutschland. Pflegeleistungen werden nicht bezahlt, es werden jedoch Hilfsmittel (Pflegebetten, Gehhilfen, Rollstühle, Ausstattung für Sanitärräume) zur Verfügung gestellt.

Medizinische Versorgung

Die Ausbildung spanischer Ärzte ist gut. Das gilt vor allem für Fachärzte in Großstädten.

Auf dem Land ist die Arztdichte geringer als hierzulande. Es empfiehlt sich, im Notfall ein Krankenhaus, d.h. die Notaufnahme (sala de urgencias) aufzusuchen.

Private Arztpraxen kassieren ihr Honorar immer sofort in bar, wobei gelegentlich Kreditkartenzahlung möglich ist. Im Regelfall werden die Kosten zu Hause von der Krankenkasse erstattet, zumindest bis zur Höhe des Inlandspreises der Behandlung.

Die Behandlung in Kliniken ist bei Vorlage der Krankenversicherungskarte kostenlos.

Generell gilt: Es werden öfter und leichtfertiger starke Medikamente (Antibiotika) verschrieben. Alternative Arzneien sind unbekannt oder werden nicht verordnet. Daneben existieren Medikamente, die bei uns wegen unerwünschten Nebenwirkungen nicht oder nicht mehr zu bekommen sind. Das bedeutet: Immer den Apotheker noch mal nach den Nebenwirkungen fragen.

Naturheilverfahren oder Homöopathie sind fast unbekannt. Spanier nehmen keine Globoli.

Apotheken (farmacias) erkennt man am grünen Kreuz (meist beleuchtet oder blinkend) an der Hauswand.

Man findet überall Notapotheken, die auf einer Tafel an allen Apotheken bekannt gegeben werden.

Manche Apotheken, vor allem in Großstadtzentren, haben sehr lange Öffnungszeiten oder einen 24-Stunden-Service.

Die Versorgung mit Medikamenten ist über die Apotheken (farmacias) sichergestellt. Man findet eine ausreichende Anzahl von Apotheken.

Allerdings erhält man in Spanien Medikamente, die bei uns nicht oder nicht mehr zugelassen sind. Spanische Ärzte haben die Tendenz, stärkere Mittel als bei uns zu verschreiben. Einige Medikamente haben einen anderen Namen als bei uns. Vorsicht bei Wirkstoffallergien, d.h. im Zweifel in der Apotheke noch mal nachfragen.

Die Medikamente sind im Regelfall deutlich billiger als bei uns.

Bei gesundheitlichen Notfällen sollte

man ein Krankenhaus aufsuchen und sich bei urgencias melden.
In dringenden Fällen einen Krankenwagen unter Tel: 112 anfordern. Dies ist europaweit über das Handy möglich, auch ohne Guthaben oder SIM-Card.

Rente
Rentenansprüche: Normalerweise verbleiben die bezahlten Rentenbeiträge in dem EU-Mitgliedsstaat, beim dortigen Versicherungsträger, in dem sie entrichtet wurden. Jeder Mitgliedsstaat zahlt, nach dem die dortigen Voraussetzungen erfüllt sind, direkt an den Rentenempfänger.Wenn man beispielsweise mehrere Jahre in Deutschland, Spanien und danach in Schweden gearbeitet hat, erhält man drei monatliche Renten nach Erreichen der jeweiligen Altersgrenze.
Rentenversicherung: Beim Arbeiten im EU-Ausland gelten nur die Rechtsvorschriften eines Mitgliedsstaates. Das sind normalerweise die Bestimmungen des EU-Staates, in dem man arbeitet, d.h. man unterliegt der dortigen Sozialversicherungspflicht, bezahlt dort seine Beiträge und erwirbt dort die Ansprüche.
Arbeitet man nur vorübergehend im Ausland (bis zu einem Jahr, Verlängerung möglich) für den bisherigen Arbeitgeber, so kann weiterhin Sozialversicherungspflicht im Herkunftsland bestehen, dies nennt man dann Entsendung. Die Steuern werden im Arbeitsland entrichtet, die Sozialversicherungsbeiträge im Herkunftsland.
Die Formalien für die Entsendung werden vom Arbeitgeber erledigt (z.B. Ausnahmevereinbarung). Ob eine Entsendung vorliegt, wird im Einzelfall geprüft.
(Quelle: Deutsche Rentenversicherung Bund)
Bei der EU-Kommission gibt es einen Ratgeber mit dem Titel Seguridad Social para Trabajadores Migrantes (Sozialversicherung für ausländische Arbeitnehmer); erhältlich bei der Vertretung der Europäischen Kommission in Spanien:

Seguridad Social para Trabajadores Migrantes
Representación en España
Comisión Europea
Paseo de la Castellana 46
E-28046 Madrid
T. 0034 91423 8000, F. 0034 91576 0387
http://ec.europa.eu/spain

Wer nur kurz in Spanien für seinen bisherigen Arbeitgeber tätig sein will, um Auslandserfahrung zu sammeln, ist mit der Entsendung besser dran, da die Sozialversicherung im Heimatland weitergezahlt wird und keine Versorgungslücken entstehen. Nur wenn man langfristig in Spanien leben möchte oder sich dort selbständig macht, ist die sofortige Anmeldung bei der dortigen Sozialversicherung sinnvoll.
Grundsätzlich können sich EU-Bürger ihre Rente in jedem EU-Staat auszahlen lassen, wenn sie ihren Lebensmittelpunkt dorthin verlegt haben. Allerdings bestehen einige Ausnahmen bzw. mögliche Abzüge, so dass Rücksprache beim Rentenversicherungsträger angeraten ist.

In Spanien beträgt das allgemeine Renteneintrittsalter 65 Jahre. Es ist jedoch möglich, schon vorzeitig Rente zu beziehen, wenn die ausgeübte Tätigkeit beispielsweise ausnehmend gefährlich oder ungesund ist. Jedes Jahr wird eine Höchstrente festgelegt, die nicht überschritten werden kann; im Jahr 2004 lag diese bei knapp über 2.000 € pro Monat.

Sozialhilfe

Liegen die gesamten Einkünfte und Sozialversicherungsleistungen unter den elementaren Lebenshaltungskosten, so wird unter bestimmten Umständen Sozialhilfe (Ingreso Minimo de Inserción) geleistet.. Diese nicht rückforderbaren Leistungen werden jeweils von der Autonomen Gemeinschaft, in der man lebt, gezahlt, d.h. es gibt keine landesweit geltende Rechtsgrundlage, sondern 17 verschiedene Sozialhilfegesetze. Antragsteller müssen zwischen 25 und 65 Jahren alt sein und grundsätzlich über Bereitschaft zur Arbeitsleistung verfügen. Es ist nicht zwangsläufig nötig, spanischer Staatsbürger zu sein; in den meisten Fällen wird aber ein Aufenthalt zwischen drei und fünf Jahren in der jeweiligen Autonomen Gemeinschaft vorausgesetzt.

ERFAHRUNGSBERICHT, DANIELA SCHNEIDER

Kommunikation im Geschäftsleben

Die Unterschiede zwischen der spanischen und der deutschen Kultur können im Arbeitsalltag bisweilen befremdlich, wenn nicht sogar beängstigend erscheinen. Dabei gerät der Spanier aufgrund seines Temperaments manchmal derart außer Kontrolle, dass uns seine eigentliche Intention zunächst verborgen bleibt.

Am Anfang unseres Projekts veranstalteten ein australischer Kollege und ich einen Workshop mit dem spanischen Projektleiter sowie zwei seiner Abteilungsleiter. Das Gespräch wurde schon bald von den spanischen Kollegen dominiert und das Flipchart vom Projektleiter in Beschlag genommen. Bald konnten sich jedoch auch die anderen beiden Abteilungsleiter nicht mehr auf ihren Stühlen halten und gesellten sich ebenfalls nach vorne zum Flipchart.

War der australische Kollege anfangs noch etwas amüsiert über diese außerplanmäßige Initiative, stand ihm schon kurze Zeit später der Angstschweiß auf der Stirn, denn die Situation eskalierte zusehends. Zunächst stieg die Lautstärke deutlich an. Schließlich wurde nicht mehr Englisch, sondern nur noch Spanisch gesprochen. Dann schrieen die gestandenen Abteilungsleiter nicht mehr nur nacheinander, sondern gleichzeitig. Sie rissen sich gegenseitig immer wieder den Stift aus der Hand und umkreisten wild einzelne Begriffe auf dem Flipchart oder strichen um so wilder andere wieder durch. Unsere Anwesenheit schienen sie längst verdrängt zu haben.

Der australische Kollege, der unglücklicherweise kein Spanisch verstand, schickte mir nach zwanzig Minuten eine verzweifelte Nachricht auf mein Notebook: „Worüber streiten sie?" Und ich konnte nur antworten: „Über nichts. Sie vertreten alle drei die gleiche Meinung."

Ein ähnliches, von Dominanz geprägtes Verhalten zeigte sich jedoch ebenfalls bei den weiblichen Abteilungsleiterinnen. Eine besonders schwierige dieser Art hatte nicht nur einen vollen Terminkalender, sondern ließ auch mit Vorliebe vereinbarte Termine ausfallen, ohne vorher abzusagen. Als Vertretung schickte sie dann meist zwei ihrer Mitarbeiterinnen, die so eingeschüchtert waren, dass sie nur im Doppelpack zu Meetings erschienen und uns auch dann hauptsächlich anschwiegen. Ohne ihre Chefin wollten sie keine verbindlichen Aussagen treffen, und wenn sie sich doch zu einer Aussage hinreißen ließen, musste man davon ausgehen, dass sie im nächsten Meeting das genaue Gegenteil behaupten würden. Kurzum, an der häufig gereizten und cholerischen Abteilungsleiterin führte kein Weg vorbei.

Unser Glück war es schließlich, dass ich jede Woche ein halbes Kilo Gummibären vom Flughafen mitbrachte. Es stellte sich nämlich heraus, dass die Abteilungsleiterin eine Schwäche für Süßigkeiten hatte (und Gummibären waren in Madrid eigentlich fast nirgends zu bekommen). Wenn ich also eine Frage an sie hatte, schickte ich ihr eine E-Mail und fügte noch hinzu, dass ich auch etwas für sie auf dem Tisch habe. Die Aussicht auf ein paar Gummibären stimmten die Abteilungsleiterin regelrecht kooperativ, und so voll war ihr Terminkalender von da an plötzlich nicht mehr, als dass die Zeit nicht doch für ein spontanes Meeting gereicht hätte.

Frei nach dem Motto „Gut gebrüllt, Löwe" finden sich in den leitenden Positionen gerne Personen mit einer etwas cholerischen Tendenz. Bei der Prüfung eines Dokuments, welches ein spanischer Kollege verfasst hatte, stellte sich heraus, dass eine wichtige Information fehlte. Daraufhin kontaktierte ich den Autor des Dokuments per E-Mail mit der Bitte, mir die Information zukommen zu lassen oder das Dokument entsprechend anzupassen. Wochen vergingen, aber nichts regte sich. Auch auf ein zweites und drittes Nachfragen folgte kein Lebenszeichen.

Bei meinem nächsten Madrid-Aufenthalt beschloss ich, den Kollegen persönlich aufzusuchen, um die Frage in einem kurzen Gespräch zu klären. Es stellte sich heraus, dass der Kollege nicht etwa vergessen hatte, mir zu antworten, sondern sich bewusst dagegen entschieden hatte. Bevor er überhaupt ein Wort mit mir wechselte, schleppte er mich zu seinem kleinen, rot angelaufenen Vorgesetzten, der mich vor etwa 30 anderen Kollegen anbrüllte, was mir denn einfalle, einen seiner Teamangehörigen direkt zu kontaktieren. Schließlich sei nur er für die zeitliche Planung seines Teams verantwortlich, und ich würde auf diese Art und Weise seine Autorität sabotieren. Meine Einwände, ich hätte noch nicht einmal gewusst, wer der Vorgesetzte des Kollegen sei, und dass man außerdem meine Frage problemlos innerhalb von zwei Minuten hätte beantworten können, schienen ihm völlig irrelevant. Gut, diese Lektion hatte ich gelernt.

Auf der anderen Seite halten sich die Spanier selbst in kuriosen Situationen an die gegebenen Hierarchien. Ich saß schon einige Tage in einem Großraumbüro mit spanischen Kollegen und arbeitete friedlich vor mich hin. Die Managerin des Teams hatte mich bereits seit meiner Ankunft erfolgreich ignoriert, war aber nun trotzdem am Fortschritt meiner Arbeit interessiert. Dabei erschienen ihr die fünf Meter Luftlinie, die uns trennten, als geradezu unüberwindlich. Denn anstatt mich direkt anzusprechen, schickte sie eine E-Mail an meinen Vorgesetzten in Deutschland, um bei ihm meinen Status einzufordern.

Daniela Schneider

ERFAHRUNGSBERICHT, GÜNTER MENTH

Networking

Schnell eigenes Netzwerk mit Einheimischen aufbauen senkt Risiken und verhindert die Vernichtung durch wirtschaftliche Konkurrenten

Verlagern Sie Ihre Tätigkeit als Selbständiger ins Ausland, dann sind die Risiken naturgemäß groß. In unserer mehr als zehnjährigen Anwaltstätigkeit seit 1997 auf der Baleareninsel Mallorca haben wir darüber einen reichhaltigen Erfahrungsschatz gewonnen.

Generell ist zu empfehlen, eine Vorsondierungsphase vorzuschalten, die Sprache sehr gut zu lernen, möglichst keine branchenfremde Tätigkeit auszuüben sowie sich nicht darauf zu beschränken, Kontakte nur zu eigenen Landsleuten zu knüpfen.

Aber zurück zur eigenen Situation:

Uns traf der Hauptwiderstand seitens spanischer Kollegen, speziell einer Kollegin, die sich mit ihrem anwaltlichen Dienstleistungsangebot vornehmlich an deutschsprachige Mandanten wandte.

Es wurde eine Strafanzeige wegen illegaler Anwaltstätigkeit meiner Person in Spanien eingereicht – Spanien war bereits lange in der EU – und systematisch im deutschsprachigen Bereich verbreitet, unsere Kanzlei sei in Spanien illegal tätig und werde von der Staatsanwaltschaft verfolgt. Wer möchte schon eine solch zwielichtige Kanzlei beauftragen?

Zum Fortgang des staatsanwaltlichen Ermittlungsverfahrens wurde meiner Person keine Auskunft erteilt, da ich hierzu zunächst einen spanischen Kollegen beauftragen müsse! Später rückte man dann von dieser Haltung ab und informierte uns, es müsse sich wegen der Schwere des Falles zunächst der Staatsanwalt im zentralen Ort weiter damit befassen.

Zwischenzeitlich wurde nicht nur die Verleumdungskampagne weiter fortgesetzt, die auch eigene Angestellte verunsicherte, sondern der Vorgang der Registrierung bei der örtlichen spanischen Anwaltskammer mit der Begründung des laufenden staatsanwaltlichen Ermittlungsverfahrens verzögert – dies mit der Folge, dass andere Kollegen unseren Mandanten empfahlen, unsere Honorarrechnungen nicht zu bezahlen, da es an einer Registrierung bei der örtlichen Anwaltskammer fehle und hier wohl ein Nichtanwalt illegal tätig sei.

Nach zweieinhalb Jahren erhielten wir dann – nur auf Grund konkreter Nachfrage – eine Kopie eines Schreibens der spanischen Staatsanwaltschaft, dass das Ermittlungsverfahren wegen „völliger Unbegründetheit" der Anschuldigungen einzustellen sei.

Ergebnis: Niemand kommt für den angerichteten Schaden auf.

Wer solche Situationen nicht übersteht, wird auch oft seine gesamte wirtschaftliche Existenz verlieren. Beispiele aus dem Mandantenkreis gibt es hierzu mehrere.

Was können Sie tun?

Bauen Sie sofort nach Ankunft im Auswanderungsstaat ein breites Kontaktnetz zur einheimischen Bevölkerung auf. Am besten funktioniert das über Ihre bisherigen Hobbys, die Sie auch in der neuen Heimat von Anfang an weiter pflegen sollten.

Dies schützt Sie nicht vor jeder brenzligen Situation, vermindert aber das allgemeine Risiko ganz erheblich.

Günter Menth
Rechtsanwalt & Abogado inscrito, seit 1997 in Manacor/Mallorca

Allgemeine Anlaufstellen

In Deutschland

Auskünfte für Auslandstätige und Auswanderer

Einen guten Überblick zur aktuellen Lage des Arbeitsmarktes in Spanien und andernorts vermittelt die

Informationsstelle für Auslandstätige und Auswanderer
Postfach 68 01 69, D-50728 Köln
Fon: 01888358-0
Fax: 01888358-2768

Stellenvermittlung

ZAV
Zentralstelle für Arbeitsvermittlung
Viellemomblerstr. 76
53123 Bonn
Fon 0228 713-1313
Die internationale Personalvermittlung in Bonn leistet gerade allen ohne oder nur mit beschränkter Auslandserfahrung Hilfestellung.

Eures Berater in Deutschland

Deutsches Rotes Kreuz Mecklenburg-Vorpommern
Renate Scheel
Wismarsche Str. 298, D-19055 Schwerin
T. 03 85 59 147 52
F. 0385 5914719
E-Mail: renate.scheel@debitel.net

Deutsches Rotes Kreuz Brandenburg
Raphaels-Werk Saarbrücken
Hartmut Daub
Kantstr. 14, D-66111 Saarbrücken
T. 0681 30906-0
F. 0681 30906-18
E-Mail: hartmut.daub@raphaels-werk.de

Deutsches Rotes Kreuz Sachsen-Anhalt
Lore-Elisabeth Hentze
Rudolf-Breitscheid-Str. 6
D-06110 Halle (Saale)
T. 03 45 50 08 5 - 32
F. 0345 2023141
E-Mail: lore-elisabeth.hentze@sachsen-anhalt.drk.de

Deutsches Rotes Kreuz Brandenburg
Eugenia Gilge
Alleestr. 5, D-14469 Potsdam
T. 0331 2864-123
F. 0331 2864-1247-147
E-Mail: gilge@debitel.net

Diakonisches Werk Neukölln-Oberspree
Eta Abasow
Morusstr. 18A, D-12053 Berlin
T. 030 68 24 77 20
F. 030 68 24 77 12
E-Mail: eta.abasow@debitel.net

Diakonisches Werk Hauptgeschäftsstelle
Gerlinde Lang/Margot Gille
Gerokstr. 17, D-70184 Stuttgart
T. 0711 21595417-534
F. 0711 2159130
E-Mail: wanderung@diakonie.de

Evangelische Auslandsberatung e.V.
Helga Kunkel-Müller/Uta Witte
Rautenbergstr. 11, D-20099 Hamburg
T. 040 24 48 36
F. 040 24 48 09
E-Mail: kunkel-mueller@debitel.net

Raphaels-Werk Essen
Martina Lüdeke
Kaninenberghöhe 2, D-45136 Essen
T. 0201 81028-739
F. 0201 81028-836
E-Mail: martina.luedeke@dcbitel.net

Raphaels-Werk Frankfurt
Jan Sladek
Vilbeler Str. 36, D-60313 Frankfurt am Main
T. 069 91 30 65 52
F- 069 91306555
E-Mail: jan.sladek@debitel.net

Raphaels-Werk Hannover
Sabina Hoffmann
Vordere Schöneworth 10, D-30167 Hannover
T. 0511 713237
F- 0511 713239
E-Mail: sabina.hoffmann@debitel.net

Raphaels-Werk München
Elisabeth Kieniewicz
Landwehrstr. 26, D-80336 München
T. 089 23114960
F. 089 23114961
E-Mail:
elisabeth.kieniewicz@debitel.net

Raphaels-Werk Köln
Ursula Fischenich
Norbertstr. 27, D-50670 Köln
T. 0221 28362-0
F. 0221 28362-14
E-Mail: raphaels-werk@caritas-koeln.de
www.el-mundo.es/sudinero

Bildungsurlaub

In einigen Bundesländern der Bundesrepublik Deutschland haben alle voll- und teilzeitbeschäftigten Arbeitnehmer Anspruch auf zehn bezahlte Arbeitstage innerhalb von zwei Jahren zur Teilnahme an anerkannten Veranstaltungen der beruflichen Weiterbildung. Der Arbeitgeber trägt hierbei die Kosten der Freistellung, der Teilnehmer trägt die Fortbildungskosten.

Dabei kann es sich durchaus auch um einen Spanisch-Sprachkurs in Spanien handeln, sofern die Sprachschule anerkannt ist.
Näheres zu diesem Thema unter: *www.bildungsurlaub.de.*
Baden-Württemberg, Bayern, Sachsen und Thüringen haben kein Bildungsurlaubsgesetz.
(Quelle: Amt für Bildung, Abt. Weiterbildung, 20095 HH)

Die Kosten eines Sprachkurses sind übrigens als Werbungskosten absetzbar, sofern der Steuerpflichtige die Fremdsprache für seinen Beruf benötigt. Darauf weist der Bund der Steuerzahler unter Berufung das Finanzgerichts Hamburg hin (AZ 2 K 25/06). Danach kann der Sprachkurs durchaus auch in einem touristisch interessanten Gebiet stattfinden. In dem betreffenden Fall hatte der Kläger Spanisch in Spanien gelernt, weil er am Arbeitsplatz Telefongespräche auf Spanisch zu führen hatte.

Landwirtschaft

Deutsche Bauernverband, www.bauernverband.de, dbv-praktika-international@bauernverband.de
Praktika im Bereich Landwirtschaft, Hauswirtschaft, Gartenbau und Weinbau unterstützt der Deutsche Bauernverband tatkräftig. Neben Beratung und Betreuung während des Praktikums werden auch Stellen vermittelt.
Voraussetzungen: Beendetes Grundstudium in einem agrarwissenschaftlichen Studiengang plus mind. 6 Monate Praxiserfahrung oder ein Jahr Praktikum in einem dieser Bereiche sowie abgeschlossene Praktikantenprüfung oder eine abgeschlossene Berufsausbildung in einem dieser Bereiche.

Lehrer im Ausland

Eine gute Chance für Lehrer ist die Berufsausbildung im Ausland. Das Bundesverwaltungsamt sucht geeignete Lehrer, hauptsächlich mit der Lehrbefähigung für die Sekundarstufe II mit den Fächern Deutsch und Fremdsprachen, aber auch Mathematik und Naturwissenschaften.

Bewerben können sich EU-Staatsangehörige mit erstem und zweitem Staatsexamen für das Lehramt an Gymnasien bzw. eines vergleichbaren, anerkannten Abschlusses eines deutschen Bundeslandes, soweit man sich aus einem deutschen Landesschuldienst heraus bewerben will.

Die Vermittlung von EU-Angehörigen ist allgemein aus pass-, aufenthalts- und arbeitsrechtlichen Gründen auf EU-Länder beschränkt.

Auch Absolventen mit Magister-Abschlüssen DaF im Hauptstudium oder Linguistik mit dem Schwerpunkt „DaF" können sich neuerdings für Tätigkeiten als Bundesprogrammlehrkraft bewerben. Aus förderrechtlichen Gründen wäre aber eine BPLK-Tätigkeit in Spanien ausgeschlossen.

Nach der erfolgreichen Bewerbung entscheiden entweder die ZFA oder die Schulleiter der Auslandsschulen über einen Einsatzort. In der Regel verpflichtet man sich zunächst auf eine Vertragsdauer von zwei bis drei Jahren. Dieser Zeitraum kann aber bis zu sechs oder acht Jahren (bei Schulleitern und Funktionsstelleninhabern) verlängert werden.

Schuljahresbeginn ist bei Schulen in Spanien in der Regel der 1. September.

Direktbewerbungen als Ortslehrkräfte sind bei den Auslandsschulen möglich. Dies geschieht auch ohne Mitwirkung der Zentralstelle für das Auslandsschulwesen, indem man selbst mit der gewünschten Schule in Kontakt tritt. Die Anschriften aller Auslandsschulen findet man unter:
www.bva2.bund.de/aufgaben/auslandschulwesen/verzeichnis/welt/index
Näheres unter: *www.auslandschulwesen.de* oder direkt beim
Bundesverwaltungsamt, Zentralstelle für das Auslandsschulwesen, 50728 Köln, zfa.bewerbung@bva.bund.de

Praktika für Studenten

AIESEC, www.aisec.de, www.aisec.at, www.aisec.ch, www.es.aisec.org
Größter internationaler Studentenverband mit einem weltweiten Netzwerk und Angeboten zu Praktikantenaustausch, Projektarbeit und Seminaren, ferner auch internationale Treffen. AISEC ist an den meisten Unis mit Lokalkomitees vertreten.

DAAD, Kennedyallee 50, 53175 Bonn, Tel.: 0228 882 466, Fax 0228 882 551, http://eu.daad.de
Nationale Agentur für Deutschland
Studierende können für ein Pflichtpraktikum oder ein freiwilliges Praktikum zwischen drei und zwölf Monate gefördert werden. Es werden folgende Leistungen geboten: Monatlicher Zuschuss von max. 400 € im Monat, EU-Praktikumsvertrag zwischen Hochschule, Unternehmen und Studierenden, Unterstützung bei der Vorbereitung und Durchführung des Auslandsaufenthalts sowie Anerkennung der im Ausland erbrachten Leistung.
ERASMUS fördert auch Gastdozenturen.

In Spanien

Arbeitsvermittlung

Zur Arbeitsvermittlung ist in Spanien das nationale Arbeitsamt, INEM (*Instituto Nacional de Empleo*), zuständig; dies gilt auch für Arbeitssuchende aus dem EU-Ausland. INEM vermittelt nicht nur Stellen, sondern bietet auch Weiterbildungskurse und Berufsberatungen an.

Instituto Nacional de Empleo INEM
Area de Gestión de Empleo
c/Condesa de Venadito, 9,
E-28027 Madrid
T. 0034 91585 9888
F. 0034 91408 0017
www.inem.es

SISPE, ein im Zug der Lissabon-Agenda neu gegründetes Informationssystem der spanischen Arbeitsverwaltung, koordiniert beschäftigungspolitische Maßnahmen und Arbeitslosenunterstützung. Es stellt Informationen über verfügbare Arbeitnehmer für Arbeitgeber bereit und fördert die Mobilität von Arbeitsuchenden.

Stellenangebote im Internet

Wie für alle europäischen Staaten gibt es auch für Spanien Jobbörsen im Internet.
Die bekanntesten sind:
www.monster.es, www.jobpilot.es, www.infojobs.net oder www.trabajos.com, aber auch die folgenden Webseiten können vielversprechend sein: www.jobrobot.de, www.karrieredirekt.de, www.mtas.es.

Ferner sind alle großen Zeitarbeitsfirmen in Spanien vertreten: www.adecco.es, www.randstad.es und www.manpower.es. Diese sind eine gute Einstiegshilfe, um kurzfristig einen

Arbeitsplatz aufzutun. Man lernt mehrere Einsatzfirmen und dabei Leute kennen, wobei diese persönlichen Beziehungen oft zu einer neuen Arbeitsstelle führen können.
Wer sich direkt an das Arbeitsamt wenden möchte, findet alles Wissenswertes unter: www.inem.es, mit Links zu den regionalen Arbeitsämtern.
Auch die Seite von EURES kann hier hilfreich sein:
www.europa.eu.int/eures.

In den spanischen Zeitungen findet man weitere Stellenangebote, z.B.
www.elpais.es
www.elperiodico.com
www.lavanguardia.es
www.empleo.com
www.laboris.net
www.abc.es
www.spainonline.com/vellow.html
www.spainonline.com/index.html

Erfahrungsbericht – Maria

Praktikumsaufenthalt in Málaga

Im Rahmen meiner dreijährigen Ausbildung zur Internationalen Betriebswirtin (EWS Dresden) absolvierte ich mein zweites Auslandpraktikum in Málaga, Spanien. Ich bewarb mich ausschließlich bei Sprachschulen in Andalusien, da mich diese Region besonders interessiert.

Ein halbes Jahr vor Praktikumsbeginn begann ich, Bewerbungen mittels E-mail an Unternehmen zu schicken und wartete gespannt auf deren Reaktion. Kurz vor Abschluss der Bewerbungszeit entschied ich mich für eine Sprachschule in Málaga. Meine Wahl fiel auf dieses Unternehmen, da mir der Aufgabenbereich abwechslungsreich und anspruchsvoll erschien. Desweiteren wurde mir Unterstützung bei der Wohnungssuche zugesagt. Mein Ansprechpartner beantwortete mir alle offenen Fragen und arbeitete mich während meiner ersten Woche Praktikum aufgeschlossen und geduldig ein. Von Anfang an identifizierte ich mich gut mit meiner Position und meinem Aufgabenbereich und hatte viel Freude bei der Arbeit durch die Kundennähe an der Rezeption.

Als normal bewerte ich nun die anfängliche Ungewissheit und Unklarheiten, die Unsicherheit darüber, ob die drei Monate eine schöne Zeit werden, ob ich Freunde finden werde, ob mir die Arbeit gefallen und – natürlich nicht zu vergessen, ob ich die Menschen und ihre Sprache überhaupt verstehen würde. Nachts fühlte ich mich anfangs einsam, und die Kollegen auf der Arbeit oder die Leute auf der Straße verstand ich entweder schlecht oder gar nicht.

Während meiner ersten Woche in Málaga strömten viele Eindrücke auf mich ein. Ich liebte den Anblick des blauen Meeres, die Palmen, die viele Straßenränder in Spaniens Städten zieren und die Sonne, die jeden Tag während meines Aufenthalts schien. Meine Wohnung befand sich mitten in der Altstadt, am großen „Plaza de la Merced", wo sich abends viele Leute versammeln.

Meine Arbeitszeiten gingen von 9 bis 14 Uhr und von 17 bis 19 Uhr. Während der Mittagspause ging ich mit den Schülern der Sprachschule meist an den Strand. Dort konnte ich mich richtig erholen und den Sommer genießen. Nach 19 h ging ich einkaufen oder durch den Park spazieren und traf mich abends mit Bekannten oder Freunden von der Sprachschule in der Stadt.

Die Tätigkeit an der Rezeption ist gut geeignet, um Bekanntschaft mit Menschen und Kulturen aus aller Welt zu schließen. Es macht viel Spaß, mit ihnen über ihr Land und die Traditionen zu reden. Zusammen in der Gruppe gingen wir Tapas essen oder Bier und Cocktails in einer Bar trinken. Nicht selten endete ein solcher Abend in einer Diskothek. Mir gefallen das Nachtleben und das Temperament der Spanier. Sie verabreden sich in Cafes oder Bars, wo sie sich unterhalten und wohlfühlen. Das Leben auf der Straße ist ein wichtiger Bestandteil der spanischen Tradition. Man sieht beispielsweise oft sonntags ganze Familien auf Plätzen sitzen, sich unterhalten und entspannen und Kinder, die miteinander Fußball spielen.

Im Stadtkern von Málaga finden sich unzählig viele kleine Restaurants, Bars, Kneipen und Cafes. Abends ist auf den Straßen immer etwas los, und das Angebot an Tanzbars und Discos ist ebenfalls riesig.

Die Sprachbarriere konnte ich schon bald durch ständigen Kontakt mit Spaniern überwinden. In Gesprächen verstand ich immer mehr und konnte reagieren. Ich habe die Menschen in Málaga als sehr nett, aufgeschlossen und ausgesprochen hilfsbereit kennengelernt.

Die größte Geduld haben sie nicht. Es kann schon mal vorkommen, dass der Anrufer auflegt, wenn man seine Frage nicht gleich versteht oder dass man den gleichen Satz in gleicher Schnelligkeit wiederholt bekommt. An der Kasse im Supermarkt kann man allerdings schon mal eine Viertel Stunde warten, da die Kassiererin noch mit der Kundin plaudert. Fährt man aber an der Ampel bei Grün nicht unverzüglich los, so entsteht hinter einem ein ungeduldiges Hupkonzert. Gleichermaßen ist es als Fußgänger nicht ratsam, sich bei Grün für die Autos auf dem Zebrastreifen zu befinden. Denn dort wird ohne Rücksicht auf Verluste „umgefahren", wer nicht mit einem Sprung zur Seite ausweicht.

In keiner anderen Stadt als Málaga fiel es mir leichter, Menschen kennenzulernen .Mich reizt die lockere Lebensweise, der spanische „way of life". Kein Spanier würde jemals zu einer Straßenbahn rennen oder sich selbst psychisch so unter Druck setzen, dass er an Stresssyndromen leidet und krank wird. Wir hingegen regen uns viel und gerne über alles auf und vor allem über Dinge, auf die wir ohnehin keinen Einfluss nehmen können. Während meines Aufenthalts in Málaga genoss ich die Leichtigkeit des Seins, da ich weder große Verantwortung außerhalb der Arbeit trug noch großartig über die Zukunft nachzudenken hatte. Ich vermochte endlich mal richtig abschalten und meinen Gedanken freien Lauf zu lassen. Das soll aber nicht heißen, dass die Spanier faul seien. Ich finde, sie arbeiten genauso viel wie wir, und da ist das Wochenende eingeschlossen. Der entscheidende Unterschied ist nur, dass sie andere Prioritäten setzen. Bei ihnen ist die Arbeit nicht Ein und Alles, und nicht wie bei uns heißt es: Familie oder Karriere! Ich denke, bei den Spaniern kommt die Familie (bei den spanischen Männern ganz stark die Mutter) an erster Stelle, danach Feste und Feiern und an dritter Stelle die Arbeit. Durch diese Verschiebung der Prioritäten steht die Arbeit nicht immer im Mittelpunkt.

Ein ganz anderer entscheidender Vorteil ist die Spontanität. Es ist Freitagabend, und die Mitarbeiter haben zusammen mit dem Chef Überstunden gemacht, um vor dem Wochenende die letzten Unklarheiten zu klären. Der Chef bietet an, ein Bier trinken zu gehen. In einem deutschen Unternehmen hätte man zwei Wochen zuvor einen Betriebsausflug mit Teilnehmerliste geplant.

In den spanischen Unternehmen herrscht eine angenehme Atmosphäre, welche durch die Einstellung der Spanier entsteht. Dadurch empfand ich bei meiner Arbeit am Empfang eine große Zufriedenheit. Zu dieser Zeit konnte ich viele Erfahrungen sammeln und lernte, was es heißt, auf sich selbst gestellt zu sein. Zum ersten Mal wohnte ich in einer WG mit Leuten aus aller Welt zusammen. Ich fand ein Stück mehr zu mir selbst, was ich sehr genoss. Ich war niemanden Rechenschaft schuldig. In der Sprachschule bekam ich für meine Arbeit Anerkennung. Die Sonne war ein weiterer Fakt dafür, dass ich mich in dieser Zeit blendend fühlte. Es erfüllte mich mit so viel Freude, jeden Tag mit Sonne aufzustehen. Man fühlt sich im Innern ganz anders, ausgefüllt und glücklich.

Neben den netten und interessanten Menschen hat Andalusien viel Kultur zu bieten. Während meiner Zeit in Spanien hatte ich am Wochenende die Möglichkeit, verschiedene Städte in Andalusien zu besuchen. Zu den sehenswerten Orten gehören Ronda mit seiner historischen Brücke, Nerja mit der großen Tropfsteinhöhle, Tarifa mit seiner wunderschönen Altstadt und den tollen Stränden, Cadiz, Marbella mit dem Nobeljachthafen Puerto Banus,

Sevilla, Granada und viele mehr. Das Praktikum in Málaga hat mir weitreichende Einblicke in die spanische Kultur und Arbeitswelt ermöglicht. Diese Erfahrungen möchte ich nicht missen. Die Art zu leben und die Einstellung der Menschen haben einen positiven Eindruck hinterlassen. Ich habe die drei Monate in vollen Zügen genossen und möchte nächstes Jahr wieder nach Spanien.

Maria, 21 Jahre, Praktikantin in Málaga

Verlagspraktikum in Alicante

Bericht von Kerstin Kotlar

1. Firma

Zwischen Ende Oktober Ende Februar arbeitete ich im Rahmen eines Auslandspraktikums in der Redaktion des Verlagshauses „Costa Comunicaciones" (GAMMA) in Alicante (Spanien).

Die Firma GAMMA ist ein mittelständischer Betrieb und besteht aus verschiedenen Abteilungen: Druckerei, Verlag ECU (Editorial Club Universitario), welcher seit 1989 in Zusammenarbeit mit der Universität von Alicante vor allem Bücher mit universitätsrelevanten Themen herausgibt, Redaktion „Costa Comunicaciones", Design und Schreibwarengeschäft.

Die Redaktion selbst setzt sich wiederum aus verschiedenen Bereichen zusammen. Sie gliedert sich in die wirtschaftliche Abteilung („comerciales"), zuständig für die Beschaffung von Anzeigen, die Redaktion im eigentlichen Sinne („periodistas") und Layout („maquetistas"), zuständig für die Gestaltung der lokalen Zeitungen „El Raspeig", „La Hoja de tu barrio", „La Illeta", „La Rambla", „El Superchollo", welche wöchentlich bzw. zweiwöchentlich erscheinen. Zudem gibt die Firma „Costa Comunicaciones" monatlich für die gesamte Region Costa Blanca „Especial Inmobiliaria" (Spezialzeitschrift Immobilien), „Especial Motor" (Spezialzeitschrift Automobil) und „Vytal" (Spezialzeitschrift Gesundheit und Schönheit) heraus.

Direktor der Abteilung „Costa Comunicaciones" des Verlagshauses ist Lázaro Martinez, der mich dem gesamten Team vorstellte. Anschließend arbeitete ich im wesentlichen mit den Redakteuren Antonio Sogorb, Liberto Carratalá und Aitana Martínez zusammen.

2. Tätigkeitsbereich

Während meines Praktikums arbeitete ich in der Redaktion an der Veröffentlichung der lokalen Zeitungen sowie der Spezialzeitschriften mit.

Ich verfasste nachrichtliche Texte,

Berichte und Reportagen. Außerdem ging es darum, analoge Daten wie Leserbriefe und Interviews auf Tonband zu digitalisieren. Zu Beginn stand die Internetrecherche im Vordergrund. Ich lud aktuelle Pressemitteilungen zu den Themen Immobilien, Automobil und Gesundheit für die Spezialausgaben des jeweiligen Monats von Internetseiten der Regierung und Institutionen herunter. Nachdem ich in Absprache mit Antonio Sogorb und Aitana Martínez eine Themenauswahl getroffen hatte, suchte ich nach ergänzenden Informationen und Fotos, um die Texte zu illustrieren. Im Anschluss daran verfasste ich Artikel beispielsweise über Nahrungsmittelzusatzstoffe, Fotoepilation oder Behandlung von Muskelkater für die Zeitschrift „Vytal" und über die Gestaltung von Wohnräumen, Entwicklung der Preise auf dem Wohnungsmarkt, erneuerbare Energiequellen oder Hypotheken für die Zeitschrift „Especial Inmobiliaria", welche in den Erscheinungsmonaten während meines Praktikums hauptsächlich von mir erstellte Artikel enthielt.

Zu meinen Aufgaben zählte ferner das Wahrnehmen von Terminen wie beispielsweise die Antrittsrede des neuen Rektors der Universität von Alicante, ein Vertragsabschluss zwischen der Universität von Alicante und der Gemeinde San Juan, ein Kindertheater über Jules Verne für die Schüler von San Vicente oder ein Konzert von David de María. Die verschiedenen Termine erforderten natürlich häufig Flexibilität bei den Arbeitszeiten. Im Rahmen meiner Tätigkeit führte ich Interviews mit den Verantwortlichen und Beteiligten, zeichnete sie auf Tonband auf, fotografierte und verfasste danach Artikel, welche in der Zeitung „El Raspeig" veröffentlicht wurden. Zunächst faßte ich meine Texte in Word ab und überführte sie anschließend in Quark XPress, womit das Layout der Zeitungen erstellt wurde. Die Verwendung digitaler Fotografie war für die journalistische Arbeit im Verlag unerlässlich, da die Fotos auf diese Weise direkt von der Kamera auf den Rechner übertragen und mit Photoshop sowie Freehand (für die Anzeigen) grafisch aufbereitet werden konnten.

3. Arbeitsumfeld

Das Arbeitsumfeld empfand ich als sehr angenehm und ich fühlte mich im Redaktionsteam sehr wohl. Die Kollegen waren immer sehr hilfsbereit und zufrieden mit meiner Arbeit. Zu Beginn war die Arbeit mit den Programmen Word und Quark Xpress im System Macintosh eine Umstellung für mich (abweichende Struktur, andere Shortcuts ...), da ich bisher nur mit Microsoftprodukten gearbeitet hatte. Die Arbeitskollegen hatten mich jedoch schnell in die Programme eingewiesen, ebenso wie in die redaktionsinternen Abläufe: Weitergabe von Texten und Fotos an Kollegen, Speichern im Archiv – möglich durch Vernetzung der einzelnen Rechner, Absprache von Terminen, Eintragen in den digitalen Kalender etc.. Außerdem lief der gesamte Redaktionsalltag natürlich auf Spanisch ab. Aber dies bereitete aufgrund meiner Ausbildung an der Universität Regensburg und des vorbereitenden Sprachkurses in Alicante meist keine Probleme. Bei Unklarheiten halfen die Kollegen sowie Online-Wörterbücher jederzeit weiter.

4. Positive und negative Firmenerfahrungen

Zu meinen positivsten Erfahrungen zählt, dass ich in das Redaktionsteam integriert und nach einiger Zeit als vollwertige Arbeitskraft betrachtet wurde. Das bedeutete beispielsweise, dass ich wie andere Redakteure zu Terminen (Pressekonferenzen...) und Veranstaltungen geschickt wurde, Interviews führte, fotografierte und anschließend Artikel verfaßte, die in den verschiedenen Zeitungen veröffentlicht wurden. Außerdem konnte ich eigene Vorschläge einbringen, z.B. eine Reportage über Weihnachten in verschiedenen Ländern. Die Reportage „Weihnachten in anderen Ländern der Welt" für die Spezialausgabe „Especial Navidad", die vor Weihnachten zusätzlich zur wöchentlichen Ausgabe von „El Raspeig" erschien, wurde komplett – Interviews, Fotos, Text und Überschrift – von mir erstellt. Leider konnte sie nur in verkürzter Fassung und nicht wie geplant mit allen Fotos erscheinen, da der Erscheinungstermin kurzerhand um fast eine Woche vorgezogen wurde.

Dies war einer der wenigen negativen Aspekte meines Praktikums: die Absprachen waren nicht immer sehr klar und Änderungen von Umfang oder Erscheinungstermin der Zeitung wurden den Redakteuren nicht bzw. sehr kurzfristig mitgeteilt, was unnötigen Stress verursachte oder dazu führte, dass bereits unternommene Bemühungen derart zunichte gemacht wurden.

Ein weiterer sehr positiver Aspekt meines Praktikums war, dass sich meine Sprachkenntnisse durch die tägliche Redaktionsarbeit erheblich verbessert haben. Denn Schreiben und Sprechen auf Spanisch war ständig gefordert und meine Kollegen Antonio, Liberto und Aitana erklärten mir Korrekturen und Verbesserungen immer sehr eingehend.

Eine der negativsten Erfahrungen war, dass bereits fertige Artikel manchmal unerwarteterweise gekürzt werden mussten und so der Arbeitsaufwand umsonst war. Dies war einerseits bedingt durch die Finanzierung der Zeitung durch Anzeigen, welche sich im letzten Moment ändern können. Andererseits jedoch hätte es durch bessere Absprachen vermieden werden können.

Da es sich um eine kleine Lokalredaktion handelte, gab es außerdem immer wieder Tage, an welchen nicht viele aktuelle Termine anstanden, so dass ich manchmal viel Leerlauf hatte.

5. Fazit

Meine Arbeit in der Redaktion von „Costa Comunicaciones" kann ich im Großen und Ganzen sehr positiv bewerten. Im Redaktionsalltag lernte ich mit diversen Graphik- und Textverarbeitungsprogrammen (auf Spanisch) umzugehen. Ich habe sehr viel gelernt durch die Beschäftigung mit den ver-

schiedensten Themen aus den Bereichen Immobilien, Gesundheit und Schönheit, Automobilien. Außerdem konnte ich meine Spanischkenntnisse in Wort und Schrift perfektionieren und habe die Arbeitsweise in einem spanischen Unternehmen kennengelernt.
Kerstin Kotlar wurde vermittelt von PractiGo GmbH, www.praktikumsvermittlung.de

Schüleraustausch
AFS, www.afs.de
Eine der ältesten Austauschorganisationen. Beim Schüleraustausch besteht die Möglichkeit, auch ohne Sprachkenntnisse für ein Jahr nach Spanien zu gehen. Man wohnt in einer Gastfamilie und besucht täglich eine Schule. Dieser Verein betreibt seit fast 60 Jahren Schüleraustausch, sucht die Gastfamilie aus, löst administrative Fragen und gibt Seminare zur Vorbereitung. Voraussetzung ist ein Alter zwischen 16 und 18 Jahren. Die Gesamtkosten belaufen sich auf ca. 6000 € für ein Jahr (inkl. Unterkunft, Schulgeld und Reisekosten). Es existieren jährlich zwei Abreisetermine: im Sommer (Bewerbungsschluss 15. Oktober) und im Winter (Bewerbungsschluss 15. Mai).

Jobs & Praktika
www.interconnections.de

Studium

Hochschulsystem
Das Studium in Spanien gliedert sich fächerübergreifend in drei Stufen (*ciclos*):
Primer Ciclo ist ein dreijähriges Grundstudium, an das sich ein zweiter Zyklus (*Segundo Ciclo*) anschließt, der mit der *licenciatura* (vergleichbar einem Diplom) abgeschlossen wird.
Danach ist es möglich, den *Tercer Ciclo* zu besuchen (2–3 Jahre), der mit der *tesis doctoral* (Doktorarbeit) abschließt.
Auch in Spanien erfolgt die schrittweise Umstellung auf Bachelor- und Masterstudiengänge.
Die Studienjahre beginnen zwischen Mitte Oktober; die Vorlesungen enden Ende Mai. Prüfungen finden Januar bzw. Februar und Juni bzw. Juli statt. In Spanien werden Studiengebühren erhoben. Sie liegen z.Zt. zwischen 600 € und 900 € pro Jahr.
Bei EU-Bürgern und Schweizern gelten grundsätzlich die gleichen Zulassungsbedingungen bei einem Hochschulstudium wie für Spanier. Man muss die allgemeine Hochschulreife (Abitur, Matura, *bachillerato*) besitzen.
Man kann die allgemeine Hochschulreife durch das Bildungsministerium in Spanien anerkennen lassen, die sogenannte *Homologación*, um sich dann bei einer spanischen Uni direkt zu bewerben. Die Anerkennung muss bei der UNED (*Universidad Nacional de Educación a Distancia*) beantragt wer-

den (www.uned.es). Dem Antrag beizufügen sind ein übersetztes Abschlusszeugnis sowie Zeugniskopien der Klassenstufen 10 bis 13 als beglaubigte Kopien. Zudem benötigt man einen Nachweis über die Zahlung der für die Anerkennung zu entrichtenden Gebühren.

Vor der Aufnahme eines Studiums ist ein Sprachtest zu absolvieren, wobei geprüft wird, ob man in der Lage ist, den Vorlesungen auf Spanisch zu folgen. Das gilt auch für Fachtermini. Der Test ist nicht ganz einfach, Interessierte sollten sich ausreichend vorbereiten. Weitere Details unter:

www.mcu.es, www.mec.es,
www.uned.es,
http://internacional.universia.net/espanya,
hilfreich sind auch www.daad.de und uni-online.de.

Das Notensystem

Bei akademischen Abschlüssen ist folgenes wichtig zu wissen:

Das spanische Notensystem kennt im Vergleich zum fünfstufigen Hochschulnotensystem bei uns lediglich vier Grade, denen verschiedene Punktzahlen zugeordnet sind; nur die ersten drei Grade reichen zum Bestehen einer Prüfung aus. Obwohl die Angabe der Noten bei der Bewerbung in Spanien nicht üblich ist, soll das spanische Bewertungssystem zur Hintergrundinformation dem unsrigen vergleichend gegenübergestellt werden:

SP. NOTE	PUNKTE	DT. NOTE
Sobresaliente	9–10	sehr gut
Notable	7–8	gut/befriedigend
Approbado	5–6	ausreichend
Suspenso	0–4	mangelhaft

Anerkennung von Hochschul- und Berufsabschlüssen

Die Anerkennung von Hochschuldiplomen, Voraussetzung zur Ausübung eines Berufs, ist durch EU-weite Äquivalenzregelungen vereinfacht worden. Dies gilt für 65 Berufe, für die ein vereinfachtes Verfahren Anwendung findet.

Bei Bedarf sollte man sich an das *Ministerio de Educación, Cultura y Deporte* wenden (www.mec.es), oder an die kostenlose EU-Hotline (00800 67891011), die eigens zu diesem Zweck eingerichtet wurde. Medizinische Berufe werden in der Regel automatisch anerkannt, da hier EU-weit von Gleichwertigkeit ausgegangen wird.

Wer einen Berufsabschluss besitzt, für den das vereinfachte Verfahren nicht gilt, braucht ein Homologationsverfahren. Hierbei sind im Regelfall das Diplom und der Nachweis, dass der Beruf auch tatsächlich ausgeübt wurde, vorzulegen. Auch in diesem Fall wendet man sich am besten an das *Ministerio de Educación, Cultura y Deporte*.

In der EU absolvierte Studienzeiten sind bei Fortsetzung in Spanien von spanischen Universitäten zu akademi-

schen Zwecken anzuerkennen.
Formulare zur Homologation:
www.mec.es/mecd/titulos/convalidacion.htlm.
Beim Generalkonsulat der Bundesrepublik Deutschland in Barcelona erhält man ein Merkblatt zur Anerkennung deutscher Abschlüsse.
Grundsätzlich kann man davon ausgehen, dass bei Qualifikation für einen Beruf im Heimatstaat diese Qualifikation zur Ausübung auch in Spanien ausreichend ist.
(Quelle: Generalkonsulat der BRD Barcelona).
Im Falle von Anerkennungsschwierigkeiten wende man sich an das europäisches Netzwerk, www.enic-naric.net, unter der kostenlosen Nummer 00 800 67 89 10 11.

Hier noch die allerallerwichtigste Adresse:
www.auslandsbafoeg.de,
Übrigens lassen sich auch Auslandspraktika im Rahmen eines Studiums in Deutschland durch Auslands-BAföG fördern.

Hochschulabgänger

COIE, Centros de Orientación e Información de Empleo",
http://www.coie.unican.es
Diese Institutionen wenden sich in Kooperation mit dem nationalen spanischen Arbeitsamt INEM (*Instituto Nacional de Empleo*) an Hochschulabgänger. Die meisten Universitäten in Spanien verfügen über ein COIE-Büro.

Berufsbildung

Asociación Hispano-Alemana de Enseñanzas Técnicas (ASET),
http://www.aset.es
Adr.: Avda. de Burgos, 12 ;E-28036 Madrid; Tel.: 003491-3835830, Fax: 003491-3835833, c/Provenza, 535, dcha.bajos;
08025 Barcelona Tel.: 003493-4462700, Fax: 003493-4462704
Staatlich anerkanntes deutsches Berufsbildungszentrum, das seit 1981 eine zweisprachige kaufmännische Ausbildung nach dem deutschen dualen System anbietet.
Die Ausbildung erfolgt in Madrid oder Barcelona in deutschen und internationalen Unternehmen.
Die ASET bietet Bewerbern folgende Ausbildungen an: Industriekaufmann, Informatikkaufmann und Kaufmann für Logistikdienstleistungen.
Die Ausbildung besteht aus Theorie und Praxis, der theoretische Teil findet bei ASET statt, die praktische Ausbildung im Ausbildungsbetrieb, wobei der theoretische Unterricht auf Deutsch erfolgt, die betriebliche Ausbildung findet auf Spanisch statt.
Die Verzahnung von Theorie und Praxis ermöglicht den Erwerb von berufspraktischen Erfahrungen in einem internationalen Umfeld.
Seit 2007 bietet ASET in Zusammenarbeit der Fachhochschule Südwestfalen ein dreijähriges Wirtschaftsstudium zum Bachelor of Arts an, was ausbildungsbegleitend oder als Präsenzstudium absolviert werden kann.

ERFAHRUNGSBERICHT, TOBIAS

Barcelona – Ausbildung

Spanien gleich Sommer, Sonne, Strand, Siesta und Fiesta??? – Nicht ganz, wenn auch nicht ganz falsch.
All diese mit dem mediterranen Raum verbundenen Begriffe klingen zwar sehr reizvoll, vor allem für diejenigen, die das von zu Hause nicht kennen, jedoch trieben mich andere Gründe nach Spanien, genauer gesagt nach Katalonien und seinem Zentrum: Barcelona. Mein Name ist Tobias, ich bin 20 Jahre alt und mache hier in Barcelona eine zweijährige Ausbildung zum Industriekaufmann bei einem Tochterunternehmen eines deutschen Konzerns. Wie es dazu kam? Also, mein Abitur legte ich vor zwei Jahren ab, worauf dann der Zivildienst folgte.
Danach stand meinem Spanienaufenthalt also nichts mehr im Wege.

Die Frage war jedoch: Was? Wo? Wie?

Nach Abwägung verschiedener Möglichkeiten erfuhr ich, dass man sowohl in Barcelona, als auch in Madrid eine Ausbildung bei ASET (*Asociación Hispano-Alemán de Enseñanzas Técnicas*) machen kann, die auch in Deutschland anerkannt wird. Also habe ich meine Bewerbung an die Schule in Barcelona geschickt und schon bald musste ich mich dort zu verschiedenen Vorstellungsgesprächen eine Woche einfinden. Schließlich habe ich dann auch eine Zusage erhalten, so daß meine Ausbildung im September beginnen konnte.

Warum Barcelona und nicht Madrid, wo doch in Barcelona bzw. Katalonien eine eigene Sprache, das Katalanisch, gesprochen wird? Ich weiß nicht warum, vielleicht wegen irgendwelcher versponnener Gedanken an Meer und Strand? Auf keinen Fall jedoch aus der Erwartung, dort ein perfektes, klares Spanisch zu erlernen.

Denn das wäre illusorisch gewesen. In Barcelona angelangt verstand ich kein Wort, da alle um mich herum *catalan* sprachen. Doch mit der Zeit gewöhnte ich mich daran, und es war einfach unvermeidbar Katalanisch zu hören, da es auch in der Firma unter den Kollegen gang und gäbe war. So kam es sogar, dass sich meine anfängliche Abneigung in starke Begeisterung verwandelte und ich Gefallen daran fand, *catalan* zu lernen und zu sprechen, wenn auch nur sehr wenig.

Doch auch meine Muttersprache kam nicht zu kurz, denn der Theorieunterricht in der Schule wird auf Deutsch abgehalten, was ich manchmal schade finde – man kommt dadurch einfach etwas aus dem Sprachrhythmus heraus

Kaum bei ASET angefangen, gab es schon wieder Neuigkeiten: ASET führte ein Studienmodell mit der Uni in Südwestfalen ein und ermöglicht uns somit, zeitgleich zur Ausbildung, ein BWL-Studium mit dem Bachelor-Abschluss zu machen. So kam es dann auch, dass einige meiner Klassenkameraden und ich diese Chance ergriffen und sich eine kleine Studentengruppe formierte, die sich der neuen Herausforderung stellte.

Über eben diesen Kontakt in der Schule in den Theorieblöcken, der anfänglich vor allem aus deutschen Bekanntschaften bestand, entwickelte sich neue Freundschaften mit Spaniern, oder besser gesagt, mit Katalanen.

Mit ihnen habe ich persönlich überwiegend positive Erfahrungen gemacht, obwohl man ihnen – entgegen dem typischen Südländerklischee – eher Verschlossenheit nachsagt. Ich kann dies nicht wirklich bestätigen, denn auch in meiner Firma wurde ich herzlich aufgenommen. Im Gegenteil: ich fühlte mich unter ihnen genauso wohl, wie unter Landsleuten und finde, dass es jede Menge Spaß mit sich bringt, sowohl eine längere Unterhaltung in einer fremden Sprache zu führen, als auch einfach nur Witze zu machen.

So werde ich also hier die mir verbleibende Zeit – an dieser Stelle noch einen herzlichen Dank an meine Familie, die mir dies ermöglicht hat – in vollen Zügen genießen und Siesta und Fiesta hautnah erleben, woran sich zeigt, dass man mit diesem anfangs erwähnten Vorurteil größtenteils tatsächlich nicht ganz falsch liegt.

¡Visca Catalunya!

Tobias, 20 Jahre, macht eine Ausbildung in Barcelona

Förderung von Begabten

Begabtenförderung,
info@begabtenfoerderung.de,
www.begabtenfoerderung.de

Wer nach Abschluss der Berufsausbildung Anspruch auf Begabtenförderung hat, kann diese auch für eine Sprachreise verwenden. Zunächst sind bei der zuständigen Industrie- und Handelskammer oder Handwerkskammer die Voraussetzungen einzuholen, die der Sprachkurs erfüllen muß. Im Anschluss werden Angebote der Sprachreisenveranstalter eingeholt, um sie der Kammer zu präsentieren und bestätigen zu lassen.

Fachhochschulen

Den Fachhochschulen vergleichbar sind die *escuelas universitarias* oder *escuelas superiores*, die in drei Jahren absolviert werden.

Das Ingenieurstudium dauert vier bis fünf Jahre zzgl. Projektarbeit, auch hier erhält der Absolvent ein Diplom.

Die überwiegende Mehrheit der Hochschulausbildung erfolgt an Universitäten, Fachhochschulen sind eher die Ausnahmen.

EU – Bildungsprogramm

Das EU-Bildungsprogramm für lebenslanges Lernen fördert bis 2013 den Austausch von Lernenden und Lehrenden aller Altersklassen mit 7 Milliarden Euro.

Es gründet auf vier Säulen:
COMENIUS (Schulbildung)
ERASMUS (Hochschulbildung)
LEONARDO DA VINCI (Berufliche Bildung)
GRUNDVIG (Erwachsenenbildung)

An dieser Stelle wird nur kurz auf die einzelnen Programme eingegangen, da eine ausführliche Beschreibung den Rahmen dieses Buches sprengen würde. Mehr findet man unter: www.lebenslanges-lernen.eu.

Comenius

Hier handelt es sich um ein Programm zur Förderung der Internationalisierung der Schulbildung.
Man gründet multilaterale und bilaterale Schulpartnerschaften, die zwei Jahre dauern. Lehrer und Schüler werden ausgetauscht, wozu finanzielle Zuschüsse gewährt werden. Antragsberechtigt sind nur Schulen.

Im Rahmen diese Programms existiert auch eine Lehrerfortbildung. Sie bezieht sich sowohl auf berufsbegleitende Fortbildungskurse, wie auch auf fremdsprachlich ausgerichtete Kurse, die die Fähigkeit diese zu unterrichten, verbessern soll. Teilnehmen können alle Lehrkräfte jeder Schulform. Die notwendigen Unterhaltskosten im Zielland werden bezuschusst, die Anträge sind bei der nationalen Agentur zu stellen.

Erasmus

Über das ERASMUS Programm kann man ein Auslandsstudium oder Auslandspraktikum machen. Teilnehmerländer sind alle EU-Staaten sowie Island, Norwegen, Lichtenstein und die Türkei.
Ab Abschluss des ersten Studienjahres studiert man drei bis zwölf Monate an einer ausländischen Hochschule. Man erhält dadurch die Möglichkeit, in einem anderen Land zu leben und seine sozialen und kulturellen Kompetenzen zu erweitern.
Das Programm bietet folgende Leistungen an: Einen Zuschuss von maximal 250 € pro Monat, Befreiung von Studiengebühren an der Gasthochschule sowie die akademische Anerkennung der im Ausland erbrachten Studienleistungen.

Leonardo Da Vinci

Dieses Programm zielt auf die Förderung des Erwerbs von internationalen Kompetenzen durch Auslandspraktika ab. Dabei stehen die Mobilitätsprojekte einem breiten Teilnehmerkreis offen. Gefördert werden Auszubildende und Berufsschüler von drei Wochen bis zu neun Monaten, Lernende mit abgeschlossener Berufsausbildung von drei Wochen bis zu sechs Monaten. Fachkräfte in der Berufsausbildung, die sich im Ausland weiterbilden wollen, von einer bis zu sechs Wochen.

Es wird ein finanzieller Zuschuss zu den Kosten für den Aufenthalt, die Reise sowie der Vorbereitung des Projekts gewährt. Die Förderhöhe schwankt je nach Land und der Dauer des Aufenthalts und orientiert sich an den Lebenshaltungskosten. Alle Zuschüsse werden als Pauschalen gezahlt, womit der Einzelnachweis entfällt.

Interessierte Organisationen müssen einen Antrag bei ihrer nationalen Agentur einreichen. Grundsätzlich kann man an einem *Leonardo Da Vinci*-Projekt nur teilnehmen, wenn die eigene Ausbildungseinrichtung bzw. Hochschule daran teilnimmt. Jedes Projekt muss einen Partner im Entsendeland und im Empfangsland haben.

Grundvig

Grundvig soll der Erwachsenenbildung eine europäische Dimension verleihen. Das Programm fördert finanziell die Mobilität Einzelner (über 24 Jahren) im Rahmen einer grenzüberschreitenden Zusammenarbeit mehrerer Einrichtungen, die in Lernpartnerschaften zusammenarbeiten. Zielgruppe hierbei sind Angehörige von Einrichtungen der Erwachsenenbildung, wie z.B. Lehrende, Wissenschaftler, Sozialarbeiter usw.
Bei Interesse:

http:// eacea.ec.europa.eu/index.htm.

(Quelle: Bildungsministerium für Bildung und DAAD)

Eures

EURES (*European Employment Services*) verfügt über ein Netzwerk von über 700 Beratern in Arbeitsämtern in ganz Europa. Ihre Aufgabe ist es, Informationen zu geben, zu beraten und zu vermitteln.

Die EURES-Berater sind Ansprechpartner in allen Fragen, die mobilitätswillige Arbeitnehmer betreffen. Sie stehen in Kontakt mit ihren Kollegen in anderen Staaten, sind behilflich bei der Stellensuche und verstehen ihren Dienst als persönliche Einzelfallberatung. Aus diesem Grund ist stets ein Termin zu vereinbaren.

EURES wurde 1993 gegründet und existiert in allen EU-Staaten, der Schweiz und Lichtenstein.

Eine Auswahl von EURES-Beratern in Spanien findet sich im Infoteil.

(Quelle: Eures)

Eurodysée

Junge Berufstätige (18–28 Jahre) aus Baden-Württemberg, die seit mindestens 3 Jahren im Bundesland leben und über eine abgeschlossene betriebliche Berufsausbildung sowie Sprachkenntnisse des Ziellandes verfügen, erhalten einen monatlichen Lohn von ca. 500 € für ein berufsbezogenes Praktikum in Frankreich oder Spanien. Zudem werden Reisekosten sowie Aufenthalts- und Programmkosten von der Gastregion übernommen. Die Bewerbung ist an die ZAV zu richten.

Europass

Der EUROPASS dient zur Dokumentation der im Ausland gemachten Erfahrungen.
Er präsentiert persönliche Fähigkeiten und Qualifikationen.
Das EUROPASS Rahmenkonzept besteht aus fünf Dokumenten:
EUROPASS Lebenslauf
EUROPASS Sprachenpass
EUROPASS Mobilität
EUROPASS Diplomzusatz
EUROPASS Zeugniserläuterung

Der Mobilitätsnachweis enthält Inhalte, Ziele und Dauer eines Auslandaufenthalts und dokumentiert die im Ausland gemachten Lernerfahrungen.
Der Sprachenpass erläutert die Sprachkenntnisse umfassend, transparent und zuverlässig.
Die EUROPASS Dokumente erhält man bei der nationalen EUROPASS Agentur (*National Europass Center*) im Internet (www.europass-info.de).
Leider ist eine Aussage über den tatsächlichen Wert dieser EUROPASS Dokumente schwer, da sie auf einer Selbsteinschätzung beruhen.
(Quelle: Nationale Agentur Bildung für Europa beim BIBB, Bonn)

AU-PAIR-BOX

Sicherheit und Betreuung

Künftige Aupairs erhalten hier Beratung und die Gewissheit, über eine zuverlässige Agentur vermittelt zu werden.

www.au-pair-box.com

Zivistellenbörse
Hier finden künftige Zivis geeignete Träger.
www.zivi.org

Leben

Essen und Trinken

Küche

Die spanische Küche ist von der Raffinesse der übrigen mediterranen Küchen weit entfernt. Ihr fehlt die Leichtigkeit der französischen Küche oder die Vielfalt der italienischen oder türkischen Küche. Trotzdem: In der spanischen Küche wird viel Knoblauch und Olivenöl verwendet, was sie sehr gesund macht.

Spanier mögen es deftig und bodenständig. Sie empfinden ihre Küche als gut, gesund und schmackhaft. An den Küsten wird viel Fisch verzehrt und im Landesinnern alle Arten von Fleisch. Beliebt sind auch Suppen, bzw. Eintöpfe.

Bekanntestes Gericht ist die Paella; diese gilt, obwohl aus Valencia, als typischstes aller Gerichte Spaniens. Die *Paella Valenciana* besteht weder aus Meeresfrüchten noch Fisch, sondern nur aus Fleisch und Huhn. Eine Paella isst man mittags, normalerweise sonntags. Nur Touristen verlangen sie abends!

Fisch wird meist gegrillt (*a la plancha*) oder fritiert, mit viel Knoblauch und wenig Beilage.

Das Fleisch stammt vom Rind (*ternera*), Schwein (*cerdo*), Lamm (*cordero*), Ziege (*cabrito*) und Huhn (*pollo*). Fleisch, vor allem Lamm und Ziege, wird oft im Ofen gegart (*al horno*). Als Nachtisch serviert man *flan* (Karamelpudding), *tartas* (Kuchen), *helado* (Eis) oder trinkt einen Espresso.

Bocadillos sind Baguettebrötchen, die kalt oder warm mit diversen Belägen gereicht werden. Man bekommt sie mit Olivenöl, Käse, Schinken, Tortilla oder *catalán* (Tomate, Olivenöl und Schinken).

Tortilla (*española*) ist eine Art Torte aus Kartoffeln, Eiern und Zwiebeln, die man in Bars verzehren kann. Oft wird die Tortilla lediglich im Mikrowellenherd kurz erwärmt.

Ebenfalls bekannt sind *Tapas*, kleine Zwischenmahlzeiten (siehe auch **Tapas**), erhältlich in jeder Bar. Ein Stück spanischer Lebenskultur!

Natürlich herrschen starke regionale Unterschiede beim Kochen; so hat fast jede Gegend in Spanien eine eigene Spezialität. In Andalusien serviert man den *gazpacho*, eine kalte Tomatensuppe, in Madrid z.B. *cocido*, eine Art Eintopf mit Wurst, Speck, Bohnen und Kichererbsen. Eine absolute Besonderheit ist der *jamón ibérico*, ein roher Schinken von Schweinen, die sich von Eicheln ernähren. Der Schinken wird von Hand mit einem langen Messer aus der Haxe in hauchdünne Scheiben geschnitten und hat einen intensiven nussigen Geschmack. Ein Gedicht! Als Käse ist lediglich der Manchegokäse bekannt, der, in verschiedenen Reifegraden angeboten geschmacklich mit vergleichbaren französischen oder italienischen Käsen nicht mithalten kann.

Aus der Presse

BSE-Opfer

Rindfleisch kommt in Spanien häufig auf den Teller. Das hat nicht immer gute Folgen für die Gesundheit, wie einige Todesfälle zeigen. Bislang starben drei Spaniern an der Creutzfeld-Jakob-Krankheit, der menschlichen Version des tierischen BSE. 2000 war die Tierseuche nach Spanien übergeschwappt; seitdem wurden über siebenhundert Mal kranke Rinder gemeldet. Damit gehört der Staat mit Portugal (tausend Fälle), Frankreich, Irland und Großbritannien zu den am stärksten betroffenen EU-Ländern.

Dass zwei Spanier erst vor wenigen Jahren an der Krankheit starben, schreckte die Nation auf. Bislang war man im Glauben, die Seuche überstanden zu haben, zumal die Zahl tierischer Neuerkrankungen abnahm. Doch bei Menschen bricht die Krankheit manchmal erst bis zu zwanzig Jahre nach dem Genuss BSE-verseuchten Fleisches aus. Mag sein, dass am zweiten und dritten Todesfall tatsächlich lange zuvor verzehrtes Fleisch schuldete.

Doch warum verschwieg die Regierung Einzelheiten der Fälle? Warum erfuhren die Spanier erst Monate nach dem Tod von ihnen?

Vermutlich liegt die tatsächliche Opferzahl der Creutzfeld-Jakob-Krankheit in Spanien über der bislang angegebenen von drei. Vom spanischen Gesundheitssystem lässt sich nicht immer Genauigkeit erwarten, und die Krankheit ist schwer zu diagnostizieren.

Die Regierung beruhigt, da keine gesundheitliche Gefahr bestehe. Seit 2001 werden sowohl Fleisch als auch Rinderfutter streng kontrolliert. Vielen Spaniern ist übrigens noch der sogenannte „Olivenölskandal" von 1981 in Erinnerung, wobei das Olivenöl mit verseuchtem Rapsöl für die Industrie und hochgiftigen Substanzen (wie Motoröl) gestreckt worden war. Rund 500 Betroffene starben, 20 000 Menschen litten an Vergiftungserscheinungen, teils erblindeten sie. Gesundheitsexperten schließen Spätfolgen bei den Opfern nicht aus.
Der spanische Staat zahlte 1.280 Milliarden Euro an 10.531 Betroffene.

Lebensmittel, Gerichte

Brot: Man verzehrt zu allen Mahlzeiten Weißbrot, das im Restaurant stets unberechnet gereicht wird.
Schwarzbrot ist nicht üblich und oft unbekannt. Man findet Mischbrote mit *cereales*, hierbei handelt es sich um Weißbrot, dem drei Körner sichtbares, ungemahlenes Getreide beigefügt werden.

Wer auf Schwarzbrot nicht verzichten kann oder möchte, wird mittlerweile bei Lidl oder Aldi fündig.

Churros sind das typische spanische Spritzgebäck. Der Teig wird spiralförmig in heißes Öl gespritzt und anschließend in längliche Stücke geschnitten. Diese werden dann am Tisch in eine dickflüssige Schokolade getunkt (*chocolate con churros*).

Man isst *churros* entweder als *merienda* (Zwischenmahlzeit) gegen Abend oder nach einer durchfeierten Nacht vor dem Zubettgehen, die Spanier nennen das: *volver a la vida*, (in das Leben zurückkehren).
Aber Vorsicht: Kalorienbombe!

Tapas: Das sind kleine Häppchen, die zum Wein, Bier oder Aperitif als Beilage gegessen werden. Sie helfen, die lange Zeit zwischen den Mahlzeiten zu überbrücken. Man bestellt mehrere Tapas nach Wahl als Zwischenmahlzeit oder auch Hauptgericht.
Die Art und Vielfalt wechselt je nach Region, am bekanntesten sind: Oliven, Schinken (*Jamón Serrano*), Manchegokäse, Russischer Salat (*Ensalada Rusa*), Fleischbällchen (*Albóndigas*) oder Bratkartoffeln (*patatas bravas, patatas fritas*).
Jamón serrano hat übrigens eine düstere Vergangenheit: oft wurde er früher bei den heute noch traditionellen Wurstplatten gereicht, die christlichen Fanatikern Ketzer aufzeigen sollten – wer nämlich nur vorgab, sich vom Islam oder Judentum zum Christentum bekehrt zu haben, rührte bestimmt kein Schweinefleisch an!

Flüssiges

Alkohol wird in Spanien gerne und oft getrunken, meist in Form von Wein und Bier.

Die heimische *Biermarken* sind: *San Miguel*, *Cruzcampo* und *Estrella*. Die Spanier trinken überwiegend einheimische Biere.

Die bekanntesten *Weinanbaugebiete* sind La Rioja und das Duero-Gebiet. Sekt (*Cava*) kommt überwiegend aus Katalonien. Süße, schwere Dessertweine stammen aus Andalusien, wie z.B. der weltberühmte Sherry aus Jerez.
Im Sommer trinkt man gerne *tinto de verano*, ein Rotwein mit *Fanta Limón* (Zitronensprudel).
Erstaunlicherweise sieht man relativ wenig Betrunkene auf der Straße, da die Spanier zum Alkohol meist etwas essen oder knabbern. Außerdem gilt Betrunkensein in der Öffentlichkeit als höchst unschicklich, was bei den zahlreichen *Ferias* und *Botellones*, bei denen viele Besucher volltrunken sind, leider wohl aufgeweicht zu sein scheint.

Tee: Für viele Spanier eine Art Medizin. Es werden meist Kräutertees (*infusiones*) getrunken, die gegen ein Leiden helfen. Mittlerweile findet man in vielen Städten *Teterias*, die eine solide Auswahl an Tees anbieten.

Wasser: Man trinkt Wasser ohne Kohlensäure (*sin gas*), das man überall in Flaschen von bis zu fünf Litern kaufen kann. Wasser mit Kohlensäure (*con gas*) zu den Mahlzeiten stößt auf Unverständnis.

Aus der Presse

Disco und Drogen auf Ibiza?

Feiern ohne Ende, das machte für viele den Reiz Ibizas aus. Die Baleareninsel lockte mit weithin berühmter Partyszene, die sich jedoch nicht auf alle positiv auswirkte. So ging der Trend zu tagelangen Feiern, die natürlich meist mit Hilfe von Drogen durchgestanden wurden. Da kam es schon mal vor, dass Urlauber vom Balkon stürzten oder in der Notaufnahme des Krankenhauses endeten. Nicht umsonst bekam Ibiza den Ruf eines Drogenparadieses und der europäischen Sommer-Partymetropole.

Doch die schönen Zeiten sind vorbei, die Regierung beschloss Sperrstunden. In den Morgenstunden schließen Discos nun ihre Türen, d.h. After-Hour-Lokale gibt's nicht mehr. Sie öffneten zum Ladenschluss üblicher Discotheken, so dass die Gäste einfach an anderen Orten weiterfeierten.
Die Regierung möchte durch solche Regelungen den Ruf der Insel aufpolieren. Wer sieht denn schon gerne Gäste auf seiner Insel, die nur zum Feiern kommen und nicht mal in einem Hotel übernachten?

Trostvolle Nachrichten waren kürzlich der Presse zu entnehmen. Demnach wabert nicht nur Kohlendioxid Barcelona und Madrid sondern auch Kokain. Die Menge ist zwar verschwindend gering (29 bis 850 Picogramm pro Kubikmeter Luft), doch verrät sie einiges über die Eingeborenen. Am Wochenende liegt die Konzentration übrigens höher als unter der Woche. Doch Passanten brauchen sich keine Sorgen machen, denn selbst wenn sie tausend Jahre die dortige Luft einatmeten, hätten sie doch noch nicht die Kokainmenge einer durchschnittlichen Dosis erreicht. Voilà.

Essgewohnheiten

Im europäischen Vergleich essen die Spanier am spätesten. Während bei uns um 18 Uhr bereits Abendbrot gegessen wird, trinken die Spanier um diese Zeit erst Kaffee (*merienda*).
Ein Frühstück ist nicht üblich. Man geht in eine Bar und trinkt einen Kaffee, eventuell mit einem Croissant oder Brötchen. Zu Mittag gegessen wird zwischen 14 und 15.30 Uhr. Die Hauptmahlzeit des Tages ist das Abendessen, das zwischen 21.30 und 23 Uhr eingenommen wird. Die meisten Lokale öffnen abends erst wieder um 20 Uhr, davor sind bestenfalls Tapas erhältlich.

Lokale

Bars, Cafés, Kneipen

Was dem Wiener sein Beissl, ist dem Spanier seine Bar.
Hier wird gefrühstückt, ein Aperitiv genommen, Tapas werden verzehrt und natürlich wird getratscht.

In der Bar verbringen die Spanier viel Zeit. Hier geht es laut und geschäftsmäßig zu. Man bekommt schnell seine Bestellung, ratscht ein wenig, liest Zeitung und geht wieder. Das Ganze wird untermalt vom Lärm klappernder Teller, Geldspielautomaten und laut plärrender Fernseher. Den Abfall (Zuckertütchen, Servietten, etc.) lässt man einfach zu Boden fallen. Es wird ab und zu durchgekehrt und der Abfall beseitigt.

Wie auch in Frankreich und Italien kennt man ein doppeltes Preissystem: der Preis ändert sich, je nach dem, ob man an der Theke (*barra*) oder am Tisch (teurer!) sitzt.

Am Abend ziehen die Spanier gerne durch mehrere Bars, *Bodegas* und Restaurants, um sich auf ein Gläschen zu treffen (*ir de copas*).

Am Monatsende haben viele Spanier kein Geld mehr und gehen deshalb nicht mehr aus – ein elender Zustand, den die nächste Gehaltszahlung sofort wieder behebt.

Kaffeekultur: Die Spanier sind ein Volk von Kaffeetrinkern. Man bekommt vielerlei Arten von Kaffee.
Am beliebtesten sind: *café solo* (*espresso*) = Espresso
cortado = Espresso mit etwas Milch (kleiner Brauner)
sombra = halb Espresso, halb Milch
café con leche = Milchkaffe (Melange)
Ferner gibt es im Sommer *café con hielo*, oder *granizado de café*, also einen Kaffee mit Eiswürfeln im Glas.

Zum Frühstück wird meist ein Espresso oder *cortado* getrunken, dazu ein Brötchen mit Olivenöl oder Schinken. Aber auch für Liebhaber des Süßen ist gesorgt: eine Batterie von *croissants*, *ensaimadas* (mallorquinisches Blätterteiggebäck), *brioches*, *madalenas* oder Mandelkuchen sind in den meisten Bars zu haben.

Nach der Mittagsflaute erleben die meisten Cafébars um die Zeit der *merienda*, spätnachmittags, ein zweites Hoch. Meist sind um diese Zeit süße Leckereien wie *chocolate con churros* oder *crema catalana* zum *café* gefragt.

Kneipenkultur: Spanier feiern gerne und gut. Wer schon einmal mit Einheimischen durch die Straßen gezogen ist, ist ganz verblüfft, wie schnell die Nacht vorbeigegangen ist. Auf einmal ist es Morgen, die Vögel beginnen zu zwitschern und es wird hell. Selbst dann geht es noch nicht nach Hause, sondern es wird erst einmal zusammen gefrühstückt – am liebsten am Strand.

Für den Kneipenbesuch selbst gilt: je besudelter der Boden, desto besser! Schließlich gibt die Anzahl der heruntergeworfenen Servietten, ausgespuckten Olivenkerne, verschütteten Weinflecken und Mayonaisekleckse Aufschluß über den Andrang und somit über die Qualität des Essens und der Getränke. Hygienisch mag das nicht sein, aber wen kümmert das, wenn man in dichtgedrängten Menschentrauben in ein *bocadillo* (Sandwich) mit frisch gegrilltem Fleisch beißt, eine *cerveza* in der Hand, oder wenn man abwechselnd an seinem Rotwein nippt und an einer herrlich fetten Kartoffeltortilla nibbelt. Köstlich! Danach gleich um die Ecke in die nächste Bar, wo es die besten frittierten Fischchen gibt, oder zwei Straßen weiter, wo der prickelndste *Tinto de verano* ausgeschenkt wird. Im Anschluß werden die ganzen angefutterten und -getrunkenen Kalorien wieder abgetanzt – bis in die frühen Morgenstunden eben!

Restaurants

Die Spanier lieben es, auswärts essen zu gehen. Das ist Teil ihres Lebensstils. Man trifft sich mit Familie, Freunden oder auch Geschäftspartnern und geht ins Restaurant. Deshalb findet man eine Vielzahl davon an jedem Ort. Von Fastfood bis zum Gourmettempel ist alles vertreten. Auch die Bandbreite der Preise ist riesig und schwankt je nach Art der Küche, Standort oder Region.

Man kann durchaus abends in einem Tapaslokal schon für 10 € inkl. Wein passabel tafeln, aber auch im gediegenen Sternerestaurant mit Menüs ab 70 €. Mittags bieten viele Restaurants das Tagesmenü (*menú del día*) an, bestehend aus drei Gängen inklusive Getränk zwischen 8,50 und 10 €. Ein Frühstück (Espresso mit Brötchen) kostet in einer Bar ca. 2 €. Wer keine landestypische Küche mag, kann auch zu McDonald's, Burgerking oder Telepizza gehen.

In größeren Städten findet man viele Restaurants mit ausländischer Küche, vor allem Pizzerias, asiatische und arabische Lokale. Eine Besonderheit ist die Tatsache, dass fast alle Pizzerias von Einheimischen betrieben werden und nicht von Italienern.

Im Restaurant wählt man den Tisch nicht selber, sondern wird vom Kellner an einen Platz geführt – in Bars und Kneipen herrscht dagegen freie Platzwahl. Es ist allerdings nicht üblich, sich zu jemandem dazu zu setzen, auch wenn eine Einzelperson an einem großen Tisch sitzt. Beim Trinkgeld – la propina – sind die Spanier knausrig. In Cafés und Hotels ist der Service in den angegebenen Preisen inbegriffen. Man lässt in der Regel das Kleingeld auf dem Tellerchen liegen, auf dem man das Rückgeld erhält. Maximal fünf Prozent sind völlig ausreichend. Die Rechnung wird gemeinsam beglichen und kann dann hinterher noch auseinanderklamüsert werden. Ein Trinkgeld ist Zeichen des Danks, der Freundschaft, der Großzügigkeit ... Barbesucher werfen es in den bote, die hinter der Theke postierte Sparbüchse, was mit einem sonoren gracias! quittiert wird.

Eisbein beim Chinesen

An der Küste erfreuen sich in letzter Zeit immer mehr China-Restaurants regen Zuspruchs und das erstaunlicherweise auch von Spaniern, die doch eher ausländischer Kost abgeneigt sind. Namentlich die WOK-Kette sticht hervor, mit einem Buffet, aber auch individuell komponierbaren Speisen und dazu finanzkrisenbillig. Etwas ausgeglichen wird das Ganze dann über die Getränke, die zusätzlich berechnet werden. Zu haben ist vom Steak, über

diversen Fisch und Garnelen, was das Herz begehrt, begleitet von allerlei Gemüsesorten.
Kaum zu glauben, aber es findet sich tatsächlich auch Eisbein, zwar mit Sojasoßengeschmack aber sonst wie gewohnt und dabei sowohl in Spanien als auch in China völlig unüblich. Was soll man davon halten? Ein verkappter Appetithappen zur Anlockung teutonischer Gäste oder ein „globalisierter" Wandel bei den Iberikern?

Lebensmittel und Lebenshaltungskosten

Man findet in Spanien alle Arten von Lebensmittel. Teilweise sind die Produkte dem spanischen Geschmack angepasst, also süßer oder bunter. In den Filialen von Lidl oder Aldi sind viele deutsche Produkte im Sortiment.
Die Versorgung ist gut bis sehr gut. In jedem noch so kleinen Dorf gibt es einen „Tante Emma-Laden", oft ergänzt von Märkten mit frischem Obst und Gemüse.

Lebenshaltungskosten: Diese sind in Spanien etwa 10–15 % geringer als in Deutschland oder Österreich. Für Schweizer sind die Preise ca. 20–25 % günstiger als zu Hause.

Einkaufen

Geschäfte haben von 9 bis 13 Uhr oder 13 Uhr 30 und von 16 bzw. 17 bis 20 oder 2 Uhr geöffnet. Die Öffnungszeiten wechseln je nach Region: im Norden fällt die Mittagspause eher kürzer aus, während im Süden viele Geschäfte erst wieder um 17Uhr 30 öffnen. Die großen Verbrauchermärkte sind durchgehend Mo–Sa von 9 bis 21 Uhr geöffnet. Viele kleine Geschäfte haben samstagnachmittags geschlossen.

Ein *supermercado* ist vergleichsweise klein und dient der Nahversorgung. Die großen Verbrauchermärkte nennen sich *hipermercado* (z.B. *Hipersol, Carrefour*).

Marktführer bei den Kaufhäusern ist *El Corte Inglés*, vergleichbar mit Karstadt oder Globus.

Mittlerweile findet man Lidl- und Aldimärkte, Mediamarkt sowie Bauhaus für die Heimwerker.

Natürlich sind die bei uns bekannten spanischen Ketten *Zara*, *Mango* und *Springfield* vertreten. Die Preise liegen niedriger als bei uns.

Vor allem in Madrid und Barcelona existieren viele junge und wilde Designermarken, erhältlich in kleinen Boutiquen. Es hat sich hier, ähnlich Berlin, eine richtige Szene entwickelt. Suchen lohnt sich wirklich!

Wem das alles zu wenig ist, der kann auch zu H & M oder C & A gehen, die es auch in Spanien gibt.
Erstaunlicherweise sind kleinere Geschäfte oft günstiger als die großen Verbrauchermärkte.
Es kommt vor, dass eine Glühbirne beim Elektriker um die Ecke billiger ist als die gleiche Birne im *hipermercado*.

Märkte

Es werden eine Vielzahl von Märkten veranstaltet. Normalerweise existieren in jedem Stadtteil oder Dorf Märkte für frische Lebensmittel des täglichen Bedarfs. Alle großen Städte haben quirlige und geschäftige Markthallen.
In fast allen Städten werden wöchentliche Märkte mit allen Arten von Waren veranstaltet – bei weitem nicht nur Lebensmittel. Diese von Schwarzafrikanern dominierten Märkte bieten von den original „Boss-Socken" bis zu Tüchern, Geldbeutel, „Designersonnenbrillen" und Schnitzereien, allen Plunder, den man nicht braucht, den aber das Herz begehrt.
Der bekannteste Flohmarkt des Landes ist *El Rastro* in Madrid, der sonn- und feiertags in der Altstadt im Freien stattfindet (9–15 h). Der *Rastro* zählt mehr als 3000 Stände. Ein Besuch lohnt sich!
Am besten erkundigt man sich beim örtlichen Tourismusbüro nach Flohmärkten (*rastro, mercadillo*) oder fragt einen Einheimischen.

Mehrwertsteuer

Auf alle Waren und Dienstleistungen wird in Spanien eine Mehrwertsteuer erhoben, auf Spanisch heißt diese *Impuesto Sobre el Valor Anadido* = IVA. Es gibt drei unterschiedliche Steuersätze, einmal den Normalsatz von 16 % (Erwerb von Bauland und Geschäftslokalen), sowie zwei ermäßigte Steuersätze von 7 % und 4 %. Zudem existiert ein sogenannter Nullsatz. Die siebenprozentige Ermäßigung gilt für Lebensmittel, Saatgut und Düngemittel, Wasser und Eis, Wohnobjekte, Personenbeförderungen und Dienstleistungen in Hotels und Restaurants. Der ermäßigte Satz von 4 % trifft auf Güter des Grundbedarfs zu, z.B. bestimmte Nahrungsmittel, Medikamente und Druckerzeugnisse. Der Nullsatz gilt für alle für den Export bestimmten Güter und Dienstleistungen.
Eine Ausnahmeregelung gilt für die Kanarischen Inseln; dort wird auf alle importierten und exportierten Waren und Dienstleistungen eine allgemeine indirekte Steuer (*Impuesto General Indirecto Canario*) erhoben. Der Normalsteuersatz beträgt 5 %.

Öffnungszeiten

Die Geschäfte sind in der Regel von Mo–Fr von 9 bis 13 Uhr bzw. 13.30 und von 16 bzw. 17 bis 20 oder 21 Uhr geöffnet. Die großen Kaufhäuser und Supermärkte haben durchgehend geöffnet, auch samstags. Viele kleine Geschäfte sind samstags nur vormittags geöffnet.
Banken sind Mo–Fr von 9 bis 13 Uhr offen, die Post Mo–Fr 9 bis 19 oder 20 Uhr.
Diese Zeiten sind nur Richtwerte, da in Spanien oft individuelle Öffnungszeiten existieren.

Soziales Leben

Familie

Das Familienleben in Spanien ist sehr eng. Oft leben die „Kinder" noch bei den Eltern, wenn sie um die 30 sind. Erst mit der Heirat wird umgezogen. Ist man arbeitslos, zieht man eben vorübergehend wieder ins alte Kinderzimmer.

Zu einer spanischen Familie gehören immer auch die ganzen Onkel und Tanten, Großeltern, Cousins und Cousinen. Oft wird am Wochenende gemeinsam etwas unternommen, oder man trifft sich bei jemandem zu Hause.

Kinder

Auch Spanien verzeichnet mittlerweile eine niedrige Geburtenrate, vor allem in den Großstädten. 2006 lag sie beispielsweise bei 1,37 Kindern pro Frau – ähnlich der Geburtenrate in Deutschland. Man kann sich Kinder in Ballungszentren einfach nicht mehr leisten; in ländlichen Gegenden dagegen sind Kinder ein normaler Bestandteil des Lebens.

Jetzt gibt es jedoch Unterstützung vom Staat: 2500 € Säuglingsprämie, unabhängig vom Einkommen der Eltern. Stolze 1,3 Milliarden Euro werden dafür jährlich ausgegeben, aber schließlich setzt die spanische Regierung auf Kinder, um – auf lange Sicht – den Fortschritt voranzutreiben.

Dass das Land so wenige gebärwillige Frauen hat, liegt auch an gesellschaftlichen Gründen. Die moderne Frau, die studiert und sich beruflich vorangekämpft hat, zögert, sich durch Kinderkriegen wieder „zurückwerfen" zu lassen. Noch immer gibt es zu wenige Krippenplätze, allein die Anzahl in Madrid reicht gerade mal für ein Drittel der Kinder aus.

Noch funktioniert das spanische Großfamilien-Prinzip, nach dem sich die Großeltern um die Kinder kümmern. Dies klappt aber natürlich nur in den Fällen, in denen Eltern und Kinder in der Nähe wohnen – was in Zeiten, in denen Mobilität und Flexibilität auf dem Arbeitsmarkt besonders gefragt sind, keine Selbstverständlichkeit mehr ist. Trotzdem – Spanier geraten geradezu in Verzückungszustände, wenn sie ein Kind sehen. Sollte das Kind im verwandtschaftlichen Verhältnis stehen, wird es stundenlang von sämtlichen Omas, Opas, Tanten und Onkels (und von denen gibt es reichlich) geknuddelt, herumgetragen und abgeküsst, bis es erschöpft in den Tiefschlaf sinkt.

Wie überall im Mittelmeerraum sind die Kinder immer dabei und dies bis spät in die Nacht.

Kaum wird man eine kinderfreundlichere Gesellschaft als die spanische erleben.

Aus der Presse

Kinder und Beruf

1976 bekamen Spanierinnen durchschnittlich 2,8 Kinder, zwanzig Jahre später nur noch 1,16. Inzwischen beträgt die Geburtenrate 1,37, was allerdings zum Teil an Einwanderinnen liegt. Tatsächlich wandelt sich die Gesellschaft von der traditionellen mit Großfamilie zur modernen mit wenigen Kindern.

Die Gründe für den Kindermangel ähneln denen bei uns. Moderne Frauen haben studiert, sich jahrelang gebildet, in der Arbeitswelt emporgekämpft. Ein Kind brächte sie vielleicht um all das Errungene.

Ebenso wie in Deutschland scheinen Kinder in den Alltag nicht mehr recht zu passen. Häufiger beschweren sich Restaurantgäste über Kinder. Dabei ist Erziehung in der Psychologie gerade brandheißes Thema. Ein Zeichen des Wandels von der kollektivistischen Gesellschaft zur individualistischen. Der Kollektivismus liebt Kinder, respektiert sie aber nicht. Respekt erlernen die Spanier gerade.

Statt Gemeinschaftsdenken steht Verwirklichung der eigenen Persönlichkeit auf dem Programm, Individualismus statt Kollektivismus. Das traditionelle Bild der Großfamilie verblasst, auch wenn die Großfamilie noch immer Vorteile beschert. Häufig springen Oma und Opa bei der Kinderbetreuung ein, denn Krippenplätze sind teuer und rar. Hier ist in Zukunft der Staat gefragt. Der möchte mehr Kinder, denn das Land braucht sie, sagen zumindest alle, deren Credo Wachstum heißt.

Kleiner staatlicher Anreiz zum Kinderkriegen ist der „Säuglingsscheck" für jedes Neugeborene. 2500 Euro zahlt die Regierung den Eltern. Ansonsten sieht die finanzielle Unterstützung eher mau aus. Arbeitende Mütter bekommen vom Staat hundert Euro pro Monat, drei Jahren lang. Einige autonome Regionen schießen eine Kleinigkeit hinzu, manchmal einmalig hundert Euro, manchmal dasselbe wie die Landesregierung. Die Bürger stellen jedoch (zumindest gefühlsmäßig) keine staatliche Familienförderung fest.

Dabei wäre das noch nicht einmal der Hinderungsgrund zum Kinderkriegen, denn Spanier haben nie so viel erwirtschaftet wie jetzt. Das Pro-Kopf-Einkommen liegt über dem EU-Durchschnitt. Problem sind allerdings die Sozialausgaben, die in Spanien nur ein Fünftel des Inlandsproduktes ausmachen (Deutschland: dreißig Prozent). Von diesen Sozialausgaben bekommen die Familien dreieinhalb Prozent, so wenig wie in keinem anderen EU-Staat (Deutschland: zehneinhalb Prozent). Die Forderungen der Familien sind dieselben wie im Norden: Billige Betreuungsplätze, flexible Arbeitszeiten. Nicht mehr Geld, sondern eine leichtere Vereinbarkeit von Familie und Beruf. Doch der Spagat zwischen Familie und Beruf funktioniert offenbar schon jetzt: Während vor einem Jahrzehnt noch ein Drittel der jungen Mütter einem Broterwerb nachging, arbeiten inzwischen zwei Drittel. Einen weiteren Wandel zeigt der bezahlte, zweimonatige Vaterschaftsurlaub auf, den ein großer Teil der Männer in Anspruch nimmt.

Erziehung

Erziehung in Spanien hat nichts mit Konsequenz zu tun. Die Kinder werden extrem verwöhnt und dürfen (fast) alles. Sie werden behandelt wie kleine Prinzen oder Prinzessinnen und bekommen alles. Sind sie mal lästig, werden sie vor dem Fernseher geparkt. Das Wochenende gehört der Familie und den Kindern. Man trifft sich zum Essen oder geht in eine Bar und tratscht; dabei werden die Kinder überallhin mitgenommen. Bei festlichen Anlässen oder *Ferias* werden die Kinder wie Puppen angezogen, z.B. Flamencokleid für die Mädchen oder Toreroanzug für die Jungs.

Laut Umfragen haben Spanier die glücklichste Kindheit weltweit, mit großem Abstand vor anderen reichen Staaten wie Deutschland, der Schweiz oder den USA.
Die Spanier beschäftigen sich intensiv mit ihren Kindern, sind aber in Erziehungsfragen äußerst lax. Oft werden die Kinder von der Oma (v)erzogen, die natürlich noch toleranter ist.

Sexualität

Junge Spanier gehen sehr locker mit dem Thema Sexualität um. Es wird viel in der Öffentlichkeit geküsst und geschmust, vor allem am Strand, in Bars oder in der Disco.

Das liegt meist daran, dass junge Spanier bei den Eltern wohnen, bis sie 30 Jahre alt sind. Vielen bleibt nur das Auto als Location zum Sex, was dazu führt, dass am Wochenende romantische Plätze mit jungen Pärchen, die Sex haben, zugeparkt sind.

Spanische Frauen und Mädchen laufen sehr offenherzig herum, was beim dortigen Klima nicht verwundert. Davon sollte man sich aber nicht täuschen lassen. Die meisten Frauen suchen sich einen Freund in ihrem Umfeld, bzw. im engeren Freundeskreis. Viele Paare kennen sich seit dem Sandkasten. Einen Ausländer als Freund zu haben, ist eher die Ausnahme, und gilt als exotisch. Das Umfeld reagiert eher mit Unverständnis

Im Gegensatz dazu sind spanische Jungs nicht abgeneigt, Freundschaften mit ausländischen Mädchen einzugehen. Diese sind meist in Urlaubsstimmung und stehen auf den „Latin Lover", der ihnen fortwährend schmeichelt, wie schön sie sind. Am beliebtesten sind Schwedinnen vor Engländerinnen und Deutschen.

Eheschließung

In Spanien existiert sowohl die standesamtliche wie auch die kirchliche Trauung.

Die kirchliche wird erst durch anschließende Registrierung beim Standesamt rechtsgültig. Eine in Spanien geschlossene Ehe wird in den anderen EU-Staaten anerkannt.

Ausländer können in Spanien eine Ehe schließen, wenn mindestens einer der Brautleute in Spanien gemeldet ist. Deshalb ist eine Eheschließung von Touristen ausgeschlossen.

Man sollte sich beim zuständigen

Standesamt erkundigen, welche Dokumente zur Eheschließung benötigt werden. Im Regelfall braucht man folgende Papiere: Reisepass, internationale Geburtsurkunde, Nachweis des Wohnsitzes der letzten zwei Jahre und Ehefähigkeitszeugnis (Ledigkeitsbescheinigung, *fe de vida y estado*). Bei Geschiedenen ist das Scheidungsurteil und die Heiratsurkunde vorzulegen.

Bei in deutscher Sprache abgefassten Schriftstücken ist eine Übersetzung ins Spanische beizufügen.

An den zuständigen Konsulaten sind Merkblätter zum Thema Eheschließung vorrätig. Die Spanier heiraten fast alle standesamtlich und kirchlich. Die Hochzeit findet in großem Rahmen statt. Braut und Bräutigam fahren getrennt voneinander in teuren Limousinen an der Kirche vor. Der Bräutigam und die Trauzeugen tragen einen Cut, die Braut ein üppiges weißes Brautkleid. Zur Hochzeit sind alle Familienmitglieder und Freunde eingeladen. Hier kommen gerne mal hundert und mehr Leute zusammen. Alle Gäste sind elegant gekleidet, man trägt langes Kleid und dunklen Anzug, auch die Kinder. Vor der Kirche wird Reis gestreut, anschließend geht es zum Bildermachen und darauf in ein Restaurant. Dort wird gefeiert, getanzt und gelacht. Das Brautpaar bekommt von jedem Gast ein Geldgeschenk. Dadurch finanziert sich die Hochzeit; normalerweise bleibt dem Paar noch ein höherer Betrag übrig.

Da viele Spanier bis zum 30. Lebensjahr heiraten, meist eher weil dies erwartet wird als aus Bedürfnis, ist die Scheidungsquote entsprechend hoch.

Da „wilde Ehen" in Spanien nicht gerne gesehen sind, lernen die Partner sich erst in der Ehe kennen, was natürlich zu Problemen führt. Während früher die Frauen ihr Schicksal ertragen haben, führt das wachsende Selbstwertgefühl der Frauen und ihre wirtschaftliche Unabhängigkeit durch den eigenen Beruf zu vermehrten Trennungen.

Die Trennung ist die Vorstufe der Scheidung. Diese ist frühestens nach zwei Jahren rechtskräftig.

Gleichgeschlechtliche Ehe

Seit Juli 2005 sind gleichgeschlechtliche Ehen in Spanien erlaubt. Diese haben die gleichen Rechte wie heterosexuelle Ehepaare, wie z.B. Adoption von Kindern, erben oder Pensionsansprüche.

Kurz nach Inkrafttreten des Rechts traten Zweifel über die Situation von Paaren auf, in deren Heimatländern gleichgeschlechtliche Ehen nicht erlaubt sind.

Das Justizministerium hat daraufhin entschieden, dass ein Spanier einen Ausländer, oder zwei Ausländer, die legal in Spanien leben, heiraten dürfen, unabhängig davon, ob dies im jeweiligen Heimatland erlaubt ist.

Staatsangehörigkeit

Ein Kind deutscher Eltern erwirbt automatisch die deutsche Staatsangehörigkeit, auch wenn es im Ausland geboren wird. Besitzen die Eltern unterschiedliche Staatsangehörigkeiten, so genügt es, wenn ein Elternteil die deutsche Staatsangehörigkeit besitzt.

Die spanische Staatsangehörigkeit lässt sich entweder durch „Geburt", „guten Glauben", „Adoption", „Option", „Einbürgerung", „Aufenthalt" oder durch „Wiedererlangung" erlangen. Wer die spanische Staatsangehörigkeit erwirbt (z.B. durch Einbürgerung oder durch Abgabe einer auf den Erwerb der ausländischen Staatsangehörigkeit gerichteten Erklärung), der verliert in der Regel seine deutsche Staatsangehörigkeit. Die deutsche Staatsangehörigkeit kann nur behalten werden, wenn eine schriftliche Genehmigung zur Beibehaltung der deutschen Staatsangehörigkeit vorliegt, die vor dem Erwerb der ausländischen Staatsangehörigkeit ausgestellt wurde.

Alle weiteren Fragen bezüglich des Staatsangehörigkeitsrechts beantworten die zuständigen deutschen Auslandsvertretungen sowie die zuständige Staatsangehörigkeitsbehörde vor Ort.

Machos

In Spanien (vor allem im Süden und auf dem Land) noch oft vertreten ist der Macho. Er verfügt über ein gewaltiges Selbstbewusstsein und versucht, jede Frau anzumachen. Dabei spielt es keine Rolle, ob er klein, dick, schmierig oder hässlich ist.

Frauen sollten sich daran gewöhnen, dass sie auf der Straße angesprochen werden. Man ruft Komplimente oder pfeift hinterher. Am häufigsten trifft es blonde oder rothaarige Frauen. Natürlich entspringt diese Verhaltensweise dem Denkansatz, dass der Mann der überlegene Teil der Menschheit ist. Die negativen Auswirkungen dieser Denkweise sind unter Kriminalität beschrieben.

Wer sich fragt, ob derlei Denkweisen nicht längst ein Relikt der Vergangenheit sind – schließlich sind wir, schon seit etlichen Jahren, im 21. Jahrhundert angekommen! – der sei an die zahlreichen Spötteleien, das Getuschel und den offenen Protest erinnert, die Regierungschef José Luis Zapateros vorwiegend weibliches Kabinett hervorrief. Die hochschwangere Verteidigungsministerin Carme Chacón erntete besonders viel Spott, wurde von Spaniens konservativer Tageszeitung *El Mundo* als „die mit der großen Trommel" bezeichnet und bekam Zorn und Unverständnis zu spüren ob ihrer Entscheidung, im siebten Monat noch dienstliche Flugreisen nach Afghanistan, in den Libanon und nach Bosnien zu unternehmen. Dabei will die Ministerin lediglich dienstliche Verantwortung und Mutterschaft so gut es eben geht unter einen Hut bringen – wie so viele Frauen im Land.

Spott und Häme gab es auch für die jüngste Ministerin von Zapateros Kabinett, Bibiana Aído, Jahrgang 77, die am 12. April 2008 als Ministerin für Gleichberechtigung eingesetzt wurde. Das kümmert die Andalusierin wenig; in ihrem persönlichen Blog *Amanece en Cádiz* drückt sie neben ihrer Freude über den Ministerposten den festen Vorsatz aus, eine „*ministra 2.0*" zu werden, also eine sehr moderne Ministerin. Ihre Ziele hat sie klar im Blick: die anhaltende Ungleichheit zwischen Männern und Frauen zu beseitigen, beispielsweise auf dem Arbeitsmarkt, wo immer noch Unterschiede der Gehälter von 18 % zu verzeichnen sind. So ist Spanien ein Land der Machos geblieben, wenn sich auch eine neue Generation von Frauen aufgemacht hat, den machismo einzudämmen und die Rechte der spanischen Frau zu stärken.

Aus der Presse

Weiblicher Armeechef

Als erste Verteidigungsministerin in der spanischen Geschichte trat Carme Chacon ihr Amt an. Damit stellte sie sich nicht nur dem Kampf gegen etwaige äußere Feinde sondern auch gegen innere, die Männer als „besser" ansehen. Noch immer ist in vielen spanischen Köpfen der Glaube verankert, Frauen seien nicht so viel wert wie Männer. Vielleicht hatten Soldatinnen aus dem Grund bislang nicht die Chance zum Aufstieg in höchste Ränge, obwohl sich ihnen die Armee vor etwa zwei Jahrzehnten aus Soldatenmangel öffnete. Das Aufstiegsproblem wird die neue Verteidigungsministerin vermutlich ändern. Sie sagte, sie verstehe nicht, weshalb Frauen in Spanien bisher quasi keinen Zugang zu Führungspositionen hätten, obwohl sie doch die Hälfte der Gesellschaft ausmachten.

Sowohl der Regierungschef als auch der frühere Verteidigungsminister setzen großes Vertrauen in die weibliche Armeespitze. Höherer Erwartungsdruck lastet auf der Spanierin auch deshalb, da sie ihr Amt hochschwanger antrat und nun ein Kind zu versorgen hat. Doch sie sei zuversichtlich, diese beiden Verantwortungen bestmöglich unter einen Hut zu bringen – so wie es viele Spanierinnen täten.

Carme Chacon, gebürtige Katalonierin und Vertraute des Regierungschefs, arbeitete bereits als Wohnungsbauministerin. Sie hat sie sich eine Modernisierung der Armee und Motivation der Soldaten vorgenommen. Ihr unterstehen 130 000 Soldaten; zudem verfügt sie über ein Budget von nahezu zehn Milliarden Euro. Etwa fünfzehn Prozent der Armeezugehörigen in Spanien sind Frauen, doch vermutlich werden bald deutlich mehr Spanierinnen den Weg in die Armee finden. Der spanische Regierungschef bezeichnete Besetzung des Verteidigungsministerpostens mit einer Frau als Einzug der Normalität in die spanische Armee. Es ist nur einer seiner Versuche zur gesellschaftlichen Gleichstellung der Frau. Die fällt in Spanien nicht in allen Dingen leicht, besonders da sich viele noch an die Franco-Regierungszeit erinnern, als Frauen quasi keine Rechte besaßen. Während viele Spanier über die neue Armeeleitung jubeln, empfinden Konservative sie als Provokation. Kritikpunkt ist zudem die Erklärung Chacons, sie sei Pazifistin.

Namensführung

Jeder Spanier trägt neben seinem Vornamen, der auch zusammengesetzt sein kann (José Luis, José Antonio ...), in der Regel zwei Namen: der erste ist der seines Vaters, der zweite der seiner Mutter. Ersterer wird häufig allein gebraucht – es sei denn, er ist zu banal. In diesem Fall setzt sich die Angewohnheit durch, den zweiten zu verwenden: das gilt beispielsweise für García Lorca, häufig einfach nur Lorca genannt.

Die verheiratete Frau behält ihre Mädchennamen bei, die z.B. auf Visitenkarten unter dem des Ehemanns prangt. Aber sie tritt auch als Gattin ihres Ehemanns auf: die Frau des Señor González ist also die Señora González.

Möchte man jemanden anreden oder ihn einem Dritten gegenüber erwähnen, so ist die unpersönlichste Art der Gebrauch von *Señor* (oder *Señora*), gefolgt vom Familiennamen: *el señor Pérez*; Herr Pérez. So verhält es sich im Hotel, am Flughafen, in Läden, usw. Aber sobald die Beziehung einen persönlichen Charakter annimmt, macht der Name dem Vornamen Platz, bzw. sogar zugunsten der Diminutivform: Pepe für José, Paco für Francisco, Perico für Pedro, Concha (oder Conchita) für Concepción, Chon für Asunción ... Die antike Form *Don* (von lateinisch dominus = Herr), *Doña* für die Frauen, gefolgt vom Vornamen, bezeichnete besonders geschätzte bzw. berühmte Persönlichkeiten wie z.B. Don Miguel für den bekannten Schriftsteller und Philosophen Unamuno. Mittlerweile tendiert diese Form dazu, zur Randerscheinung zu werden, mit einem Schuß Ironie und manchmal Zuneigung älteren Menschen gegenüber.

Das Gleiche gilt für die dritte Person: der Gebrauch der Höflichkeitsform, der usted vorangestellt wird, geht stark zurück. Erwarten Sie sie höchstens noch von Hotelportiers und Händlern mit vollendeten Umgangsformen. Überall verbreitet sich das Duzen. Wer darin einbezogen wird, darf damit rechnen, akzeptiert worden zu sein.

Übrigens: Auf dem Briefkasten oder der Tür steht kein Name, weil die Spanier dort generell keinen Namen haben. Am Briefkasten stünde beispielsweise nur „Erdgeschoss rechts", an der Klingel dasselbe. Bringt der Briefträger ein Schreiben, z.B. an Herrn Sanchez, Erdgeschoss rechts, Calle Juan Carlos 44, ..., so klingelt er also bei Erdgeschoss rechts und fragt nach Herrn Sanchez.

Die Spanier wissen auch nicht, warum dies so ist. Das Wahrscheinlichste ist wohl die Problematik mit den Doppelnamen, denn bei einem Vierpersonenhaushalt müssten ja vier Namen an der Klingel stehen.

Tagesablauf

Die spanische Uhrzeit hat keinen Unterschied zu Deutschland, was die offizielle Zeitangabe angeht, aber der Tagesablauf ist ganz anders! Das Mittagessen – *comida* oder *almuerzo* – wird von frühestens 13.30 bis 15.30

Uhr aufgetragen, und das Abendessen – *cena* – zwischen 21.30 und 23 Uhr. Geschäfte und öffentliche Einrichtungen bleiben im allgemeinen von 9 oder 10 Uhr bis 14 Uhr, sowie von 16 bis 19 Uhr von Montag bis Freitag geöffnet. Samstags verführt ein recht unbequemer Brauch viele Geschäftsleute dazu, nachmittags zu schließen: das ist dann der Tag, an man tunlichst vermeidet, seine Einkäufe zu tätigen.

Grußformeln

Vormittags heißt es „Buenos días"; nachmittags „Buenas tardes". Nach Sonnenuntergang dann „Buenas noches." Zu jeder Zeit aber auch „Adiós", wörtlich: „Bis Gott ..." (s. Adieu, Adé, Adée = à Dieu), oder das ungezwungene „Hola!" Die Götter verstecken sich gut in Europa, ohne das man's unbedingt merkt: in Baden-Württemberg „Adee", mit Betonung auf der ersten Silbe, im Englischen „good bye", was nichts anderes ist als „God be wi'ye", „God be with you". Bei jedem Treffen ist eine der häufigsten Formeln: Qué tal? – wörtlich: Wie geht's? Darauf lässt sich antworten: Muy bien! Sehr gut! Aber das ist nicht einmal unbedingt notwendig, weil niemande es wirklich wissen will.

Siesta

Mittagsruhe: Die meisten Spanier halten von 14 bis 16 Uhr Siesta. Viele Geschäfte sind zu dieser Zeit geschlossen. Man isst gut und legt sich dann, wenn möglich, aufs Ohr, um ein Nickerchen zu halten.
Nach neuesten Umfragen wollen die Spanier nicht auf ihre Siesta verzichten, obwohl sie dadurch erst spätabends von der Arbeit kommen. Erfahrungsgemäß lässt sich sagen, dass die Siesta notwendig ist, um das spanische (Nacht-) Leben zu überstehen.

Nachtleben

wird in Spanien ausgiebig praktiziert, geradezu zelebriert.

Donnerstags, freitags und samstags wird ausgegangen. Der typische Abend wird folgendermaßen gestaltet: Man trifft sich gegen 22 Uhr zum Essen, wobei es wie immer, wenn Spanier zusammen sind, laut zugeht. Oft wird schon der zweite Gang in einem anderen Lokal eingenommen. Nach dem Essen zieht man weiter in eine Bodega, wo man sich höchstens eine Stunde aufhält. Danach zieht man in die nächste Bar oder Bodega, trifft Verwandte und Freunde, Gruppen lösen sich auf, bilden sich neu, und irgendwann trifft man sich wieder. Wichtig: Laut muss es sein.

Es ist nicht üblich, lange in einem Restaurant oder einer Bar zu bleiben (max. 45-60 Minuten). Man zieht weiter und frequentiert mehrere Lokale, die Spanier bezeichnen dies als: *ir de copas*. Frühestens ab zwei geht man dann in eine Disco. Nachdem man ausgiebig in mehreren Discos getanzt hat, geht man zwischen 6 und 7 Uhr nach Hause, oft erst nach dem Genuss von *chocolate con churros.*

Am Montag auf der Arbeit erzählt man gerne, wie lange man am Wochenende unterwegs war und wie amüsant es war. In gewisser Weise steht man hier wieder unter dem Druck, möglichst lange durch die Kneipen gezogen zu sein, denn frühes Heimkehren gilt als Spielverderberei. Man bleibt dann schon mal länger, als man es vorhatte, um nicht als lasch zu gelten. Noch schlimmer ist die Tatsache, wenn man als Single überhaupt nicht um die Häuser gezogen ist: krank, tot oder Einsiedler?
Empfindliche Gemüter sollten für die Disco Ohrstöppsel mitnehmen, da die Musik unglaublich laut ist.
De facto ist in spanischen Großstädten an Wochenenden die ganze Nacht etwas los. Wer in der Innenstadt wohnt, sollte am besten selbst ausgehen, da wegen des unglaublichen Lärmpegels eh nicht an Schlaf zu denken ist.

Parties

Parties wie bei uns üblich veranstalten Spanier eher selten. Man trifft sich in einer Bar und zieht von dort aus um die Häuser. Spanier sind immer unterwegs.

Am besten mit einer Party vergleichbar sind die *botellones*. Man trifft sich auf einem zentralen Platz im Freien und bringt die eigenen alkoholischen Getränke mit. Dann unterhält man sich mit Freunden und Fremden und trinkt dabei möglichst viel Alkohol. Da die Getränke aus dem Supermarkt stammen, kommen sie natürlich viel billiger als in den Bars, so dass man entsprechend mehr konsumieren kann. Wenn dann alle genug getrunken haben, pinkelt man wieder überall hin (s. a. Hygiene). Aber schön war's!

Der Autor hat ein halbes Jahr an einem Platz gewohnt, auf dem jedes Wochenende *botellónes* stattfanden. Er konnte drei Tage die Woche (donnerstags, freitags, samstags) wegen des Heidenspektakels nicht vor fünf Uhr morgens Schlaf finden. Am nächsten Morgen stinkt alles nach Alkohol und Urin. Die Schuhsohlen kleben richtig am Boden.

Mittlerweile sind sind die Massenbesäufnisse in fast allen Städten verboten. Der Konsum von Alkohol in der Öffentlichkeit ist nach 22 Uhr gesetzlich untersagt und kann mit einer hohen Geldstrafe geahndet werden. Das ist exemplarisch auch schon praktiziert worden. Also: Vorsicht!
Strandparties finden alljährlich am 23. Juni statt. An diesem Tag wird San Juan gefeiert. Am Strand werden Feuer angezündet, man trinkt und geht im Meer baden. Bei uns besser bekannt als Johannisfeuer, Mittsommernacht oder Sonnenwende. Vereinzelt werden auch Feuerwerke veranstaltet.

Ein Offenburger Student hatte im letzten Jahr die gloriose Idee über StudiVZ ein Botellón in Freiburg auszurufen. Aufgrund massiven Polizeidrucks kam allerdings keine Fete zustande. Sie hätte ihn teuer zu stehen kommen können … Ähnliche Geschehnisse werden aus der Schweiz vermeldet. Einem anderen, ideenreichen Studi in Freiburg erging es übel. Er hatte zu einer Federkissenschlacht auf einem Platz in der Innenstadt aufgerufen. Rechnung des Stadtreinigungsdienstes: über 1500 Euro. Voilà. Hat noch einer Ideen?

König (El Rey)

Der König, ein Bourbone, die im Zuge des französich-spanischen Krieges von den Franzosen auf den Thron gehievt wurden, ist formales Staatsoberhaupt, trägt aber keine politische Verantwortung, sondern ist vielmehr Symbol und Repräsentant des Staates, aber auch Oberbefehlshaber der Streitkräfte. Während der Großvater Alfons XIII. ein ausgewiesener Antidemokrat war – er war auch Trauzeuge bei der Hochzeit Francos – steht König Juan Carlos I. eindeutig auf der Seite der Demokratie. So hat er 1981 einen Putschversuch von Teilen des Militärs vereitelt, indem er in seiner Eigenschaft als Oberfehlshaber die Niederschlagung des Putsches und die Rückkehr in die Kasernen befahl.
Siehe Antonio Tejero, 23-F Golpe de Estado,
www.youtube.com/watch?v=YSemfaM3Odg
www.stern.de/politik/historie/:
Putsch-Versuch-Spanien-Alle-Boden,/556298.html
Seitdem steht König Juan Carlos I. für die Demokratie in Spanien. Er gilt als volksnah, spontan (*"Por qué no te callas?"* zu Präsident Chaves bei einer Tagung) und charakterfest, seine Frau Sofia eher als distanziert und dem Protokoll verpflichtet.
Der König darf rechtlich nicht verfolgt werden. Wer ihn oder das Königshaus beleidigt, kann mit bis zu zwei Jahren Gefängnis bestraft werden. So kam es im Juli 2007 zu einem Skandal, als die Satirezeitschrift *El Jueves* eine Karikatur des Kronprinzenpaares beim Sex brachte. Wegen Beleidigung der spanischen Krone (Artikel 491.1 des spanischen Strafgesetzbuches) verurteilte Richter Juan del Olmo die beiden verantwortlichen Karikaturisten zu je 3000 Euro Strafe.
Der König wird von den meisten Spaniern, mit Ausnahme der Gebiete, die volle Souveränität anstreben, verehrt.
Aus diesen Gründen sollte man als Ausländer niemals Kritik am Königshaus äußern.

Juan Carlos trat sein Amt übrigens nur zwei Tage nach Francos Tod an. Dieser hatte das Spanien mit eiserner Hand in der wirtschaftlichen und politischen Isolation gehalten. Noch im März 1974 ließ er einen katalanischen Anarchisten, Puig Antich, mit der Garotte (garota) in Barcelona hinrichten. Hierbei handelt es sich um ein mittelalterliches Würgeeisen, mittels dessen der Kehlkopf durch Hineindrehen einer Schraube zertrümmert wird. Zur selben Stunde starb unbemerkt von der Öffentlichkeit auch der DDR-Flüchtlings Georg Welzel (Heinz Chez) auf dieselbe Art, der wahrscheinlich in Panik einen Guardia Civil erschossen hatte, da er mit gefälschtem Pass über die spanische Grenze gekommen war.

http://de.wikipedia.org/wiki/Georg_Michael_Welzel

Aus der Presse

Angekratztes Königsbild

Ein gewisser Nimbus umweht Angehörige des Königshauses. Zwar sind sie auch Menschen, doch eben adlige, besondere. Sie benehmen sich anständiger als normale Bürger, kleiden sich eleganter, wahren in allen Situationen die Fassung, stehen in der Vorstellung ihrer Untertanen auf einem Sockel ... Schön, nicht alle dieser Behauptungen treffen auf jeden Adligen zu. Doch in Spanien ist die Königsfamilie noch immer etwas Besonderes, weshalb sich selbst die Medien jahrzehntelang bemühten, so harmlos wie möglich über sie zu berichten. Jetzt, leider, zerfällt der Nimbus allmählich; über Königliche wird ebenso gelästert wie über normale Regenten.

Fast alle Spanier achten (und mögen!) ihren König, Juan Carlos de Borbón y Borbón. Der Über-Siebzigjährige, der recht bald nach Franco die Regierung übernahm, erwarb sich während seiner langen Regentschaft die Gunst des Volkes. Sieben von zehn Punkten verliehen ihm die Spanier in einer Umfrage; keine andere Person bekam mehr. Den zweiten Platz belegte Kronprinz Felipe (6,3 Punkte). Ja, die Spanier stehen hinter ihrem König: Wer ihn beleidigt, beleidigt das ganze Volk.

Juan Carlos gilt als Garant für die Demokratie in Spanien, was nicht zuletzt auf seine Hilfe bei der Verhinderung eines Putschversuchs 1981 zurückgeht. Doch die letzten Jahre gestalteten sich für die Königsfamilie deutlich unruhiger als die Zeit seit dem versuchten Putsch.

Hatten spanische Könige früher mit Kriegen zu kämpfen, so belästigen Juan Carlos eher gesellschaftliche Probleme. Der Respekt und die Achtung, die ihm lange fraglos entgegengebracht wurden, lassen nach; zugleich verblasst die Illusion, Königliche hätten nicht dieselben Probleme wie Durchschnittsbürger.

Das Klischee, Könige heiraten nur ihresgleichen, zerbrach spätestens mit Kronprinz Felipe, der der Journalistin Letizia Ortiz seine Hand reichte. Seinen Eltern gelang es zwar, die Heirat mit Eva Sannum (die sich schon mal in Unterwäsche hatte ablichten lassen) zu verhindern, doch eine Journalistin war vermutlich ebenfalls keine Wunschpartnerin. Selbst die pompöse Hochzeit in der Kathedrale in Madrid tröstete nicht darüber hinweg, dass sich ein Adliger mit einer Bürgerlichen verband. Als sei ihr gesellschaftlicher Rang nicht genug, blickt Letizia bereits auf eine standesamtlich geschlossene, später geschiedene Ehe zurück.

Ein weiteres angekratztes Klischee: Angehörige des Königshauses wahren stets die Fassung. Zum einen beging Érika Ortiz, die Schwester Letizias, Selbstmord, zum anderen platzte Juan Carlos bei einem Gipfel in Chile der Kragen. „Por qué no te callas?",

„Warum hältst du nicht den Mund?",
entfuhr es ihm gegenüber dem venezolanischen Präsidenten. Das störte die Spanier freilich wenig, im Gegenteil luden sie den Satz eifrig als Klingelton auf ihr Handy. Doch angekratzt ist angekratzt: Sollte einem König tatsächlich die Geduld reißen, so wie jedem anderen Menschen?

Das Bild des Königs als Über-der-Gesellschaft-Stehender bekommt Sprünge, nicht nur durch eigenes Verhalten (der Familie) sondern auch durch verbale Angriffe. Wurde der König früher in ein beschönigendes Licht getaucht, so schreien seine Kritiker jetzt stets lauter. Einige Katalanen verbrannten gar öffentlich Königsbilder. Statt den König weiterhin als unantastbar zu behandeln, fällt er immer öfter bösen Stimmen zum Opfer.

Die Medien gehorchen dem Königshaus nicht in jedem Fall. Zwar hielten sich die meisten an die Vorgabe, Érikas Tod nicht als Suizid zu bezeichnen, doch die Trennung der Königstochter Elena von ihrem Mann bezeichneten sie ungeniert als Trennung (statt nach der Vorgabe als „zeitweilige Unterbrechung des gemeinsamen Lebens").

An anderer Stelle sickerten Worte ebenfalls trotz eines Verbotes durch, allerdings weit schlimmer als bei der „Unterbrechung des gemeinsamen Lebens". Bei einem Streit zwischen Juan Carlos und der Madrider Regionalpräsidentin hatte jemand im Palast wohl weit aufgesperrte Ohren, der das Gehörte später der Zeitung „El País"
verkaufte. Noch nie erfuhr die Privatsphäre königlicher Unterhaltungen eine solche Verletzung.

Trotz seines Alters kommt der König nicht zur Ruhe. Statt politischen Problemen stehen nun gesellschaftliche an. Was tun gegen enttäuschte Illusionen? Doch die gute Nachricht noch einmal: Die Spanier mögen ihren König; das werden auch Ehen mit einer Bürgerin oder Ausbrüche wie „Por qué no te callas?" nicht ändern. Schließlich stieg seine Beliebtheit seit dem Ausruf noch ...

Siehe auch „Por que no te callas?!", http://www.youtube.com/watch?v=X3Kzbo7tNLg

Lotto

Die Spanier sind begeisterte Lottospieler. Die Weihnachtslotterie in Spanien ist die Ausspielung mit dem weltweit höchsten Gewinn (*el gordo*). Die Lospreise liegen ziemlich hoch, so dass sich viele Leute ein Los teilen, daher das Phänomen, dass z.B. ein ganzes Dorf gewinnt.

Aus der Presse

Spanien – eine Nazi-Müllhalde?

Als Nazi-Müllhalde bezeichnete die Auschwitz-Überlebende Violeta Friedmann ihr neues Heimatland, in dem sie von 1965 bis zu ihrem Tod im Jahr 2000 lebte. In der Tat haben sich verhältnismäßig viele Nazis in Spanien niedergelassen, das die flüchtigen SS-

Mitglieder insbesondere zur Francozeit meist mit offenen Armen empfing, so auch den ehemalige SS-Offizier Otto Skorzeny beispielsweise, der Mussolini vor italienischen Partisanen rettete, oder Wolfgang Jugler, Chef der Leibgarde Hitlers, der sein Domizil im sonnigen Marbella aufschlug.

Über einen dieser ausgewanderten Nazis hat der österreichische Regisseur Günter Schwaiger nun einen Dokumentarfilm gedreht. *Hafners Paradies* erschien 2007 und beleuchtet den Lebensabend des Ex-Obersturmführers Paul Hafner, der sich in Spanien niedergelassen hat.

Sport

Wichtigster Publikumssport ist Fußball, mit international bekannten Vereinen in Madrid, Barcelona und Valencia. Weiterhin beliebt sind Formel 1, Motorradrennen und Radsport (*Vuelta*).

Als Breitensport beliebt sind Fußball, Handball und Schwimmen. Allerdings sind die Spanier nicht wirklich sportlich. Die meisten belassen es beim Zuschauen, nur 20 % aller Jugendlichen treiben in ihrer Freizeit Sport.

Das Sportangebot ist allerdings riesig, man findet alle Arten von Sportmöglichkeiten: von Beachvolleyball bis zum Skifahren in den Pyrenäen oder Sierra Nevada. Vor allem in Tourismusgebieten werden Trendsportarten angeboten, z.B. Mountainbiking, Joggen, Paragliding, etc …

Strand und Baden

An öffentlichen Stränden findet man in der Regel Lebensretterposten (*Soccorista*) und patrouillierende Boote vor.

Die Strände verfügen über Warnflaggen: Dabei bedeutet die grüne Flagge, dass alles freigegeben ist. Die gelbe Flagge signalisiert erhöhte Vorsicht. Rot heißt striktes Badeverbot, woran man sich auch halten sollte!

Viele Strände haben das Umweltzeichen, das sie als saubere und unbelastete Bademöglichkeit ausweisen.

Inzwischen hat sich auch bei Spanierinnen „oben ohne" durchgesetzt und wird überall akzeptiert. FKK ist allerdings an öffentlichen Stränden verboten. Vereinzelt findet man hierfür besondere Strandabschnitte.

Jobs, wo andere Ferien machen …
Bewerbung, Tipps und Adressen, Ausbildung in Tourismus & Freizeit

»Als Animateur ins Ausland,
Gästebetreuung zwischen Traum und Wirklichkeit«

»Arbeiten auf Kreuzfahrtschiffen «

http://shop.interconnections.de

ERFAHRUNGSBERICHT

Wie Spanier uns sehen …

Die Spanier bezeichnen uns als „Quadratschädel". Diese Bezeichnung rührt von der, aus spanischer Sicht, Sturheit, Prinzipientreue und mangelnden Flexibilität der Deutschen. Für sie sind wir gefühlskalte, humorlose und ernste Menschen, eben Nórdicos.

Der Autor hat oft den Witz erzählt bekommen: „Wie viele Aspirin benötigt ein Deutscher bei Kopfschmerzen?" „Vier Stück, für jede Ecke eine!"

Eine Unterscheidung zwischen Deutschen, Österreichern und (deutschsprachigen) Schweizern findet nicht statt. (Wobei die Schweizer einen kleinen Exotenstatus haben.)

Erstaunlicherweise mögen die Spanier uns trotzdem, wobei es sich mehr um ein Respektieren denn um eine Herzensangelegenheit handelt!

Auch die Beziehungen zwischen Spanien und Deutschland, bzw. Österreich und der Schweiz sind ausgezeichnet.

Das liegt z.B. daran, dass Spanien und Deutschland eine Zeit lang denselben Herrscher, nämlich Karl V., einen Habsburger, hatten. Das Haus Habsburg herrschte fast 200 Jahre in Spanien (bis 1700).

Außerdem haben im spanischen Bürgerkrieg Franco und Hitler zusammengearbeitet, beide Länder wurden von Diktaturen regiert. Spanier und Deutsche haben einander im II. Weltkrieg unterstützt.

In den 1960er Jahren kamen viele Spanier als Gastarbeiter nach Deutschland, um zu arbeiten und hier zu leben.

Einen Großteil des guten Verhältnisses zwischen Spanien und uns Mitteleuropäern rührt auch vom Tourismus her, der dem Land Devisen und Wirtschaftswachstum gebracht hat.

Die Spanier schätzen an uns die Geradlinigkeit, Gründlichkeit und Zuverlässigkeit. Den Spanier erfüllt die relative Pünktlichkeit unsere Züge mit Erstaunen, und er bewundert unsere Organisation und Sauberkeit. Kurzum: alles Dinge, an denen es ihm mangelt.

Kirche und Religion

92 % der Bevölkerung sind römisch-katholisch getauft.
Eine Kirchensteuer ist in Spanien unbekannt, weshalb die spanische Kirche gemäß einem Abkommen aus dem Mittelalter vom Staat direkt finanziert wird. Ein Kirchenaustritt bringt also keinerlei finanziellen Vorteile, so dass viele Spanier Kirchemitglieder bleiben, obwohl sie der Amtskirche längst den Rücken gekehrt haben.

Im Gegensatz dazu erlebt man doch eine weitverbreitete und tiefverwurzelte Religiosität. Bestes Beispiel hierfür ist die *Semana Santa* (Karwoche), die von allen, ob jung oder alt gelebt wird. Man kann hier Jungs beobachten, die beim Passieren des *tronos* ein Kreuzzeichen machen, um anschließend in eine Bar zu hechten, um das Spiel von Barça live zu sehen.

Einen richtigen Run gibt es auf das Benediktiner-Kloster auf dem Montserrat nordwestlich von Barcelona; hier drängen sich einheimische Gläubige und Touristen aus aller Welt in den Messen, bei den öffentlichen Chorgesängen des Knabenchors (*escolania*) und zu Füßen der schwarzen Madonna, der Schutzheiligen Kataloniens.

Der Umgang mit der Religiosität ist eher pragmatisch und normaler Bestandteil des Lebens. Man wird auch häufig gefragt, ob man gläubig sei.

Feiertage

Festivos sind Feiertage, von denen zwölf auf nationaler Ebene existieren. Diese werden gerne zu Kurztrips verwendet. So geht in der Woche vom 6. und 8. Dezember in Spanien nichts mehr, da zwei Feiertage in eine Woche fallen. Und Weihnachten ist auch nicht mehr weit!

Natürlich gibt es einige Unterschiede zu den Feiertagen in deutschsprachigen Landen. So ziehen an Ostern zahllose Prozessionen mit riesigen Heiligenfiguren durch Dörfer und Städte, deren Teilnehmer in Kutten mit spitzen Kapuzen gehüllt sind, wodurch das Ganze auf gruselige Art an die Inquisition oder ein Treffen des Ku-Klux-Klan erinnert. Einige der Kuttenträger tragen eiserne Ketten und tun so aktiv Buße.

Weihnachten wird in Spanien auch am 24. Dezember gefeiert, allerdings gibt es eher kleine Geschenke, und auch der Christbaum ist erst in den letzten Jahren in Mode gekommen. Um Mitternacht finden Messen statt, die so genannten *Misas del Gallo* (Hahnenmessen), nach denen die Spanier oft noch lange auf den größeren Plätzen feiern, Weihnachtslieder singen und Feuer entzünden.

Die richtig großen Geschenke gibt es allerdings erst am 6. Januar, dem Día de los Reyes (Dreikönigstag). Schon am Vortag ziehen als die Drei Weisen Könige aus dem Morgenland Verkleidete in die spanischen Dörfer ein und verteilen Süßigkeiten an die Kinder. Zudem finden Umzüge und christliche Aufführungen statt. Ähnlich dem Nikolaustag stellen die Kinder abends dann ihre Schuhe vor die Tür, zusätzlich zu Wasser und Stroh für die Kamele der

Weisen. Am nächsten Tag gibt es dann endlich die große Bescherung, außerdem ein großes Festessen mit Spezialitäten wie dem Rosco de Reyes, einem Kuchen mit eingebackener Figur. Wer diese in seinem Stück Kuchen findet, ist König für einen Tag.

Liste der nationalen Feiertage:

1.1. Neujahr (*Año Nuevo*): ein besonderer Brauch ist, dass Punkt Mitternacht 12 Weintrauben gegessen werden, zu jedem Glockenschlag eine. Wem dies in 12 Sekunden gelingt, der hat Glück für das ganze kommende Jahr.
6.1. Dreikönig (*Reyes*): Jetzt gibt es endlich die Weihnachtsgeschenke.
19. März, Heiliger Josef
März/April Gründonnerstag (*Jueves Santo*) und Karfreitag (*Viernes Santo*)
Fronleichnam
1.5. Tag der Arbeit (*Fiestas del Trabajo*)
25.7. Santiago (Schutzheiliger Spaniens)
15.8. Mariä Himmelfahrt (*Asunción*)
12.10. Nationalfeiertag (*Día de la Hispanidad*) im Gedenken an die Ankunft der Spanier in Amerika
1.11. Allerheiligen (*Todos los Santos*)
6.12. Verfassungstag (*Día de la Constitución*)
8.12. Unbefleckte Empfängnis (*Immaculada Concepción*)
25.12. Weihnachten (*Natividad del Señor*)
Darüber hinaus existieren noch zahlreiche regionale oder örtliche Feiertage.

Semana Santa

In Spanien der absolute Höhepunkt des Jahres. In vielen Gegenden Spaniens, vor allem im Süden und der Mitte des Landes, finden in dieser Woche täglich Prozessionen statt, die von Bruderschaften (*hermandades*) durchgeführt werden.

Der Prozessionszug setzt sich normalerweise aus zwei *pasos*, eine Art Tisch zum Herumtragen (in Málaga: *tronos*) für die Figuren zusammen. Der eine *paso* zeigt eine Szene des Kreuzwegs Jesus, der andere eine Marienstatue mit Baldachin. Diese *pasos* werden von bis zu 300 Männern auf den Schultern geschleppt und können bis zu vier Tonnen wiegen.

Begleitet werden die Pasos von Büßern (*nazarenos*), die lange Kutten und spitze Hauben (*capirote*) tragen. Eine Prozession besteht aus bis zu tausend Personen. Das Ganze wird von einer begleitenden Musikkapelle mit einer monotonen Marschmusik unterlegt.

Wie es bei uns Osterhasen und -eier en masse zu kaufen gibt, bieten die Bäckereien zu dieser Zeit Schokoladen-Kuttenmänner in allen Größen feil.
Resümee: Furchtbar kitschig, aber immer wieder schön!

Ferias

Der Spanier, vor allem im Süden, lässt keine Gelegenheit zum Feiern aus. Und es gibt viele Gelegenheiten ...

Hinweise dazu am besten auf der Internetseite der entsprechenden Stadt

nachschauen oder im Tourismusbüro der Region nachfragen.
Berühmte *ferias* sind: *Las Fallas* in Valencia im März, *Feria de Abril* in Sevilla im April mit viel „Sevillana-Musik" (ähnlich dem *Flamenco*) und den berühmten *casitas* (Stände, an denen getrunken und getanzt wird), die Feria von San Isidro in Madrid um den 15. Mai, *Sanfermines* in Pamplona im Juli mit den weltbekannten und berüchtigten Stierläufen, diverse Feiern zu Ehren des heiligen Jakobus (Santiago) in der Woche vom 25. Juli, das Mysterium von Elche (cat. *Misteri d'Elx,* span. *Misterio de Elche*), die Semana Grande von San Sebastián um den 15. August, das Weinfest in Logroño vom 19. bis 26. September, das Fest der Jungfrau *de la Merced* in Barcelona, das Fest der Jungfrau von Pilar in Zaragoza vom 11. bis 20. Oktober oder die *Fiesta de Moros y Cristianos* in mehreren Städten, bei denen die Schlachten zwischen Mauren und Spaniern nachgestellt werden.

Hier ein Kalender über die wichtigsten Ereignisse:

– vom 12. bis 19. März: Fallas von Valencia;
– vom 18. bis 22. April: Feria von Sevilla;
– Woche des 15. Mai: Feria von San Isidro in Madrid;
– Fronleichnam: wird in Barcelona, Toledo, Granada ... gefeiert;
– vom 6. bis 12. Juli: los Sanfermines von Pamplona;
– Woche des 25. Juli: Fest des Heiligen Jakobus;
– vom 12. bis 15. August: Feier des Mysteriums von Elche;
– Woche des 15. August: Semana Grande von San Sebastián;
– vom 19. bis 26. September: Weinfest in Logroño;
– Woche des 24. September: Fest der Jungfrau de la Merced in Barcelona;
– vom 11. bis 20. Oktober: Fest der Jungfrau von Pilar in Saragossa.

Dienstleistungen

Banken

Banken haben von Mo-Fr von 9 bis 13 Uhr geöffnet. Viele tätigen keine Bargeschäfte! Es kann vorkommen, dass auf der Bank keine Bareinzahlungen vorgenommen werden können, oder z.B. nur vom Ersten eines Monats bis zum Zehnten von 9–10 Uhr 30 usw. Allerdings sind aber überall EC-Automaten u. a. Bankautomaten vorhanden, an denen jederzeit Geld abgehoben werden kann.
Große Banken in Spanien sind: BBVA, Santander und Unicaja.

Beamte

Spanische Beamte zeichnen sich durch ihre überragende Kompetenz, Arroganz und Langsamkeit aus.
Beamte (*funcionarios*) werden in Spa-

nien nach einer Auswahlprüfung (*oposiciones*) aufgenommen. Die Stellen werden ausgeschrieben, nach bestandener Prüfung, die man nur einmal absolvieren kann, wird der Bewerber eingestellt. Aufgrund dieser Prüfung (und der Unkündbarkeit) ist der spanische Beamte ein „höheres Wesen" und will entsprechend behandelt werden. Spanische Beamten sollte man immer in Demutshaltung begegnen, um an sein Ziel zu gelangen. Bei Problemen oder Druck droht beamtenseits die völlige Blockade!
Formularvordrucke bekommt man meist auch in *estancos*. Bei Ämtern kommt es oft vor, dass Formulare fehlen. So darf man dann unverrichteter Dinge wieder von dannen ziehen.

Bürokratie

Die spanische Bürokratie ist langsam, kompliziert und umständlich.

Meist sind zwei oder mehr Abteilungen oder Ämter für einen Sachverhalt zuständig, wobei eine Systematik oft nicht erkennbar ist. Man muss somit mehrmals warten und anstehen, bis man eine Sache erledigt hat und alle Formulare (nicht immer vorhanden) und Stempel (immer da) eingesammelt hat (s. a. Beamte, Arbeitslosigkeit, Polizei).

Gerne passiert es auch, dass man endlos beim zuständigen Amt ansteht, um dann zu erfahren, dass dieses Amt aufgrund einer Ausnahmeregel gar nicht zuständig ist.
Letztlich bleibt nur geduldiges Warten,

entweder Musik vom iPod hören oder mit den Leidensgenossen in der Warteschlange die Spanischkenntnisse vertiefen ...

Branchenbuch

Die Gelben Seiten heißen in Spanien *Páginas Amarillas, www.paginas-amarillas.es,* und sind nach Regionen, Stadt und Branchen (A–Z) gegliedert. Das normale Telefonbuch, die *páginas blancas,* sind nach Region, Stadt und Buchstabe geordnet.

Estanco

In Österreich kennt man diese Art Geschäft als Tabak / Trafik, in Deutschland und der Schweiz kennt man dies nicht.
Es handelt sich um kleine Geschäfte, wo man Tabakwaren, Briefmarken, Busfahrkarten, Telefonkarten und Lotterielose kaufen kann. Meist bekommt man dort auch Formularvordrucke für Behörden. Dies empfiehlt sich umso mehr, da diese in den Behörden oft nicht vorrätig sind.
Erkennbar sind sie durch das Schild *tabacos*. Zeitungen und Zeitschriften erhält man dagegen im *kiosco*.

Nachsendeantrag

Man kann sich seine Post in das Ausland nachsenden lassen. Allerdings ist die spanische Post (*correos*) recht langsam. Eine Alternative hierzu ist die

Postlagerung, die bis zu drei Monaten möglich ist. Das empfiehlt sich natürlich nur, wenn keine wichtigen Sendungen zu erwarten sind.
Nachsendungen und Postlagerungen sind per Internet buchbar.
Mehr unter: www.efiliale.de, www.post.at, www.post.ch.

Sprachennachweis

Wer kein Muttersprachler ist oder Spanisch studiert hat, tut gut daran, seine Sprachkenntnisse mit einem überall in Spanien anerkannten Diplom nachzuweisen, einem der D. E. L. E: (*Diplomas de Español como Lengua Extranjera*). Das Diplom ist in drei Schwierigkeitsstufen zu erwerben, von Grundkenntnissen über gute und schließlich sehr gute Sprachkenntnisse. Es werden schriftliche und mündliche Kenntnisse abgefragt. Die Prüfung kann auch bei den Cervantes-Instituten außerhalb Spaniens abgelegt werden.

Medien, Kultur

Fernsehen

Alle spanischen Sender müssen sich ausschließlich über Werbeeinnahmen finanzieren, Fernsehgebühren sind in Spanien unbekannt (gilt auch für die staatlichen Sender). Das führt dazu, dass Sendungen teilweise bis zu 15 Minuten zu Werbzwecken unterbrochen werden.

Es werden überwiegend Spielshows, Talkshows, Telenovelas und Sport gesendet. Ein anspruchvolles Programm wie im ORF oder den öffentlich-rechtlichen Programmen in Deutschland angeboten ist höchst selten und läuft höchstens weit nach Mitternacht.

In vielen spanischen Familien läuft der Fernseher den ganzen Tag mit voller Lautstärke, ohne dass auch nur ein Einziger Notiz davon nähme. Als Gast hat man dann die schwierige Aufgabe, seinen Gastgeber und den Fernseher, der einen ablenkt, zu verstehen. Dies macht natürlich umso mehr Spaß, je weniger man die Sprache beherrscht. Die Steigerung findet man in Bars, in denen meist der Fernseher läuft. D.h. die umstehenden Gäste schreien sich gegenseitig an, der Fernseher läuft auf vollen Touren und die Begleitung erwartet, dass man sie versteht. Der ultimative Kick!

Mittags laufen die vielbeachteten Telenovelas, über die man im öffentlichen Leben, z.B. beim Friseur oder in der Warteschlange, gerne diskutiert.

Kino

Filme werden in spanischen Kinos, genau wie im Fernsehen, nur in spanischer Sprache, bzw. in synchronisierter Fassung gezeigt. Originalfassungen mit Untertitel sind nicht üblich.

Man findet in jeder größeren Stadt Kinos, die auch Filme in Originalsprache vorführen.

Berühmte spanische Filmregisseure

sind Luis Buñuel und Pedro Almodóvar, der für seinen Film: *Todo sobre mi madre* (Alles über meine Mutter) 1999 einen Oskar als besten ausländischen Film einheimste. International bekannteste spanische Schauspielerin ist Penélope Cruz. Bei den Schauspielern ist dies Antonio Banderas.

Radio

Analog zum Fernsehen ist auch das Radio ausschließlich werbefinanziert. Es gibt endlos viele Sender; ja, eigentlich besitzt jede Gegend bzw. Stadt einen oder mehrere Regionalsender. Die Art, Radio zu machen, ist der französischen sehr ähnlich. Es wird zwischen den Musikstücken viel und aufgeregt geredet, mit wertvollen Infos über den Installateur um die Ecke oder das Möbelgeschäft in der Nähe.
Die Charts heißen *cuarenta principales*, d.h. die „40 Meistverkauften" im Land.
In den Urlaubsgebieten am Mittelmeer, auf den Balcaren und auf den Kanaren kann man deutsche Sender mit deutschen Moderatoren hören. An der Costa del Sol gibt es englischsprachige Programme, teilweise aus Gibraltar.

Musik

Junge und alte Spanier hören gerne spanische Musik mit spanischen Texten! Es existieren ein eigenes MTV-Programm (*MTV España*) und diverse Latinomusikkanäle. Viele Künstler, die bei uns englisch singen, singen für Spanier und Latinos spanisch, so z.B. Jennifer Lopez oder Shakira.
In der Disco hört man gerne eine spezielle Discomusik, die Einflüsse aus Lateinamerika, der Karibik und Spanien aufweist.
Viele Musikrichtungen erfreuen sich großer Beliebtheit in einzelnen Regionen, z.B. Flamenco in Andalusien.
Eine weitere Besonderheit in der klassischen Musik sind die *Zarzuelas*, eine Art spanische Oper bzw. Operette.

Aus der Presse

Schwarzbrennerei

Schätzungen zufolge werden in Spanien nur halb so viele Spielfilme legal in Geschäften gehandelt wie illegal auf der Straße. Der Straßenverkauf liegt hauptsächlich in den Händen der Armen: der „Manteros" („manta" – Decke), eingewanderter Schwarzafrikaner. Auf ihren Verkaufsdecken liegen neue, illegal gebrannte DVDs und CDs. Dabei sind die Verkäufer immer auf dem Sprung: Sobald sie Polizisten sehen, raffen sie Decke und Ware zusammen und rennen davon. Ist die Polizei schneller als sie, drohen Freiheitsstrafen von bis zu zwei Jahren. Zum Freikaufen fehlt das Geld.
Einige Menschenrechtsaktivisten, Künstler und Juristen stellen sich auf die Seite der Afrikaner. Sie fordern eine Änderung des Strafrechts, um Gefängnisstrafen künftig zu verhindern. Damit sollen Urteile aus der Welt geschafft werden, die Schwarze vor die

Wahl stellen: Gefängnis und Geld oder Auswanderung.
Obwohl die Bemühungen zum Schutz geistigen Eigentums verständlich sind, entsteht der weitaus größere filmindustrielle Schaden durch illegales Herunterladen aus dem Internet. Der „Deckenverkauf" durch Schwarzafrikaner ist im Grunde nur ein Mittel zum Überleben.

Flamenco

Es handelt sich hierbei um den weltberühmten Tanz, ursprünglich von Zigeunern in Andalusien getanzt, der für viele Inbegriff des spanischen Tanzes überhaupt ist.
Man findet sie noch, die kleinen *tablaos* (Flamencolokal), in denen echter Flamenco geboten wird (*guitarra, cante, baile y palmas*; Gitarre, Gesang, Tanz und Hände). Leider wird vor allem in Tourismushochburgen vieles gezeigt, das wenig mit Flamenco zu tun hat. Es bleibt nichts anderes übrig, als sich durchzufragen, bis ein gutes *tablao* gefunden ist. Das lohnt sich dann aber auch!

Kulturinstitut

Seit 1991 ist das *Instituto Cervantes* das offizielle vom Staat gegründete Kulturinstitut mit dem Ziel der Förderung der spanischen Sprache sowie der Verbreitung des spanischen Kulturguts und aller iberoamerikanischen Länder im Ausland. Mittlerweile ist die gemeinnützige Stiftung mit 40 Instituten in 25 Ländern vertreten. Die Zentrale in Madrid wird von einem Kuratorium unter Vorsitz des spanischen Königs geleitet.

In Deutschland findet man Institute in München, Bremen und Berlin. In Österreich wie auch in der Schweiz existiert zur Zeit keines.

An den Cervantes-Instituten lassen sich erste Erfahrungen mit der spanischen Sprache machen; man kann Leute treffen, die an Spanien interessiert sind und wertvolle Informationen über Spanien und Lateinamerika erhalten. Darüberhinaus werden in den Instituten Sprachkurse angeboten.
Mehr unter: www.cervantes.de oder www.cervantes.at.
(Quelle: Instituto Cervantes)

Museen

Aufgrund seiner Geschichte als Jahrhunderte dauerndes Weltreich verfügt Spanien über enorme Kunstschätze. Im ganzen Land findet man Museen, Kirchen und Klöster mit interessanten Kunstwerken.

Die bekanntesten Museen sind in Madrid das *Museo del Prado* mit spanischen, italienischen und flämischen Meistern; mit dem *Museo Reina Sofia* und dem *Museo Thyssen-Bornemisza* gleich nebenan.
Um moderne Kunst zu sehen, pilgert man nach Bilbao in das Guggenheim-Museum, nach Barcelona in das Joan Miró-Museum oder nach Málaga in das Picasso-Museum.

Es gibt eine Vielzahl von Museen im ganzen Land, am besten informiert man sich im örtlichen Tourismusbüro oder einem Kunstführer.

Architektur

Spanien verfügt über eine Vielzahl historisch wertvoller und prachtvoller Gebäude. So findet man in Segovia noch ein in Betrieb befindliches Aquädukt aus der Römerzeit.

In Andalusien existieren noch viele Zeugen maurischer Baukunst, am bekanntesten ist die Alhambra in Granada. Bei ihr vereinen sich maurische und europäische Einflüsse zu einer weltweit einzigartigen Mischung.

Im Mittelalter wurden viele Moscheen und Synagogen zu Kirchen umgebaut. Berühmte Beispiele sind die Kathedrale in Sevilla (*Giralda*) und die *Mezquina* in Cordoba.

In den letzten Jahren des 19. Jahrhunderts bildete sich in Barcelona, ähnlich der Sezession in Wien, eine eigene Richtung des Jugendstils heraus. Bekanntester Vertreter ist Antonio Gaudí, der die bislang immer noch unvollendete *Sagrada Familia* in Barcelona entwarf.

Berühmtestes Beispiel zeitgenössischer Architektur ist das Guggenheim-Museum in Bilbao.

Noch heute sind *azulejos* (Fliesen) in Spanien gebräuchlich. Sie werden in Hausaufgängen und *patios* (Innenhöfe) verwendet. Ein Erbe aus maurischer Zeit, das sich bis heute erhalten hat.

Viele Häuser verfügen über keine Heizung und werden durch Gasflaschen (*bombonas*) oder Elektroheizöfen geheizt.

Goethe-Institut (Deutsches Kulturinstitut)

Das Goethe-Institut hat die Aufgabe, Kenntnisse über die deutsche Sprache und Kultur in der Welt zu verbreiten. Es handelt sich um einen gemeinnützigen Verein mit Sitz in München.

Es werden Deutschkurse und kulturelle Veranstaltungen angeboten.

In Spanien existieren vier Goethe-Institute in Madrid, Barcelona, Granada und San Sebastián. Man kann hier deutsche Muttersprachler treffen oder Spanier, die einfach an Deutsch interessiert sind.

Mehr dazu auf der Webseite des Instituts, www.goethe.de.

Goethe-Institut in Madrid
Zurbaran 21, E-28010 Madrid
T. 0034 91 3913944

Goethe-Institut in Barcelona
Calle Manso 24-28,
E-08015 Barcelona
T. 0034 93 2926006

Goethe-Institut in San Sebastián
Delegación del
Goethe-Institut San Sebastián
Aldakonea, 36 (Barrio Egia),
E-20012 San Sebastián
T. 0034 943 326666

Goethe-Institut in Granada
Nebenstelle des
Goethe-Instituts Madrid
Neptuno, 5, E-18004 Granada
T. 0034 958 260408

Forum der österreichischen Kultur im Ausland
Foro Cultural de Austria en Madrid
Paseo de la Castellana 91-9°
E- 28046 Madrid
T. 0034 91 556 53 15
www.foroculturaldeaustria.org

Presse

Pressefreiheit

In Spanien herrscht Pressefreiheit. Einzige Ausnahme ist die Berichterstattung über den König und die königliche Familie. Der König darf nicht beleidigt werden und sein Privatleben gilt als tabu. Kritik ist nicht zu lesen, über private Dinge wird nicht geschrieben, und alle halten sich daran. (s. a. Zeitungen).

Zeitschriften

In spanischen Zeitschriftenregalen findet man Unmengen von Titeln. Es handelt sich dabei hauptsächlich um Sportzeitschriften, Fernsehzeitschriften und die Regenbogenpresse (*revistas del corazón*). In diesen populären Blättern kann man alles über bekannte oder weniger bekannte Stars und Promis lesen. Die meistverkauften sind *Pronto*, *Hola* und *¡Qué me dices!*.

Zeitungen

Es existieren viele regionale Zeitungen, davon einige kostenlos, die auf der Straße verteilt werden, z.B. *20 minutos* oder *Qué*.
Landesweit führend sind *El País* (www.elpais.com) und *El Mundo* (www.elmundo.es).
Zeitungen erhält man im *kiosco*.

Jugend

Jugendarbeit

In Spanien existieren Jugendverbände auf nationaler Ebene (*Consejo de la Juventud de España*), auf der Ebene der Autonomen Regionen und auf der kommunalen Ebene.

Spanien ist Mitglied im Europäischen Jugendforum. Außerdem bestehen bilaterale Vereinbarungen mit europäischen und südamerikanischen Staaten.

Das Jugendinstitut wurde 1996 vom Ministerium für Arbeit und soziale Fragen gegründet, um unter anderem die Bedingungen von Jugendbeschäftigung zu verbessern. Im Web ist es zu finden unter www.injuve.mtas.es oder www.perso.wanadoo.es.
In der EU belegt Spanien bezüglich der

Arbeitslosigkeit junger Erwachsener einen der traurigen vordersten Plätze. Im Rahmen der Lissabon-Agenda, die auf einem EU-Gipfel in der portugiesischen Hauptstadt im Jahr 2000 mit dem Ziel verabschiedet wurde, die EU zum wettbewerbsfähigsten und dynamischsten wissensgestützten Wirtschaftsraum der Welt zu machen, wurden in Spanien zahlreiche Programme mit dem Ziel ins Leben gerufen, den jungen Arbeitsmarkt im Land zu stärken. Diese Maßnahmen sind u. a.:

Beschäftigungs-, Umschulungs- und Fortbildungsprogramme für junge Erwachsene, die bereits mehr als sechs Monate arbeitslos waren

Weiterbildungsprogramme (*Programas de Garantía Social*) für benachteiligte Jugendliche zwischen 16 und 22 Jahren ohne Ausbildung

Arbeits- und Trainingscenter (*escuelas taller y casas de oficios*) für junge Arbeitslose zwischen 16 und 25 Jahren, in denen sie neben einer beruflichen Ausbildung praktische Erfahrungen sammeln können

Projekte für straffällige und lernbehinderte Jugendliche

Eine Reduzierung der Sozialabgaben für Arbeitgeber, die verstärkt junge Arbeitnehmer (unter 30 Jahren) mit unbefristeten Verträgen einstellen

„Ersatzverträge" (*Contratos Relevos*), mittels denen junge Arbeitslose Arbeitnehmer ergänzen, die in Teilzeitrente gehen

Förderung junger Unternehmer bis 35 Jahren durch regionale Steuersenkungen, einen kostenlosen Beratungsservice und die so genannte, vom Jugendinstitut unterstützte „Saatbeet"-Initiative zur Förderung von Unternehmergeist und zur Schaffung weiterer Beschäftigungsmöglichkeiten

Ein neues Gesetz mit vereinfachten Bedingungen zur Selbstständigkeit

Eine Anhebung des Mindestlohns auf € 513

Jugendtreffs

Die meisten Jugendlichen sind eingebunden in die Großfamilie und ein Netzwerk familiärer Verbindungen. Sie identifizieren sich mit ihrem Heimatort, sind wenig bis nicht mobil und ziehen nicht gerne weg. Man ist Mitglied im örtlichen Fußballverein, in der Kirchengemeinde, in der Bruderschaft der Semana Santa, und und und. Man trifft sich beim gemeinsamen Hobby und bei familiären Feiern und ist von Geburt an eingebunden. Ausgehen mit Freunden ist die beliebteste Freizeitbeschäftigung.

Jugendtreffs findet man daher eher selten, da bisher wenig Bedarf hierzu bestand. Durch Zuwanderung sind aber völlig neue Strukturen entstanden. So findet man in spanischen Städten „Problemviertel", in denen Jugendliche ohne familiäre Wurzeln und Job leben. Rund 5 % aller Jugendlichen haben einen Migrationshintergrund, und es werden immer mehr.

Die spanischen Jugendzentren bieten meist nur feste Kurse an. Die Programmautonomie ist nicht sehr hoch. Es werden in der Regel Standardkurse, die es in allen Jugendzentren gibt, angeboten. Das Ganze ähnelt eher einer Fortbildungsanstalt denn einer kreativen Jugendarbeit.

Altersbezogene gesetzliche Bestimmungen

Gesetzliche Bestimmung	Mindestalter in Jahren
Beginn der Schulpflicht	6
Ende der Schulpflicht	16
Erlaubnis zur Vollbeschäftigung	16
Strafmündigkeit	18
Volljährigkeit	18
Wahlrecht	18
Führerscheinerwerb möglich (Klasse B)	18
Heirat ohne Zustimmung	18

(Quelle: jugendnetz.de)

Jugendaustausch

Der Jugendaustausch zwischen Spanien und den Ländern Deutschland, Österreich und der Schweiz ist nicht so eng und vielfältig wie beispielsweise zwischen Deutschland und Frankreich. Die Struktur des Jugendaustauschs ist aufgrund der historischen Entwicklung in Spanien (Diktatur bis 1978) weniger ausgeprägt als zwischen den übrigen europäischen Staaten.
Auch trägt die mangelnde Reisebereitschaft der Spanier dazu bei, dass die Zahlen beim Austausch eher gering bleiben. Fast zwei Drittel der jungen Spanier verlassen beim Reisen nie ihr Land! Das Interesse für Fremdsprachen tendiert bei Spaniern gegen Null.

Nationales Büro für Tourismus und Austausch von Jugendlichen und Studenten: www.comadrid.es/juventud oder www.ijab.de.

Aus der Presse

Jugendkämpfe

Sechs Millionen leben in der Region Madrid. Ungefähr fünfzig Prozent der siebenhunderttausend Ausländer stammen aus Lateinamerika; sie leben häufig in den Vorstädten im Süden Madrids. Trotz derselben Sprache und Religion verläuft das Zusammenleben von Spaniern und Lateinamerikanern nicht immer reibungslos. Junge Latinos ernten oft Kritik wegen ihres angeblich pöbelhaften, respektlosen Verhaltens. Aufschrecken ließ spätestens eine Schlägerei in Alcorcón, einer Stadt im Süden der Regin Madrid. Auslöser war offenbar ein Streit zwischen vier Jugendlichen (zwei spanischen, zwei dominikanischen), den sie offenbar mit Hilfe ihrer Freunde austragen wollten. Hunderte Minderjährige prügelten sich auf den Straßen. Am nächsten Tag zogen hunderte jugendliche Spanier durch die Straßen der Stadt, trafen allerdings nur auf die Polizei.

Schulwesen

In Spanien ist die Ganztagsschule üblich, so dass die Kinder bis 16 oder 17 Uhr in der Schule sind. Der Juli und der August sind schulfrei; davor finden Jahresabschlussprüfungen statt (*exámenes finales*). Schuluniformen sind in öffentlichen Schulen nicht üblich.

Es besteht Schulpflicht; diese endet nach dem zehnten Schuljahr bzw. dem sechzehnten Lebensjahr. Die Einschulung erfolgt im Alter von sechs Jahren. Davor steht die kostenlose, freiwillige Vorschulerziehung (*Educación Infantil*) zur Verfügung. Das Erziehungsangebot gilt für zwei Altersgruppen: zum einen für Kleinkinder bis zur Vollendung des dritten Lebensjahres, zum anderen für ältere Kinder bis zum Beginn der Schulpflicht. Im Anschluss besuchen die Kinder sechs Jahre lang eine Grundschule (*Educación Primaria*), danach vier Jahre lang die Sekundarstufe I (*Educación Secundaria Obligatoria*).

Anschließend können die Schüler ein Gymnasium (*instituto*) besuchen und nach zwei weiteren Jahren das spanische Abitur ablegen oder eine Berufsausbildung beginnen. In dieser Sekundarstufe II ist es üblich, Kurse aus vier Bereichen auszuwählen (*modalidades*): *Artes* (Kunst), *Ciencias Naturales* (Naturwissenschaften), *Ciencias Sociales y Humanidades* (humanistischer Zweig), *Tecnología* (Technik und Informatik), dazu kommen die Pflichtfächer. Es wird in Grund- und Leistungskurse unterschieden. Nach bestandener Abschlussprüfung erhält man den Titel *bachiller*, der zum Studium berechtigt.

Öffentliche Schulen sind kostenlos, rund ein Drittel der spanischen Kinder gehen auf eine Privatschule, die (viel) Schulgeld kosten. Viele Eltern sind davon überzeugt, dass die Ausbildung auf privaten Schulen besser ist. Dies gilt nachweisbar für den Sprachunterricht, der in privaten Schulen ungleich besser ist. Die Qualifikation von Sprachlehrern an öffentlichen Schulen ist oft erschreckend schlecht. Sie verfügen kaum über Auslandserfahrung, haben eine schlechte Aussprache und auch an der Grammatik mangelt es.

Staatliche Schulen sind zwischenzeitlich eher von den unteren Einkommensschichten frequentiert.

Vor der Schule (ab vier Jahre) gehen viele Kinder täglich von 9 bis 16 Uhr in Kindergrippen (*guarderías*). Diese Vorschulen sind auch im Sommer geöffnet, so dass Eltern das ganze Jahr über arbeiten gehen können. Die *guarderías* sind kostenlos und können auch von ausländischen Kindern besucht werden.

Wer mit Kindern nach Spanien zieht, bedenke, dass die Kinder immer Exoten bleiben, dies umso mehr, je ländlicher die Gegend ist.

In Spanien existieren auch deutsche Schulen; eine Liste findet man im Infoteil.

Aupair

Diese Beschäftigungsmöglichkeit ist vor allem für junge Frauen ab 18 Jahren interessant.

Die Aufgabe besteht darin, die Kinder der Gastfamilie zu betreuen; dafür erhält man als Gegenleistung Verpflegung und freie Unterkunft und ein Taschengeld.

Ein typischer Arbeitstag eines Aupairs kann folgendermaßen aussehen:

Aufstehen um 7 Uhr, danach bereitet man das Frühstück für die Kinder vor, anschließend zieht man die Kinder an und bringt sie zur Schule. Solange die Kinder in der Schule sind, beschäftigt man sich mit leichten Hausarbeiten, wie z.B. Bettenmachen, Spülen, Aufräumen, Waschen, Bügeln, Staubsaugen und eventuell der Vorbereitung des Mittagsessens für die Kinder. Mittags holt man die Kinder von der Schule ab, isst mit ihnen, falls nicht bereits in der Schule geschehen und spielt mit ihnen oder macht Hausaufgabenbetreuung. Wenn die Gasteltern abends nach Hause kommen, isst man gemeinsam und hat danach meist Freizeit.

Die Arbeitszeit beträgt in der Regel 5–8 Stunden täglich, wobei ein Aupair-Aufenthalt zwischen 3 und 12 Monaten betragen kann.

Voraussetzung bei einem Aupair-Aufenthalt sind:

Mindestalter von 18 Jahren, ledig und kinderlos

Erfahrung in der Kinderbetreuung mit Kindern bis 12 Jahren

Zwei Referenzen (schriftlicher Nachweis) der Kinderbetreuung, z.B. privates Babysitting oder ein Praktikum in einer Kindereinrichtung sind zu erbringen

Mindestens gute Grundkenntnisse der spanischen Sprache sollten vorhanden sein

Gesundheitszertifikat (ärztliche Bescheinigung), das bescheinigt, dass keine gesundheitliche Einschränkungen bestehen

Versicherungsschutz im Krankheitsfall, evtl. Abschluß einer Haftpflichtversicherung

Raucher haben kaum Chancen

ein Führerschein wird oft verlangt

Am besten wendet man sich an eine Aupair-Agentur im Heimatland, die mit einer Partneragentur in Spanien zusammenarbeitet. Diese Partneragentur betreut die Aupairs vor Ort, sucht die Gastfamilie aus und vermittelt Kontakt zu anderen Aupairs in der Region. Diese Partneragentur hilft auch bei Problemen oder sucht eine andere Gastfamilie, wenn es einem dort überhaupt nicht gefällt.

Eine Liste von Agenturen findet man unter www.au-pair-box.com, gut zur Vorbereitung: „Abenteuer Aupair", erhältlich über

http://shop.interconnections.de

Dort ist der Eintrag kostenlos, lediglich die Dienstleistungen der Agenturen kosten etwas. Mit ca. 250–300 € ist zu rechnen. Auch die Reisekosten sind selbst zu tragen. Empfehlenswert ist der Besuch eines Sprachkurses vor Ort, die Kosten hierfür sind auch wieder Sache des Aupairs.In Spanien ist Aupair nicht so verbreitet wie in anglo-amerikanischen Ländern, da hier oft noch die Oma bei der Kinderbetreuung hilft und man grundsätzlich gegenüber Fremden misstrauisch ist.

Erfahrungsbericht, Conni Lang

Barcelona – Aupair
Probier´s mal mit Gemütlichkeit

Im September des Vorjahres war ich das erste Mal in Barcelona, damals nur für eine Woche Urlaub, doch schon da habe ich mich in diese einzigartige Stadt verliebt. Dass ich wieder hin musste, war mir klar. Alles Weitere war dann wie ein Wink des Schicksals.

Ich habe damals noch in einer Kinderbetreuungseinrichtung in Oberösterreich gearbeitet, die jedoch im Dezember geschlossen wurde. Ich nahm dies als Zeichen und beschloss, für eine Weile ins Ausland zu gehen.

Klar war für mich, dass es Barcelona sein sollte, doch die Suche nach einer geeigneten Gastfamilie stellte sich als schwieriger heraus als gedacht.

Ich entschied mich gegen eine Agentur und suchte über eine Webseite, wo Aupairs sowie Familien ihr Profil veröffentlichen, und dann in Kontakt treten können.

Als ich nach zweimonatiger erfolgloser Suche schon fast aufgeben wollte (die Suche gestaltete sich so schwierig, weil ich zu diesem Zeitpunkt noch kein Spanisch sprechen konnte), erhielt ich eines Abends einen Anruf von einer Mutter, die mein Profil gelesen hatte und mich als Aupair wollte. Da wir uns auf Anhieb sympathisch waren, entschied ich mich dafür, zu ihr nach Barcelona zu kommen, so dass ich schon zwei Wochen später im Flugzeug saß. Mit einem unbeschreiblichen Gefühl ging die Reise los. Zum einen war ich voll Vorfreude auf das Kommende, und zum anderen sehr traurig darüber, Familie und Freunde zurücklassen zu müssen.

In Barcelona angekommen, wartete ich dann gespannt auf die Familie. Tausende Fragen gehen einem in diesem Moment durch den Kopf. Was erwartet mir? Ist die Familie nett? War dies die richtige Entscheidung? ...

Ich hatte wirkliches Glück. Die Familie begrüßte mich gleich auf eine sehr herzliche, typisch spanische Art und Weise, die mir sofort das Gefühl gab, willkommen zu sein.

Natürlich ist aller Anfang schwer: es dauert einfach eine Weile, sich in einem anderen Land einzuleben (vor allem, wenn man die Sprache noch nicht beherrscht), und die ersten Wochen können durchaus ein bisschen einsam sein. Aber dank Sprachschule und Internet geht es dann wirklich sehr schnell, Leute kennezulernen.

Vor allem Barcelona bietet da natürlich als multikulturelle Stadt außerordentlich viele Möglichkeiten. Was ich hier so schätze, ist die Offenheit der Menschen – ob du nun an der Bushaltestelle sitzt, am Strand liegst oder im Krankenhaus wartest, bis du an der Reihe bist, immer und überall triffst du Menschen, die ein Gespräch mit dir beginnen. Wobei ich sagen muss, dass es meist Leute aus anderen Ländern und nicht wirklich Spanier sind. Ich habe das Gefühl, Spanier müssen einen ein wenig kennen, bevor sie wirklich offen auf jemanden zugehen.

Was zu Beginn eine wirkliche Umstellung für mich war, ich aber mittlerweile sehr gern habe, ist die Zeiteinteilung hier. Zu Mittag gegessen wird zum Beispiel um ca. 15 Uhr, und Abendessen gibt es zwischen 21 und 22 Uhr. Allgemein geschieht alles mit einer gewissen Gemütlichkeit, die einem zu Beginn fast die Nerven raubt (z. B auf Ämtern), die aber irgendwann auf einen übergreift, so dass man merkt, dass jeder Tag wirklich dazu da ist, genossen und gelebt zu werden.

Und das lernt man hier in Spanien tatsächlich: das Leben genießen, viel Zeit mit Freunden verbringen, in einem Kaffeehaus mal vier Stunden sitzen, obwohl man schon ausgetrunken hat (kein Problem hier), oder ausgehen, bis es wieder hell wird und dann noch immer nicht nach Hause gehen, sondern mit Freunden am Strand frühstücken.

Meiner Meinung nach hängt beim Aupairdasein alles von der Gastfamilie ab. Ich habe es zum Glück sehr gut erwischt. Meine Aufgaben sind es, die Kinder am Abend von der Schule abzuholen und die Wäsche zu machen. So hab ich vormittags ausreichende Zeit zum Spanischlernen.

Der einzige Nachteil ist, dass du dich als Aupair in gewisser Weise an die Lebensart der Familie anpassen musst, aber ich denke, dass das auch sehr interessant sein kann, weil man so wirklich viel von der Kultur des Landes (mit-)erlebt.

Sehr wichtig ist auch, dass man Kinder wirklich gern hat, sonst wird man als Aupair bestimmt nicht glücklich.

Ich für meinen Teil kann nur sagen, dass ich noch nie so intensiv gelebt und so viele interessante, verschiedene und liebenswürdige Menschen kennengelernt habe wie während meiner Zeit in Barcelona.

Es gäbe noch viel zu erzählen, aber das sind Dinge, die man erleben muss; die kann man mit Worten gar nicht beschreiben.

Conni Lang, 21 Jahre, als Aupair in Spanien

Freiwilliges soziales / ökologisches Jahr / ADiA

Nach dem Schulabschluss ist manch einer froh, vor wichtigen Entscheidungen wie Studium oder Ausbildung noch ein Jahr „Pause" zu haben. Auch, wer nicht zu Zivil- und Wehrdienst gezwungen ist, leistet sich immer häufiger ein „Entfaltungsjahr".

Neben dem regulären Zivil- und Wehrdienst stehen jungen Erwachsenen weitere Möglichkeiten zur Verfügung; so bieten sowohl das „Freiwillige Soziale" und das „Freiwillige Ökologische Jahr" (FSJ bzw. FÖJ), als auch der unter „Zivildienst im Ausland" bekannte „Andere Dienst im Ausland" (ADiA) die Möglichkeit, in anderen Ländern zu arbeiten.

Wer zwischen 16 und 27 Jahre alt ist, informiere sich auf den Homepages des *Bundesarbeitskreises FÖJ* bzw. FSJ, sowie des ADiA:

http://www.foej.de
http://www.pro-fsj.de
http://www.fsj-adia.de

Siehe auch
Internationale Freiwilligendienste und Zivi Weltweit

unter http://shop.interconnections.de

Spanien – Reisen mit Kindern
Ratgeber für Familien
Erholung, Spaß, Tipps und 1000 Adressen
http://shop.interconnections.de

Verkehrsmittel

Rund ums Auto

Autobahnen und Landstraßen

Man findet in Spanien *autovías*, das sind autobahnähnliche ausgebaute Landstraßen, oft vierspurig und immer gebührenfrei.

Außerdem existieren überwiegend mautpflichtige autobahnähnliche *autopistas* auf ca. 2000 Kilometer Strecke.

Die Höchstgeschwindigkeit beträgt 120 km/h. Oft laufen *autovías* und *autopistas* parallel, man hat somit die Wahl, ob man schnell und mit Maut, oder langsamer und kostenlos fahren möchte.

Landstraßen heißen in Spanien: *carreteras (nacionales)*; es gilt eine Höchstgeschwindigkeit von 100 km/h. Geschwindigkeitsüberschreitungen werden streng geahndet; auch Falschparker müssen sich nicht wundern, wenn ihr Fahrzeug nicht mehr da steht, wo sie es gelassen hatten – abgeschleppt! Alkohol am Steuer (mehr als 0,8 %). führt gleich zu Inhaftierung und Wagenbeschlagnahmung.

Autokauf

Sobald man eine NIE (Ausländernummer) hat, kann man ein neues oder gebrauchtes Auto kaufen und auf seinen Namen zulassen.

Da die Zulassung recht kompliziert ist, empfiehlt sich der Kauf beim Händler, da dieser Garantie gewährt und die Anmeldeformalitäten erledigt. Falls man von Privat kauft, sollte man einen *gestor* mit der Anmeldung beauftragen.

Automobilclub

Der spanische Automobilclub heißt *Real Automóvil Club de España* (RACE).
Dieser bietet, ähnlich dem ADAC, ÖAMTC und TCS Pannenhilfe im Bedarfsfall an und noch vieles mehr. Der RACE ist Mitglied im ARC Europa, einer Vereinigung von Automobilclubs.
Die Notrufnummern im Pannenfall lauten: Tel. 902300505 (Inland) und Tel. 0034 91 5933333 (aus dem Ausland). Der ADAC unterhält auch eine deutschsprachige Zweigstelle in Spanien: 935 08 28 28.

Autounfall

Man schätzt, dass spanienweit rund 2 Millionen Autos ohne Haftpflichtversicherung unterwegs sind, so dass es sich deshalb bei einem Unfall in jedem Fall empfiehlt, die Polizei (in der Stadt) oder die *guardia civil* (auf dem Land) zu rufen.
Es ist ratsam, nach einem Autounfall einen Europäischen Unfallbericht auszufüllen und alle Angaben zu notieren. Vergleichen bzw. festhalten sollte man auch den Namen des Fahrers und die Angaben auf dem Nummernschild sowie die Telefonnummern und Namen eventueller Zeugen.
Diese Angaben lässt man sich am besten von der Polizei bestätigen. Bei Unstimmigkeiten kann die Polizei den Wagen des Unfallverursachers beschlagnahmen. Also auch den eigenen.
Danach sollte man möglichst schnell seine Kfz-Versicherung unterrichten, die im Bedarfsfall alles regelt, z.B. Nennung eines deutschsprachigen Anwalts etc..

Benzin

Es gibt bleifreie Qualitäten (*sin plomo*) in ROZ (Oktan) 95 und 98, sowie Diesel. Das Tankstellennetz ist dicht, aber in ländlichen Gegenden sollte man darauf achten, rechtzeitig nachzufüllen, da die nächste Tankstelle schon mal weiter entfernt liegen kann. Die Preise sind an großen Tafeln an der Einfahrt angegeben, so dass ein Preisvergleich leicht möglich ist.

Führerschein

Der EU-Führerschein bleibt bei Wohnsitznahme in Spanien weiterhin gültig.
Der Schweizer Führerschein muss innerhalb von sechs Monaten umgetauscht werden (ab Erhalt der Aufenthaltsbewilligung). Zuständig ist die *Jefatura de Tráfico*.

KFZ – Papiere

Wer mit dem eigenen Auto nach Spanien fährt, sollte immer den Führerschein, den Fahrzeugschein und die Internationale Grüne Versicherungskarte mit sich führen.

ITV (TÜV)

Der TÜV-Hauptuntersuchung vergleichbar ist die technische Untersuchung des Autos, *Inspección Técnica de Vehículos*, besser bekannt als ITV.

Diese seit 1985 existierend Untersuchung des technischen Zustands muss erstmalig vier Jahre nach Erstzulassung durchgeführt werden. Bei bis zu zehn Jahren alten Autos hat die Untersuchung alle zwei Jahre zu erfolgen. Ab dem zehnten Zulassungsjahr muss der Wagen jährlich zur ITV.

Es werden alle technischen Einrichtungen untersucht, wie z.B. Bremsen, Fahrwerk, Auspuffanlage, Lenkung, Licht und vieles mehr. Das Ganze vollzieht sich in atemberaubender Geschwindigkeit mit spanischer Gründlichkeit. Man erhält einen Aufkleber für die Windschutzscheibe, die Kosten belaufen sich auf ca. 40 €.

Man kann einen *gestor* mit der Vorführung beauftragen, was sich auf rund 65 – 70 € beläuft.

Parken

Blaumarkierte Bordsteinkanten bedeuten Zahlungspflicht. Man muss hierfür einen Parkschein ziehen.

Gelbe Markierungen signalisieren ein Parkverbot. Es existieren auch zeitlich begrenzte Parkverbote, wo folglich nur zu bestimmten Zeiten geparkt werden darf.

Erfahrungsgemäß werden die Parkverbote von der *Policía Local* weniger streng überwacht, mit Ausnahme von Parkverboten in der Nähe öffentlicher Gebäude (Rathaus, Polizeizentrale, etc.)

Promillegrenze

Die Promillegrenze beträgt allgemein 0,5 o/oo für Fahranfänger 0,3 o/oo.

Es wird aber oft mit Alkohol gefahren, da Alkoholkontrollen selten sind. Viele Spanier haben auch keinerlei Unrechtsbewusstsein beim Fahren unter Alkoholeinfluss. Erst im Falle eines Unfalls entstehen ernste Konsequenzen.

Verkehrsverhalten

Wie in vielen südlichen Ländern ist das Fahrverhalten auf spanischen Straßen deutlich offensiver als in Mitteleuropa. Dies fängt schon bei der Beschilderung an. Nahezu jeder Verkehrsteilnehmer, zumindest Autofahrer, hält sich an rote Ampeln und Stoppschilder – selbst nachts und bei menschenleeren Strassen. Ein Spanier nimmt Stopp-Schilder auch tagsüber und bei beträchtlichem Verkehr lediglich flüchtig zur Kenntnis, wie man eben Dinge am Straßenrand nebenbei registriert. Gerade nachts ist besondere Vorsicht beim Überqueren der Straße geboten, da die häufig alkoholisierten Autofahrer noch eine Stufe unbesorgter aufs Gaspedal treten.

Ihre Unbesorgtheit nährt sich zweifellos von dem allseits beliebten Schutzpatron *San Cristobal*, in Deutschland unter dem Namen Heiliger Christophorus bekannt, der vor einem plötzlichen Tod schützen soll.

Öffentliche Verkehrsmittel, Fahrrad

Busse

Fernbusse

Es existiert ein gutes, dichtmaschiges Fernbusnetz, das sowohl kleine Dörfer mit der nächsten Stadt wie auch Städte miteinander verbindet. Im Vergleich zur Bahn ist Busfahren sehr günstig.

In Städten findet man Busbahnhöfe, die manchmal etwas außerhalb liegen. Bei den Betreibergesellschaften handelt es sich um Privatgesellschaften, daher sind die Busse im Allgemeinen pünktlich.

Achtung: Jede Linie wird von einer anderen Gesellschaft betrieben, was die Recherche nach der richtigen Gesellschaft manchmal erschwert. Am einfachsten und sichersten erfährt man die richtige Linie am Busbahnhof.

Haltestellen auf dem flachen Land sind nicht immer als solche zu erkennen. Fahrpläne sind oft nicht vorhanden oder in der Regionalsprache verfasst. Das Abenteuer ruft!

Stadtbusse

In vielen Städten das einzige öffentliche Verkehrsmittel. Meist sind diese unpünktlich oder kommen gar nicht, oder es kommen drei gleichzeitig. Mit anderen Worten: man verlasse sich niemals auf den Fahrplan.

Am besten viel Geduld und Zeit aufbringen und warten, bis hoffentlich ein Bus auftaucht.

Die meistfrequentierte Linie in spanischen Städten ist die Linie *sin servicio*, d.h. außer Betrieb ….

Taxis

Taxis sind mit einem Taxameter ausgestattet, der den Fahrpreis angibt. Je nach Tageszeit und Wochentag finden verschiedene Tarife Anwendung, nachts und am Wochenende ist der Fahrspaß teurer. Freie Taxis erkennt man an einem grünen Licht auf dem Dach.

In manchen Städten wird am Flughafen eine Servicegebühr bis zu 5 € verlangt.

Taxifahren in Spanien kann aber auch seine Tücken haben, wie Daniela Schneider, die in Madrid mit einem 50 €-Schein bezahlen wollte, zu berichten weiß:

„Es ist ein gewöhnlicher Montagmorgen. Der erste Flug München – Madrid mit *Iberia* kommt mit der üblichen Verspätung in *Madrid Barajas* an, aber wenn ich mich beeile, komme ich noch vor halb zwölf im Büro an. Die Taxischlange am neuen madrilenischen Flughafen kann durchaus hundert Meter lang sein, aber irgendwann ist auch dieses Hindernis überwunden, und die Fahrt in die Innenstadt kann beginnen.

Seit geraumer Zeit gibt es in Spanien die Anschnallpflicht außerhalb von Stadtgebieten; das merkt man auf der Fahrt ins Zentrum daran, dass sich die Taxifahrer abschnallen, sobald die Stadtgrenze überschritten ist. Die Fahrt in den geschäftigen Stadtteil Salamanca dauert auch heute ungefähr 25 Minuten, aber als das Taxometer vor dem Bürogebäude meines Kunden bei 27 Euro stehen bleibt, fangen die eigentlichen Probleme erst an.

Ich möchte mit einem 50-Euro-Schein bezahlen. Der Taxifahrer möchte keinen 50-Euro-Schein annehmen. Die Spanier misstrauen grundsätzlich 50-Euro-Scheinen, da sie häufig gefälscht sind, und auch meine Ausflüchte, dieser 50-Euro-Schein komme aus einem deutschen Geldautomaten und sei garantiert nicht gefälscht, können den Taxifahrer nicht zum Einlenken bewegen.

Sein Vorschlag, er fahre mich schon irgendwo hin, wo ich Geld tauschen kann, fallen wiederum bei mir nicht auf fruchtbaren Boden, da ich erstens nicht die Zeit und zweitens nicht den Willen habe, für Umwege zu diversen Banken zusätzlich zu bezahlen. Zu diesem Zeitpunkt ist mir schon klar: Ein Trinkgeld bekommt dieser Taxifahrer garantiert nicht.

Da ich keinen anderen Schein habe als den, den der Taxifahrer nicht annehmen möchte, steige ich schließlich aus und bitte ihn, mir meinen Koffer aus dem Kofferraum zu geben. Der Taxifahrer weigert sich jedoch, mir den Koffer herauszugeben, solange ich ihm keinen anderen Schein als den angebotenen geben kann.

In der Angst, der Taxifahrer werde mitsamt meinem Koffer das Weite suchen, renne ich zur Lobby des Bürogebäudes in der Hoffnung, die Empfangsdamen könnten mir meinen 50-Euro-Schein wechseln. Diese Hoffnung wird jäh enttäuscht; bei dem Gehalt, das eine durchschnittliche Empfangsdame in Madrid verdient, ist es schließlich auch kein Wunder, dass sie keine 50 Euro im Geldbeutel mit sich herumträgt.

Nun gut, immerhin steht der Taxifahrer noch immer wartend und mit meinem Koffer im Kofferraum vor der Tür, doch die Kommunikation zwischen uns beiden steht unter keinem guten Stern, bis wir uns schließlich gegenseitig anbrüllen, wobei ich ihn der Einfachheit halber nur noch auf Deutsch beschimpfe, während er mich pausenlos mit spanischen Flüchen bombardiert. Es erscheint mir unglaublich, dass ich bereits seit zwanzig Minuten hätte friedlich in meinem Büro sitzen können; statt dessen stehe ich auf der Straße und ärgere mich mit einem spanischen Taxifahrer herum.

Meine Rettung naht nach einer halben Stunde in Form eines UPS-Wagens. Sobald dieser ebenfalls vor dem Bürogebäude anhält, erkenne ich meine Chance und hechte zum Fahrer des Wagens. Dieses Mal habe ich Glück; er akzeptiert meinen 50-Euro-Schein und wechselt ihn in viele kleine Scheine, die ich nun endlich dem Taxifahrer in die Hand drücke, der im Gegenzug meinen Koffer aus der Geiselhaft entlässt."

Zug

Die staatliche Eisenbahngesellschaft heißt RENFE.
Der AVE (*Alta Velocidad*) ist, dem ICE vergleichbar, der spanische Hochgeschwindigkeitszug und verkehrt z.B. von Madrid nach Sevilla, von Madrid über Zaragoza nach Lerida und seit Februar 2008 von Madrid nach Barcelona.

Die Fernzugverbindungen nennen sich *grandes lineas* und werden von verschiedenen Zugtypen bedient (Talgo, Intercity, etc.). Außerdem verkehren in dichtbesiedelten Gebieten (Madrid, Barcelona, Valencia, Sevilla, Málaga) Nahverkehrszüge, sogenannte *cercanías*.

In den Großstädten Madrid, Barcelona, Valencia und Bilbao gibt es U-Bahnen. Straßenbahnen sind in Spanien selten.

Bahnfahren ist in Spanien vergleichsweise teuer, die Überlandbusse sind wesentlich billiger und fahren überall hin. Das Streckennetz der RENFE ist auf Madrid als Mittelpunkt ausgelegt. Es eignet sich daher hauptsächlich dazu, bequem von Großstadt zu Großstadt zu kommen.
Bei längeren Strecken empfiehlt sich das Flugzeug.

Fahrrad

Fahrradfahren ist in Spanien nicht üblich. Fahrradfahrer sind Exoten, lediglich als Freizeitaktivität wird gelegentlich Mountainbike gefahren.
Es existieren im ganzen Land kaum Radwege. Die Spanier sind nicht auf Fahrradfahrer eingestellt, so dass das Radfahren entsprechend gefährlich ist.

Behörden, Institutionen

Staatsform

Das Königreich Spanien ist seit 1978 parlamentarische Monarchie. Formales Staatsoberhaupt ist der König. Gesetzgebungsorgan ist das Parlament (*Las Cortes Centrales*), das in zwei Kammern unterteilt ist: *Congreso de los Diputados* (Abgeordnetenhaus) und Senat.

Die Mitglieder des Abgeordnetenhauses sowie die überwiegende Anzahl der Senatoren werden direkt gewählt. Fünfzig Senatoren werden von den Autonomen Regionen entsandt.
Seit 1986 ist Spanien Mitglied in der EU, sowie Mitglied des Schengen-Abkommens.

Regierung

Die Verfassung, am 6. Dezember 1978 durch Referendum bestätigt, führt eine parlamentarische Monarchie ein.

Der König ist „Staatsoberhaupt", Symbol seiner Einheit und seiner Beständigkeit, er nimmt schlichtenden und ausgleichenden Einfluß auf das ordnungsmäßige Funktionieren der Institutionen, er ist der höchste Vertreter des spanischen Staates bei internationalen Beziehungen (Artikel 56). Er ist nicht verantwortlich; seine Rechtsakte müssen also vom Regierungschef und unter Umständen von den zuständigen Ministern gegengezeichnet werden (Artikel 64).

Die *Cortes Generales* – oder das Parlament – setzen sich aus zwei Kammern zusammen, die beide in allgemeiner Wahl für jeweils vier Jahre gewählt werden: Der *Congreso de los Diputados* besteht aus 350 Abgeordneten, die in einer Verhältniswahl bestimmt werden (nach dem d´Hondtschen Höchstzahlverfahren, das die Vertretung der kleineren Listen einschränkt). Der *Senado*, "Kammer der Vertretung der Gebietskörperschaften", setzt sich aus 208 Senatoren zusammen, jeweils vier pro Provinz, durch Mehrheitswahlrecht bestimmt.

Die Regierung ist dem Abgeordnetenkongress verantwortlich, der sie auf dem Wege eines Misstrauensantrags absetzen kann (Artikel 113). Der Regierungschef wird vom König zur Wahl durch die Kammer vorgeschlagen. Er kann den König beauftragen, einen Erlass zur Auflösung des Parlaments zu unterzeichnen, um vorgezogene Wahlen abzuhalten (Artikel 115).

Die *Comunidades autónomas* können sich gemäß mehrerer Verfahren bilden, wie in den Artikeln 143 bis 158 der Verfassung definiert. In allen Fällen wird der Autonomiestatus nach Unterredung mit der verfassungsgebenden parlamentarischen Kommission einem Referendum in den betreffenden Regionen sowie der Ratifizierung durch das Parlament unterzogen. In den siebzehn autonomen Regionen, von denen Katalonien die erste war, ist die Wahl eines Regionalparlaments vorgesehen, das einen Präsidenten mit weitreichenden Befugnissen ernennt, den Chef der Regionalregierung.

Diskutiert wird über eine mögliche Verfassungsrevision, wonach Spanien das Bundesstaatprinzip annehmen würde.

Gerichtswesen

Erste Instanz in Zivilsachen wie in Strafsachen sind die *Juzgados de Primera Instancia e Instrucciones*.

Die *Audiencias Provinciales* sind die zweite Instanz in Zivil- und Strafsachen (Berufungsgericht). Ihr Sitz ist jeweils in der Provinzhauptstadt.

Darüber rangiert die *Audencia Nacional*, die als Berufungsinstanz für besonders schwere Strafrechtsachen, bzw. Angriffe auf die Krone zuständig ist.

Der *Tribunal Supremo* mit Sitz in Madrid ist der Oberste Gerichtshof für alle Arten von Verfahren, einschließ-

lich Klagen gegen die Regierung und Militär. Die Urteile sind in ganz Spanien bindend.
Der *Tribunal Constitucional* entspricht einem Verfassungsgericht und klärt die Rechtmäßigkeit von Gesetzen.
Außerdem gibt es *Tribunales Superiores de Justicia* in jeder *comunidad* (Bundesland), die unabhängig von den nationalen Gerichten für interne Rechtsstreitigkeiten innerhalb einer *communidad* zuständig sind (z.B. die Stadt Barcelona gegen Katalonien).
Darüber hinaus existieren besondere Wirtschaftskammern, Sozialgerichte und Jugendgerichte.
Die Höhe der Anwaltskosten ist gesetzlich nicht festgelegt; es gilt die freieVereinbarung. Zur Orientierung lassen sich die unverbindlichen Gebührenordnungen der Anwaltskammern und die Bestimmungen des Standesrechts zu Rate ziehen. Letztere behandeln Erfolgshonorare (*cuota litis*) als standeswidrig.
Seit 2003 sind Gerichtsgebühren für einige Prozessbeteiligte und für bestimmte Prozesshandlungen vorgeschrieben, allerdings sind „Unternehmen reduzierter Größe" (Jahresnettogeschäfts-volumen von weniger als 6.000.000 €) und steuerbefreite z.B. gemeinnützige Vereinigungen ausgenommen. Dies gilt auch für ausländische Personen und Unternehmen. Im Vergleich zu Deutschland sind die spanischen Gerichtsgebühren erheblich niedriger.
Nur im Falle einer vollständigen Niederlage muss die Gegenseite sämtliche Prozesskosten tragen, diese sind aber für jeden kostenberechtigten Gegner begrenzt auf ein Drittel des Streitwertes.
Die Deutsche Botschaft in Madrid hält eine hält eine unverbindliche Liste deutschsprachiger Anwälte bereit.

Statistik

Für die Erstellung nationaler Statistiken zuständig ist das *Instituto Nacional de Estadísticas*. Es werden Daten zur Bevölkerungsentwicklung, Gesellschaft, Ökonomie, Landwirtschaft und vieles mehr erhoben. Wen es interessiert: www.ine.es.
Daneben existieren Statistische Ämter in den Autonomen Regionen, mehr unter: www.formento.es.

Polizei

Die Polizei in Spanien gliedert sich in die *guardia civil*, die auf dem Land als allgemeine Polizei, sonst aber für Drogendelikte, Terrorismus und Schutz der Landesgrenzen zuständig ist.
Die *guardia civil de tráfico* ist die außerörtliche Verkehrspolizei.
Die *policía nacional* ist für Diebstähle, Einbruch etc. zuständig, aber auch für Ausländer- und Passangelegenheiten.
Die *policía local* (*municipal*) ist für Ordnungswidrigkeiten zuständig und untersteht der Gemeinde; vereinzelt gibt es in größeren Städten noch die *policía de barrio*, eine Stadtteilpolizei, die zur *policía local* gehört.
Oft wird die Polizeiarbeit durch Kompetenzschwierigkeiten erschwert. Auch

sind massive Fahndungspannen durch mangelnden Informationsaustausch zwischen den einzelnen Polizeikräften an der Tagesordnung. In jüngster Zeit versucht man dem gegenzusteuern, in dem der oberste Polizeioffizier einer Provinz gleichzeitig Chef der *guardia civil* und der *policía nacional* ist.
Notruf: 112
Policía Nacional: 091
Policía Local: 092
Guardia Civil: 062

Auffällig ist die Tatsache, dass in Spanien vor oder in fast jedem Geschäft eine Sicherheitskraft steht. Das ist nötig, um die Kleinkriminalität einzudämmen, da die Polizei damit hoffnungslos überfordert wäre.

Post

Die Postfilialen (*oficina de correos*) sind teilweise nur von Mo–Fr. 9 bis 14 Uhr bzw. 15 Uhr geöffnet; in Großstädten bis 19 oder 20 Uhr durchgehend.

In großen Filialen ist eine Nummer zu ziehen, die dann anschließend an einem der Schalter aufleuchtet, so dass man sich das lästige Schlangestehen erspart.
Briefmarken bekommt man auch in den *estancos*. Das Porto ist etwas niedriger als bei uns.
In Souvenirläden wird für die Briefmarken mehr verlangt (teilweise ein Euro für eine Postkarte).

Kriminalität

Kleinkriminalität

… ist in Tourismusgebieten weit verbreitet. Immer wieder kann man Taschen-, Trickdiebstähle oder Autoaufbrüche beobachten. Dies umso mehr, je unvorsichtiger die Urlauber sind. Also Achtung!
Schwerverbrechen sind in Spanien genauso häufig oder selten wie in anderen europäischen Staaten. Mit einer Ausnahme: Nach wie vor ein trauriges Kapitel ist die häusliche Gewalt gegen Frauen Das Machoverständnis (*Machismo*) ist in (Süd-) Spanien leider immer noch stark ausgeprägt. Man liest fast täglich Berichte in spanischen Zeitungen über Gewalt gegen Frauen in der Ehe, die teilweise sogar mit Totschlag enden. Gott sei Dank werden diese Taten nicht mehr totgeschwiegen und von der Presse scharf verurteilt. Auch die Justiz geht hier mit aller Härte vor.

Diebstahl

Vor allem in Tourismushochburgen ist die Kleinkriminalität sehr hoch.
Also Vorsicht! Es sollten keine Handtaschen locker über der Schulter getragen werden, unbeobachtetes Abstellen ist auch nicht wirklich gut.
Nichts offen im Auto liegenlassen, Handschuhfach leeren und Deckel offen lassen, damit jeder sehen kann, dass nichts zu holen ist.

Falls man den Wagen verläßt, immer abschließen! Wertsachen sind stets am Körper zu tragen (Brustbeutel oder Safegürtel), nicht in der Gesäßtasche! Größere Geldbeträge im Hotelsafe lassen; wenn dies nicht möglich ist, Betrag auf mehrere Personen aufteilen.

In touristisch weniger frequentierten Gebieten oder in Großstädten abseits der Sehenswürdigkeiten ist die Diebstahlgefahr auch nicht höher als bei uns. Auch in der U-Bahn in Berlin oder Wien muss man auf sein „Geldbörserl" aufpassen, sonst ist es weg.

Diebstähle zeigt man auf dem Kommissariat bei der *policía nacional* an. Die *policía local* ist nicht zuständig.

Drogen

Drogen sind verboten! Erstaunlicherweise wird mit leichteren Drogen (Hasch) recht unbeschwert umgegangen. „Gras" wird schon mal im Cafe oder am Strand in aller Öffentlichkeit geraucht.

Allerdings geht die Polizei rigoros bei Verstößen mit harten Drogen vor. Es droht Knast!

Auch sollte man nicht versuchen, Drogen aus Marokko einzuschmuggeln. Die Kontrollen sind streng und gründlich, die Gefängnisse in Marokko und Spanien unangenehm unkomfortabel!

Gewalt gegen Frauen

Gewalt gegen Frauen ist leider ein ebenso trauriges wie aktuelles Thema auf der Iberischen Halbinsel. Dabei hat Spanien bereits reagiert: seit 2005 gibt es ein neues Gesetz gegen sexistische Gewalt, im Zuge dessen eine Schwerpunktstaatsanwaltschaft und 452 neue Richterstellen geschaffen wurden. Nichtsdestotrotz ist die Zahl der gewaltsamen Übergriffe auf Frauen (meist durch deren Ex-Partner) weiterhin angestiegen; allein 2007 betrug die Zahl der Beziehungsmorde statt durchschnittlich 60 auf einmal 74.

Vielleicht rühren die Vorstellungen archaischer Besitzansprüche noch aus den Zeiten der Francodiktatur, als es ausdrücklich erlaubt war, die Ehefrau zu züchtigen – sofern die daraus resultierenden Verletzungen innerhalb von zwei Wochen verheilten.

Beispielhaft für die Aktualität der Thematik ist der Fall der Russin Swetlana Orlowa aus Alicante, die im November 2007 in einer Herzschmerz-Show von ihrem Exfreund (der sie zuvor misshandelt hatte) vor laufender Kamera einen Heiratsantrag bekam – und diesen ablehnte. Vier Tage später wurde sie mit durchschnittener Kehle aufgefunden, der Exfreund (ein gelernter Fleischer) verhaftet. Zu spät für Swetlana,; dafür heizte der Fall jedoch die Debatte um häusliche Gewalt erneut an.

Aupair-Ratgeber für Gastfamilien – Tipps, Erfahrungsberichte, Adressen
http://shop.interconnections.de

Reisen, Tourismus

Camping

Da Spanien weltweit die Nummer zwei der Reiseziele ist, mit elf Millionen Deutschen pro Jahr, verfügt es über viele Campingplätze. Diese findet man vor allem an den Küsten. Da sind dann alles wieder aus dem Viertel versammelt: Frank aus der Nebenstraße, Sabine aus dem Fitneßclub, Jochen von der Tankstelle und ... es ist wie zu Hause. Dabei sind alle Qualitätsstufen vorhanden, für jeden Geschmack und jeden Geldbeutel. Die meisten Campingplätze haben von April bis Oktober geöffnet. Ausnahmen sind Campingplätze in der Nähe von Sehenswürdigkeiten, die oft das ganze Jahr geöffnet sind.

Die Monate Juli und August sind Hochsaison und damit sehr teuer (teilweise das Dreifache der Vorsaisonpreise) und voll. Zu dieser Zeit empfiehlt sich eine Reservierung.

Bezüglich weiterer Details ist der ADAC-Reiseführer gut geeignet, www.adac.de, oder auch www.interconnections.de/spanien.

Flora

In Spanien gedeihen vor allem in Höhenlagen viele Eichenarten (Kork- und Steineichen), außerdem Pinien, Oliven und Palmen.

In manchen Gebieten wird intensive Landwirtschaft betrieben. Diese Monoanbaugebiete sind gut erkennbar an den „Plastiktreibhäusern", die die gesamte Gegend um Almería, Murcia und Valencia verschandeln.

Hauptweinanbaugebiete sind *La Rioja* und das Duerogebiet.

Hauptstadt

Die spanische Hauptstadt Madrid zählt über 3,5 Millionen Einwohner.

Sehenswürdigkeiten sind u. a. *Plaza Mayor*, *Palacio Real*, Pradomuseum, *Museo Thyssen-Bornemisza*, der Flohmarkt „Rastro" und die *Punta del Sol* mit dem Kilometer Null als Ausgangspunkt für alle Kilometerangaben auf Landstraßen.

Madrid verfügt über ein tolles Nachtleben, mit vielen Bars, Bodegas, Restaurants und Tablaos. Die *Madrileños* machen die Nacht zum Tag; man kann die ganze Nacht unterwegs sein.

Weitere Großstädte in Spanien sind: Barcelona mit 1,6 Millionen Einwohner, Valencia (800.000), Sevilla (700.000), Zaragoza (Saragossa) (650.000) und Málaga (600.000).

Klima

Aufgrund der Lage und Größe der Iberischen Halbinsel herrschen verschiedene Klimazonen in Spanien, grob einteilbar in:

Nördliche Atlantikküste mit viel Niederschlag, mildem Wintern und gemäßigten Sommern.

Im Zentrum kalte Winter mit Frost

und heiße trockene Sommer.

Am Mittelmeer sind die Winter mild und die Sommer heiß. Der Niederschlag fällt im Frühjahr und Herbst.

Auf den Kanaren hat man das ganze Jahr gleichmäßig angenehme Temperaturen zwischen 20° und 30° C.

Es ist also in Spanien keineswegs so, wie viele Nordlichter sich das Klima vorstellen. An der Atlantikküste kann man oft einen verregneten Sommer erleben, der relativ kühl ist. In Madrid kann es im Winter schon mal sehr kalt werden, und das ohne oder mit nicht ausreichender Heizung. Das Klima in Andalusien entspricht unseren Vorstellungen des spanischen Wetters, es hat ca. 300 Tage Sonne im Jahr und ist an der Küste auch im Winter mild.

Wer überwintern möchte, sollte auf die Kanaren gehen, da nur hier gleichmäßige Temperaturen herrschen.

Naturschutzparks

In Spanien existieren mehr als 400 geschützte Naturräume. Diese unterscheiden sich durch den Grad des Naturschutzes:

Die Nationalparks (*parquse nacionales*), in Spanien 14 Stück, genießen den höchsten Schutz. Sie werden in ihrem Urzustand belassen und sind von nationalem Interesse. Die bekanntesten sind: *Picos de Europa*, das sind Berge im Norden mit vielen vom Aussterben bedrohten Pflanzen- und Tierarten. *Doñana*, Marschland in Andalusien, mit reicher Artenvielfalt an Pflanzen und Vögeln, *Cabañeros*, eine große Ebene mit vielen Korkeichen.

Naturparks erfreuen sich eines weniger strengen Schutzes als Nationalparks. Naturparks können auf dem Land oder im Meer sein. Kleinere Eingriffe in die Natur dürfen vorgenommen werden, die dem Erscheinungsbild und dem Ökosystem nicht schaden.

Naturreservate: Naturräume, die empfindliche, seltene oder einmalige Pflanzen- oder Tierarten beherbergen.

Außerdem gibt es noch *monumentos naturales*, dies sind Naturmonumente, die einmalig oder von besonderer Schönheit sind.

Der größte geschützte Naturraum ist der *Parque Natural de la Sierra de Cazola, Segura y las Villas* in Jaén, wo der Guadalquivir entspringt.

Nähere Informationen zu den einzelnen Nationalparks finden sich im Internet unter

http://reddeparquesnacionales.mma.es/parques/.

Pilgerweg

Der bekannteste Pilgerweg Europas befindet sich in Spanien. Seit dem frühen Mittelalter pilgern Gläubige aus ganz Europa nach *Santiago de Compostela* in Galicien, Hier liegen die sterblichen Überreste des Apostels Santiago (Jakob) dem Schutzheiligen Spaniens.

Verschiedene Routen führen nach Santiago de Compostela, wovon der *Camino del Norte* der bekannteste ist. Darüber hinaus kann man auch den *Camino Primitivo, Camino Francés,*

Via de la Plata und andere Wege gehen.
Jährlich machen sich bis zu 50.000 Pilger auf den Weg nach Santiago. Reizvoll ist die Route Pamplona – Burgos – León -Ponferrada mit alten Klöstern und Städten. An der Strecke liegen ausreichend Pilgerherbergen zum Übernachten.
Den Jakobsweg entlangzumarschieren ist zur Zeit Mode. Nicht zuletzt durch das Buch von Hape Kerkeling hat das Pilgern einen Riesenaufschwung erfahren. Viele Leute suchen den Weg zu Gott und zu sich selbst.

Regionen

Spanien ist in 17 Autonome Regionen (*comunidades autónomas,* bzw. CC .AA) gegliedert.
Diese sind vergleichbar den Bundesländern in Deutschland oder Österreich, bzw. den Kantonen in der Schweiz.
Das Baskenland, Katalonien, die Balearen, Valencia und Galizien haben eigene Amtssprachen.
Die Regionen sind in 50 Provinzen unterteilt, diese gliedern sich wiederum in Gemeinden (*municipios*). Manche Regionen bestehen nur aus einer Provinz.
Dass Spanien ein sehr vielfältiges Land ist, überrascht wohl keinen, nimmt man einmal die zahlreichen offiziellen und nichtoffiziellen Sprachen, die auf ein starkes regionales Identitätsbewusstsein schließen lassen.

So unterscheidet sich Andalusien so sehr vom Baskenland wie Bayern von Schleswig-Holstein, angefangen beim Klima über lokale Gebräuche bis hin zur Wesensart der Bewohner.
Nachfolgend sollen die einzelnen Regionen mit ihren wichtigsten Städten beschrieben werden. Neben den 17 autonomen Gemeinschaften hat Spanien auch zwei autonome Städte (*ciudades autónomas*), Ceuta und Melilla, die hier kurz vorgestellt werden.

Andalusien

Andalusien (span. *Andalucía*) ist die südlichste der autonomen Gemeinschaften Spaniens. Der Name (abgeleitet von *Al-Andalus*) stammt noch aus der Zeit der arabischen Besatzung im 8. Jahrhundert. Sevilla ist die Haupt-, Tarifa die südlichste Stadt. Es wird *andaluz* gesprochen, also Andalusisch, ein gerade für Ausländer recht schwer verständlicher Dialekt des Spanischen. Er zeichnet sich unter anderem dadurch aus, dass die Buchstaben *s* und *d* am Satzende und in der -mitte gerne verschluckt werden; zudem benutzen die Andalusier statt der in Spanien üblichen Verkleinerungsform *-ito/a* häufig *-illo/a*.
Mit knapp 700.000 Einwohnern ist Sevilla die größte Stadt der Region. Wirtschaftlich ist es um die Stadt gut bestellt; mehr als 10 % des BIP der Region werden hier produziert. Baufirmen und Textilfabriken sind hier ebenso angesiedelt wie Industrien der Luftfahrt, Eisen- und Stahlindustrie und Schiffswerften.

Aragonien

Die nördlich gelegene autonome Gemeinschaft Aragonien (span. *Aragón*) grenzt an Frankreich, sowie an die spanischen Regionen Castilla-La Mancha, Castilla y León, Cataluña, La Rioja, Navarra und Comunidad Valenciana. Hauptstadt ist *Zaragoza*, mit ca. 660.000 Einwohnern fünftgrößte Stadt Spaniens. Während in weiten Teilen Aragoniens hauptsächlich das Kastilische, also die spanische Hochsprache, gesprochen wird, sind in einigen Gebieten auch noch die Minderheitensprachen Aragonesisch und Katalanisch verbreitet.

Die Automobilindustrie hat einen festen Sitz in Zaragoza; so befindet sich General Motors in Form einer Opelfabrik in Figueruelas. Zudem werden in der Region Autobusse (*Hispano-Carrocera*) und Haushaltsgeräte (*Balay*) hergestellt, außerdem gibt es Papier- (SAICA und *Torraspapel*), Schokoladen- (*Lacasa*) und Matratzenfabriken (*Pikolin*).

Asturien

Das Fürstentum Asturien (span. *Principado de Asturias*) befindet sich im Nordwesten Spaniens, am Golf von Biskaya. Es grenzt an die Nachbarregionen Galicien, Kastilien-León und Kantabrien. Seine Hauptstadt *Oviedo* hat 212.000 Einwohner.

Balearen

Auch die Inselgruppe der Balearen (span. *Islas Baleares*) bildet eine *comunidad autónoma*. Bekannteste Inseln sind Ibiza, Formentera, Menorca und natürlich Mallorca mit der Hauptstadt der Balearen, Palma de Mallorca. Größte Industrie (und wegen der Ballermann-Fetenstimmung inzwischen berühmt-berüchtigt) ist sicherlich der Tourismus. Neben dem Dienstleistungssektor, in dem mehr als 70% der Bevölkerung tätig sind, sind aber auch die balearische Textil-, Leder- und die Schuhindustrie zu erwähnen.

In *Palma de Mallorca* leben über 380.000 Menschen. Die Stadt ist größtenteils autofrei und bekannt für ihre engen, teils treppenverbundenen Gassen. In der Altstadt sind immer noch arabische Einflüsse spürbar. Neben Tourismus (der für rund 80 % des Bruttoinlandproduktes verantwortlich ist) und Handel sind auch Verwaltung und Verkehr wichtige Arbeitsmarktsektoren.

Aus der Presse

Ende des Suffs an der Playa de Palma

Saufurlaub auf Mallorca: Während Touristen die Sache als Spaß betrachten, stören sich Politiker am heruntergekommenen Image der Playa de Palma. Der vermutlich berühmteste mallorquinische Strand, fünf Kilometer lang zwischen Ca'n Pastilla und Arenal, ist Schauplatz zahlreicher Saufgelage. Getränkeschuppen mit dem hochtrabenden Namen Balnearios („Badehäuser") reihen sich aneinander, stets einige hundert Meter voneinander entfernt. Statt verschiedenen Namen zieren sie Nummern. Berühmtestes „Lokal" ist „Balneario 6", von Deutschen „Ballermann" getauft, da der Name leichter über die Lippen geht als „Balneario". Traditionell schlürfen junge Gäste dort literweise Sangria durch lange Strohhalme; die (belustigenden?, beschämenden?) Folgen lassen sich vorhersehen.

Die Playa de Palma gehört zu den wichtigsten Tourismusgebieten dieser Erde. 38 000 Hotelbetten warten auf Urlauber, ebenso hunderte Lokale (Restaurants, Cafés, Kneipen ...), mehr als 150 Geschäfte und dreißig Discos. Doch all das unter dem Image eines Sauftreffpunktes? In den Augen spanischer Politiker eine falsche Entwicklung. Eine neue Touristenattraktion ist gefragt, die das Image vom Saufstrand in ein anderes, anspruchsvolles verwandelt. Das dauert natürlich seine Zeit, doch in etwa einem Jahrzehnt, vielleicht auch erst in fünfzehn Jahren, wird sich die Playa de Palma in verändertem Gewand zeigen. Statt Party wären Kultur oder eine schöne Landschaft Touristenmagneten.

Der Beschluss zur Umgestaltung stammt vom Balearenpräsidenten, dem spanischen Minister für Tourismus, den Bürgermeistern von Palma und dem benachbarten Llucamajor sowie der Inselpräsidentin von Mallorca. Die Umwandlung des berühmten Strandes soll zugleich das bisherige Bild vom Urlaub auf Mallorca ändern, denn für viele Touristen bedeutet ein Besuch auf der Insel einzig Saufen an der Playa de Palma. Statt Getränkebuden locken künftig andere Sehenswürdigkeiten Besucher. Genaueres ist noch unklar, sowohl zu Finanzierung und Zeitrahmen als auch zur Gestaltung. Vermutlich läuft es auf eine Schließung der „Badehäuser" hinaus. Man darf gespannt sein auf künftige Attraktionen ...

Baskenland

Das *Pais Vasco* nimmt sicherlich eine Sonderstellung unter Spaniens Regionen ein, nicht zuletzt wegen der Terroristengruppe ETA, die immer wieder durch Anschläge von sich reden macht. Es ist sicherlich nicht übertrieben zu sagen, dass in dieser Region Spaniens, vielleicht mit Ausnahme von Katalonien, das Unabhängigkeitsbestreben der Bevölkerung am größten ist. So überrascht es auch nicht, daß neben dem Kastilischen auch das Baskische offizielle Landessprache ist. *Euskera*, wie es im Baskischen heißt, nimmt unter den europäischen Sprachen eine Sonderstellung ein, da es im Gegensatz zu den meisten Sprachen nicht auf das Indogermanische zurückgeht.

Das Baskenland ist eine der reichsten Regionen Europas und konzentriert eine Vielzahl von Industrien auf seinen 7.234 km_. Hauptstadt ist die knapp 230.000 Einwohner starke Stadt *Vitoria*. Wichtige Firmen haben hier ihren Sitz aufgeschlagen, so z.B. Mercedes Benz, Michelin oder Daewoo. Bekannter und wirtschaftlich bedeutender ist allerdings *Bilbao*, das mit über 350.000 Einwohnern auch deutlich größer ist als Vitoria. Bedeutende Industrien sind hier angesiedelt, unter anderem Stahl,

Kraftfahrzeugwesen, Luftfahrt und Informatik. Mächtige Arbeitgeber sind auch der Bankenzusammenschluss BBVA, die Elektrizitätsgesellschaft Iberdrola und der Energiekonzern Naturgas.

Kanarische Inseln

Die *Islas Canarias*, die westlich von Marokko liegen, zählen zwar geographisch zu Afrika, gehören aber dennoch politisch zu Spanien. Der bewohnte Teil der Kanaren besteht aus sieben Hauptinseln (Lanzarote, Fuerteventura, Gran Canaria, Teneriffa, La Gomera, La Palma, El Hierro) und sechs Nebeninseln.
Las Palmas auf Gran Canaria und *Santa Cruz* auf Teneriffa teilen sich das Amt der Hauptstadt. Las Palmas ist die bevölkerungsreichste Stadt der Kanaren, fast 380.000 Menschen leben hier. Auch in Santa Cruz leben immerhin 221.000 Einwohner.
Der Tourismus ist mit 80% sicherlich der wichtigste Wirtschaftszweig; bedeutend ist jedoch auch die Erdölraffinerie vor Santa Cruz, die größte ihrer Art in Spanien.

Kantabrien

Mit knapp über 5.000 km² ist Kantabrien (span. *Cantabria*) eine der kleinsten *comunidades*. Geographisch grenzt die Küstenregion an das Baskenland, Asturien und Kastilien-León. Kantabriens Hauptstadt *Santander* hat etwas über 180.000 Einwohner. Wichtige Arbeitgeber Santanders sind das Hospital Universitario Marqués de Valdecilla, die Universidad de Cantabria und die Banco Santander.
Neben dem Tourismus sind die Eisen- und Stahlindustrie, die Lebensmittelherstellung sowie die Textil-, Chemie- und Papierindustrie für die kantabrische Wirtschaft von Bedeutung.

Kastilien-La Mancha

Castilla-La Mancha bedeckt fast 80.000 km² und ist damit eine der größeren Regionen. Bekannt ist sie sicher hauptsächlich wegen Cervantes' Roman *Don Quijote*, in dem ein selbsternannter klapperdürrer Ritter vorwiegend gegen imaginäre Gefahren kämpft. Noch heute sind zahlreiche der im Buch erwähnten Windmühlen in der Region zu bewundern.
Hauptstadt ist *Toledo*, die Stadt der drei Kulturen (*La ciudad de las tres culturas*), in der jahrhundertelang Juden, Araber und Christen friedlich nebeneinander wohnten. Heute hat die Stadt knapp 80.000 Einwohner.
Trotz seiner Größe ist die Region eine der bevölkerungsärmsten Spaniens, wodurch auch lange keine nennenswerte Industrie existierte. Mit dem Anschluss an die EU entwickelten sich aber verschiedene Industrien wie die Textilbranche zum Positiven.

Kastilien-León

Auch *Castilla y León* zählt mit knapp 95.000 km² zu den größten Regionen Spaniens. In der Hauptstadt *Valladolid* leben 316.000 Menschen. Mehr als 70% der Arbeitnehmer Valladolids arbeiten im Dienstleistungssektor, der

Rest hauptsächlich im Baugewerbe.
Die Industrie hat sich hauptsächlich um Valladolid und Burgos herum niedergelassen, so etwa Chemie-, Papier- und Automobilindustrie. Wichtige Exportgüter sind Wein, Automobilteile, Schiefer, etc.

Katalonien

Catalunya, wie die Einheimischen die Region nennen (span. *Cataluña*), liegt im Nordosten Spaniens und bedeckt eine Fläche von 32.000 km². Neben Katalanisch und Kastilisch wird in einigen Gebieten auch Aranesisch gesprochen.

Katalonien ist eine vergleichsweise reiche Region. Neben dem Tourismus, der besonders an der Costa Brava und der Costa Daurada boomt, gibt es auch in der Industrie viele Arbeitsplätze, insbesondere in der Textilindustrie und im Bereich Chemie, Pharmazeutika und Automobilbau. Hervorzuheben ist auch der Weinbau; die Sektsorte Cava ist weltberühmt.

In der Hauptstadt *Barcelona* leben über 1.600.000 Menschen. Neben den bereits erwähnten Industriezweigen stechen der Hafen (einer der größten des Mittelmeers) und der Flughafen (zweitgrößter Spaniens) als große Arbeitgeber heraus.

Extremadura

Diese Region erstreckt sich östlich von Portugal und hat eine Fläche von über 41.000 km² – bei gerade mal etwas mehr als einer Million Einwohner. Eigentlich ist Kastilisch die einzige offizielle Sprache, es wird aber auch portugiesisch, *extremeño* und, in einigen Gebieten, *xalimegu* gesprochen.

Seit einigen Jahren boomt die Wirtschaft in der dünn besiedelten *comunidad*. Insbesondere kleine und mittelständische Unternehmen haben sich hier niedergelassen. Neben der Landwirtschaft und der Automobilbranche sind hier auch die Energie-, Kork-, Stein-, Schmuck- und Textilienindustrie erträgreich. Auch der Ökotourismus hat in den letzten Jahren zugenommen.

Wichtigste Städte sind Badajoz mit knapp 145.000, Cáceres mit ca. 80.000 und die recht kleine Hauptstadt *Mérida* mit gerade mal 55.000 Einwohnern.

Galicien

Die Küstenregion (span. *Galicia*) liegt nördlich von Portugal und grenzt an Asturien und Kastilien-León. Offizielle Sprachen sind Kastilisch und das dem Portugiesischen sehr ähnliche Galicisch.

Galicien ist eine recht arme Region; so beträgt das Pro-Kopf-BIP hier nur etwa 80% vom BIP des restlichen Spaniens. Mehr als die Hälfte der Galicier arbeiten im Dienstleistungsgewerbe, aber auch Fischfang und Landwirtschaft sind starke Industrien.

Neben der Hauptstadt *Santiago de Compostela* mit ihren knapp unter 100.000 Einwohnern sind auch die Hafenstadt *A Coruña* mit ihren 243.000 und Hafen- und Industriestadt *Vigo* mit ihren 293.000 Einwohnern wichtige Orte.

Madrid

Die autonome Gemeinschaft Madrid umfasst den Ballungsraum rund um die spanische Hauptstadt *Madrid* und kommt so auf über 6 Millionen Einwohner. Es ist die wirtschaftlich stärkste Region Spaniens. Die meiste Arbeit ist im Dienstleistungssektor zu finden, aber auch das Baugewerbe und andere Industrien sind wichtige Arbeitgeber. In den letzten Jahren hat sich Madrid zum Touristenziel Nummer 1 in Spanien aufgeschwungen.

Murcia

Die Region Murcia rund um die gleichnamige Stadt liegt am Mittelmeer und ist trotzdem eines der trockensten Gebiete Europas. Hier leben 1.391.000 Menschen, davon eine knappe halbe Million in *Murcia*-Stadt. Neben dem Kastilischen wird der lokale Dialekt gesprochen, *Murciano* oder *Panocho* genannt, der deutlich vom Arabischen beeinflusst ist. Auch das Katalanische hinterließ deutlichen Einfluss.

Traditionell ist die Landwirtschaft ein wichtiger Industriezweig in der Region, die auch „Europas Gemüsegarten" genannt wird. Nach einigen Dürreperioden in den Neunziger Jahren des letzten Jahrhunderts hat sich der Schwerpunkt allerdings auf den Tourismus und das Baugewerbe verschoben.

Navarra

An der Nordküste, eine der kleineren autonomen Gemeinschaften. Hier leben etwas über 600.000 Menschen, knapp 200.000 davon in der Hauptstadt *Pamplona*. Neben Kastilisch wird auch Baskisch gesprochen.

Navarra ist die drittreichste Region Spaniens, nach dem Baskenland und der *comunidad* Madrid. Einige bedeutende Unternehmen haben sich hier niedergelassen, so etwa VW mit seinem Werk in Pamplona, der Windenergieanlagenhersteller *Gamesa Eólica*, einige Bosch-Werke sowie eine Liebherr-Niederlassung.

La Rioja

Die Region in Nordspanien umfasst eine Fläche von 5.045 km^2 und hat 309.000 Einwohner. Etwa die Hälfte der Arbeitnehmer arbeiten im Dienstleistungssektor, gefolgt von Industriezweigen wie der Nahrungsmittel- und Getränkeindustrie, sowie der Metall- und Textilindustrie. Die Hauptstadt der Region, *Logroño*, hat eine Einwohnerzahl von 146.000.

Natürlich ist Rioja gerade wegen des gleichnamigen Weins auch in deutschsprachigen Ländern ein Begriff. Tatsächlich ist das Weinanbaugebiet D.O.C. *Rioja* eines der bedeutendsten Europas.

Land Valencia

Die *Comunitat Valenciana* (span. *Comunidad Valenciana*) liegt an der Mittelmeerküste und grenzt an die autonomen Gemeinschaften Katalonien, Aragonien, Kastilien-La Mancha und Murcia. Hier leben rund 4.875.000 Menschen. Neben dem Kastilischen wird zum großen Teil Valen-

cianisch gesprochen, eine Dialektart des Katalanischen.
Valencia ist die Hauptstadt der Region und mit über 800.000 Einwohnern auch eine echte Großstadt. Zu den größten Arbeitgebern gehören das Kernkraftwerk *Cofrentes* und das Ford-Werk. Auch die Hafenstadt *Alicante* mit ihren 323.000 Einwohnern ist eine wichtige Stadt der Region. Die meisten Arbeitsplätze finden sich hier im Tourismus und in der Weinproduktion. Die dritte wichtige Stadt ist *Castellón de la Plana* mit einer Einwohnerzahl von 170.000.
Die meisten Arbeitsplätze finden sich in Handel und Landwirtschaft, aber auch der Dienstleistungssektor hat in den letzten Jahren deutlich zugelegt. Zudem ist eine bedeutende Infrastruktur für Industrien und Technologie entstanden. Zahlreiche deutsche Unternehmen, vor allem aus der Automobilbranche, haben sich in den letzten Jahren in Valencia niedergelassen.

Ceuta

Ceuta ist die durch einen Wasserlauf von Marokko abgegrenzte Halbinsel, politisch zu Spanien gehörend. Sie ist als Sammelstelle schwarzafrikanischer Migranten, die die 21 km entfernte spanische Küste zu erreichen versuchen, berühmt-berüchtigt. Gegründet von den Griechen war die Exklave nach jahrhundertelanger muslimischer Herrschaft zeitweise portugiesisch, um im 17. Jahrhundert in spanische Hände zu gelangen. Nach der marokkanischen Unabhängigkeit (1956) war Ceuta zunächst „Souveräner Ort" (*Plaza de soberanía*), um schließlich 1996 den Status einer autonomen Stadt (*ciudad autónoma*) zu erlangen, der ihr die gleichen Rechte wie den autonomen Gemeinschaften einräumte.
Ceuta hat knapp 76.000 Einwohner, spanischer sowie maghrebinischer, jüdischer und hinduistischer Herkunft. Neben Spanisch wird auch Arabisch gesprochen, insbesondere ein lokaler Dialekt namens *Dariya*.

Melilla

Melilla gehört wie Ceuta geographisch zu Afrika, politisch jedoch zu Spanien. Seit 1995 ist die Stadt offiziell autonom; davor war sie der autonomen Gemeinschaft Málaga zugeordnet. Und auch hier sammeln sich Schwarzafrikaner, um eine illegale Einwanderung nach Spanien zu versuchen. Dies hat zu einer regelrechten Einzäunung der Stadt mit Bewegungsmeldern und Kameras geführt; zudem patrouilliert hier die Guardia Civil mit Nachtsichtgeräten.
In Melilla leben rund 69.000 Menschen, größtenteils spanischer oder maghrebinischer Herkunft. Gesprochen wird somit neben Spanisch auch *Tamazigh*, eine Berbersprache.
Wirtschaftlich lebt Melilla vom Handel, von der Fischverarbeitung und vom Schiffbau.

Touristeninformation

Da Spanien eines der meistbesuchten Tourismusdestinationen weltweit ist, gibt es in jeder Stadt und für jede

Gegend ein Verkehrsamt, auf Neudeutsch Tourismusinformation. Spanische Tourismusbüros findet man in Deutschland in Berlin, Düsseldorf, Frankfurt und München. In der Schweiz in Genf und Zürich, in Österreich nur in Wien.

Übernachtung

In Spanien findet man alle Arten von Übernachtungsmöglichkeiten, vom einfachen Hostal bis zum Luxushotel.

Die Einteilung erfolgt nach Sternen, die die Ausstattung des Hotels widerspiegeln. Ein Stern bedeutet einfache Ausstattung, während fünf Sterne den hohen Luxus darstellen. Dementsprechend ist auch die Preisgestaltung. Die Anzahl der Sterne sagt nur etwas über die Ausstattung aus, nichts aber über Sauberkeit und Service. Es gibt einfache Häuser, die sehr sauber und einfach sind, und vier Sterne-Häuser, die schlampig geführt werden, aber über Whirlpool und anderen Schnick-Schnack verfügen. Bewertungen über Hotels findet man unter: www.holidaycheck.de.

Die meisten Hotels lassen sich übers Internet buchen.

Darüber hinaus existieren sogenannte *Paradores Nacionales de Tourismo*, gehobene Hotels in historischen Gebäuden, wie z.B. Festungen, Burgen oder Klöster. Die Vereinigung besitzt 90 Häuser im ganzen Land (www.paradores.es).

Wer lieber ländlich übernachten möchte, hat die Möglichkeit, dieses in einer *casa rural* (Landhaus) zu tun. Man kann diese Häuser ganz oder zimmerweise mieten. Oft sind Küche oder Bad mit den Eigentümern oder anderen Mietern zu teilen (www.raar.es). Daneben gibt es eine Unmenge von Ferienhäusern, Appartements und Zimmer zu mieten.

Jugendlichen stehen Jugendherbergen (*albergue juvenil*) und Studentenresidenzen zu Verfügung. Am besten erkundigt man sich beim örtlichen Tourismusbüro oder dessen Homepage.

Preiswert durch Europa
Interrail, Bahnreisen
ISBN: 978-3-86040-040-1
416 S., 17,90 Euro

Hier alles für den Interrailer:
www.interrailers.net

http://shop.interconnections.de

Praktisches Leben & Alltag

Was ist anders?

Adresse

In Spanien findet man keine Namensschilder an den Türen oder Briefkästen. Es wird die Etage (1°, 2°, 3°, usw.), die Seite, links (*izda* für *izquierda*) oder rechts (*dcha* für *derecha*) angegeben. Bei mehreren Wohnungen auf einer Etage gliedert man in A, B, C, ...
Die Abkürzung für Straße lautet *C. / (calle)*, *Av. (avenida)* oder *Pza. (plaza)*.

Eine typische spanische Adresse sieht etwa so aus:

Sr.
Kay Marco
C./ San Fermin 35, 5, dcha
29000 Málaga
España

Man hat also stets nach der genauen Anschrift zu fragen, nicht nur nach Straße und Hausnummer, sondern auch nach Stockwerk und Seite. Oft lässt auch die Logik der Wohnungsnummerierung zu wünschen übrig, oder es fehlt mal der Buchstabe über der Tür. Glücklich, wer sein Mobiltelefon mitführt sowie die Handy- oder Festnetznummer des zu Besuchenden parat hat, um notfalls anzurufen zu können.

Elektrizität

Die Stromspannung in Spanien beträgt wie im restlichen Europa 220 Volt. Stromausfälle sind selten geworden und kommen fast nur noch bei Unwettern mit starkem Regen vor. Der Grund liegt darin, dass die meisten Leitungen noch immer oberirdisch geführt werden.

Hauskauf

Wer in Spanien eine Immobilie erwerben will, sollte den Kaufvertrag grundsätzlich beim Notar abschließen. Ausländer haben freien Zugang zum Immobilienmarkt und können jederzeit und überall eine Immobilie kaufen. Die Preise für Immobilien sind in Spanien sehr hoch. In manchen Gegenden sind sie quasi unerschwinglich, z.B. auf Mallorca, in Küstenregionen mit Meerblick, den Stadtkernen von Madrid und Barcelona.

Für Spanier ist es normal, eine Immobilie zu kaufen, und nicht zu mieten. 85 % aller Spanier wohnen im Eigentum, das ist der höchste Wert in Europa.

Die Immobilienpreise haben in den letzten fünf Jahren stark angezogen, bei teilweiser Verdoppelung. Im letzten Jahr brach der Mark, aufgebläht zu einer Riesenspekulationsblase, dann ein.
Wie in den USA hat Spanien nun eine Immobilienkrise begleitet von zig Pleiten. Doch nicht nur die Immobilienkrise bereitete der spanischen Wirtschaft so große Probleme sondern auch ihr

Zusammenfall mit der internationalen Finanzkrise.

Hygiene

Der Hygienestandard ist gut, aber nicht immer mit mitteleuropäischen Normen vergleichbar. Vor allem in ländlichen Gebieten ist nicht jede Toilette wirklich einladend. Man findet oft eine „Urinpfütze" um die Toilette. Woran man sich auch schwer gewöhnen kann, ist die Tatsache, dass viele Spanier – und Spanierinnen! – bei Veranstaltungen mit vielen Leuten überall hinpinkeln. Man hocke sich einfach zwischen zwei Autos oder zwei Müllcontainern nieder. Während einer Feria oder am Wochende stinkt die ganze Innenstadt nach Urin.

Das Wasser aus der Leitung ist trinkbar (hygienisch einwandfrei), schmeckt aber nicht sonderlich gut, da meist chlorhaltig. In manchen Küstenregionen wird das Leitungswasser aus dem Meerwasser gewonnen, was einen seltsamen, unangenehmen Geschmack zur Folge hat.
Man kann zwar mit dem Leitungswasser kochen, aber das Trinken aus dem Wasserhahn ist nicht empfehlenswert.

Aus der Presse

Wassermangel durch schludrigen Umgang

Im spanischen Sommer herrscht zwar stets größere Trockenheit als in nördlicheren Ländern, doch vor einiger Zeit litt Spanien unter einer besonders heftigen Dürre. Gierige Blicke erntete dabei besonders der Ebro, der größte spanische Fluss. Eine Wasserentnahme stellte sich für die Umwelt allerdings problematisch heraus, da das Salzwasser an der Mündung dadurch weiter ins Landesinnere dränge, eine Gefahr für die dortigen Feuchtgebiete.

So wurde mehreren Regionen die Wasserentnahme aus dem Ebro bzw. der ihn speisenden Flüsse verboten. Einzig Aragonien hat Nutzungsrechte am Ebro. Angesichts des dramatischen Wassermangels scherte sich die Regierung Kataloniens allerdings nicht um das Verbot, sondern nahm sich fest vor, den Serge, einen Zufluss des Ebro, anzuzapfen. Das brächte jedoch nicht nur das Mündungsdelta des Ebro in Gefahr sondern auch das Biotop des Pyrenäenflusses Serge. Zudem sehen Murcia und Valencia wahrscheinlich nicht ein, dass ihnen die Nutzung des Ebro untersagt wurde, während Katalonien sich einfach über dieses Verbot hinwegsetzen darf.

Die spanische Regierung schlug Alternativen wie Wassertransport per Schiff, Entsalzungsanlagen und Wassersparen vor. Doch Katalonien hat es nicht nur auf den Ebro abgesehen, denn auch die Rhône stellte eine lukrative Wasserquelle dar …

Die Trockenheit stellte sich als so bedrohlich heraus, dass die spanische Regierung die EU sogar um Anerkennung als Naturkatastrophe bat. Dies freilich zur Gewinnung von Zuschüssen, doch ob diese dem Land zum kostbaren Nass verhelfen hätten?

Das Hauptproblem bei Spaniens Wasserversorgung ist Schludrigkeit und Unachtsamkeit. Die Schuld tragen die Spanier also selbst, denn ihr Umgang lässt an unermesslichen Nachschub denken. So verschwinden z.B. zwanzig Prozent des kostbaren Nasses auf dem Weg vom Wasserwerk zum Kunden.

Nur fünfzehn Prozent des spanischen Wassers verbrauchen Städte, doch auch hier fehlen Anreize zum Sparen. Im Vergleich zu Hamburg zahlen Spanier nur ein Viertel pro Kubikmeter Wasser. Im Sommer steigt der Verbrauch um dreißig Prozent, da die Spanier damit ihre privaten Schwimmbecken füllen.

Die Landwirtschaft beteiligt sich zu mindestens drei Vierteln am Wasserverbrauch. Über 3,6 Millionen Hektar benötigen künstliche Bewässerung, denn in einem Staat mit so unregelmäßigen Niederschlägen trügen die bäuerlichen Bemühungen sonst keine Früchte.

Spanisches Brachland verwandelt sich nicht, wie z.B. bei uns, im Laufe der Jahre in Wald sondern in Wüste – eine Tatsache, mit der Politiker gern eine üppige Subventionierung der Landwirtschaft begründen. Mit diesem Gedanken bauten sie Stausee um Stausee, inzwischen über 1300 Stück. An sich recht erfreulich, doch bei der Ausführung hapert's. Einzig acht Prozent spanischer Äcker erhalten ihr lebensspendendes Nass durch Tröpfelsystem; die anderen erfahren regelmäßig eine Überschwemmung. Da graust's den Beobachter beim Gedanken an die unzähligen Liter, die ungenutzt gen Himmel steigen.

Den Bauern wie auch den übrigen Einwohnern lässt sich diese Verschwendung kaum ankreiden, da sie keinerlei Anreize zum Wassersparen haben. Landwirte zahlen kaum etwas für ihre Wassermassen und reißen sich obendrein noch mehr unter den Nagel, denn Wasserdiebstahl zählt zu Spaniens Kavaliersverbrechen. Es fehlt an Kontrolle des landwirtschaftlichen Wasserverbrauches.

Müll

Grundsätzlich gehen die Spanier viel sorgloser mit ihrem Müll um als Mitteleuropäer. Der Müll wird in kleinen Tüten, die man bei jedem Einkauf massenweise bekommt, gesammelt und in große Tonnen geworfen oder vor die Tür gestellt.

Mülltrennung wird vereinzelt praktiziert. Dabei ist zu beobachten, wie der getrennte Müll in denselben Müllwagen geleert wird, so dass so mancher die Mülltrennung gleich wieder einstellt.

Telefon

Vorwahlen

Spanien 0034

Deutschland 0049

Österreich 0043

Schweiz ist 0041

Weitere wichtige Telefonnummern:
Telefonauskunft für Spanien: 11818

Auskunft international: 11810
Notruf: 112
Polizei: 091

In Spanien ist wie auch in Frankreich immer die Ortskennzahl mitzuwählen, auch innerorts!

Man kann Prepaid-Telefonkarten (*tarjeta prepago*) für öffentliche Telefone kaufen, die wesentlich billiger sind, als der Münzeinwurf. Man wählt sich mit Hilfe eines Codes in die Billigleitung ein. Diese Prepaid-Karten bekommt man in Internetcafes, Estancos und Kioscos.

Das Festnetztelefon meldet man bei der *Telefónica* an. Diese ist in Spanien Marktführer bei den Festnetzanschlüssen. Sie bietet auch Mobiltelefonie und Internet an. Die *Telefónica* ist gleichfalls in Südamerika stark vertreten.

Beim Handy lohnt es sich bei einem längeren Aufenthalt (ab vier Wochen), eine Prepaidkarte eines spanischen Mobilfunkanbieters zu kaufen, da die Gebühren niedriger liegen und das Roaming wegfällt. Die SIM-Karten sind nicht teuer (ca. 5 Euro).

Mentalität

Geschäftsleben

Auch beim Geschäftemachen lässt sich ein Spanier nicht so schnell aus der Ruhe bringen. Der Arbeitstag beginnt später als in Mitteleuropa, meist frühestens ab 9 h, und auch dann wird oft erst einmal Kaffee getrunken und getratscht. Unterbrochen wird der Arbeitstag von der Siesta um 13 oder 14 Uhr, zu der viele Spanier nach Hause gehen, etwas essen und sich ausruhen. Spätnachmittags wird die Arbeit wieder aufgenommen; der Arbeitstag endet dann meist erst in den späteren Arbeitsstunden.

Termine dienen als Orientierung, nicht als wirklich bindender Zeitpunkt. Es wird davon ausgegangen, dass die angegebenen nicht mit den realen Fristen übereinstimmen. Geschäftstermine sollten frühzeitig ausgemacht und kurz davor noch einmal per Telefon, Fax oder E-Mail bestätigt werden.

Gerne werden Geschäftstermine bei einem gemeinsamen Mittag- oder Abendessen wahrgenommen; das gemeinsame Frühstücken ist allerdings nicht weit verbreitet. Geschäftsessen zu Hause sollten erst bei der zweiten Einladung angenommen werden., um sicherzugehen, dass diese wirklich ernst gemeint ist.

Ein Weiterkommen im spanischen Berufsleben gründet sich nicht unbedingt auf Kompetenz im Fachbereich, sondern auf soziale Fähigkeiten. Präsentiert man sich als sympathisch, offen und vertrauenswürdig, hat man gleich einen guten Stand bei den spanischen Kollegen und Geschäftspartnern. Die Geschäftskleidung ist stets korrekt; Männer sollten Anzüge, Krawatte und Hemd tragen und das Jackett nur ausziehen, sofern das auch Höhergestellte tun. Frauen tragen in der Regel gut geschnittene Kostüme und Anzüge und sollten keinesfalls zu offenherzige Blusen tragen.

Mañana

„Mañana" bedeutet wörtlich übersetzt morgen. Die Übersetzung wird der eigentlichen Bedeutung aber nicht gerecht. *Mañana* kann vielmehr alles bedeuten, morgen, nächste Woche, nächstes Jahr oder nie. Das Telefon kommt grundsätzlich *mañana* .... (in diesem Fall eher nie als morgen).

Viele Spanier können nicht „nein" sagen, und verwenden deshalb ihr Zauberwort, was bedeutet, dass nie etwas passieren wird. *Mañana* kann aber auch bedeuten: „Was ich heute kann besorgen, das verschieb ich lieber auf morgen ..." Die Spanier neigen dazu, Probleme lieber morgen zu lösen, oder nie ... wodurch sich viele von selbst auflösen – oder nicht.

Mit dieser Mentalität muss zurechtkommen, wer sich in Spanien niederzulassen gedenkt. Früher oder später erwischt es jeden ...

Stierkampf

Über dieses Thema ist schon viel geschrieben worden, deshalb hier nur kurz:

Es handelt sich um ein Drama in drei Akten (*terceros*) in der Arena: Im ersten Teil reizt der Torero den Stier mit der *Capote* und versucht, ihn zu studieren. Beim zweiten Akt versuchen die *Bandarilleros* drei Paar *Bandarillas* in den Nacken des Stiers zu stechen.

Im letzten Teil (*Faena*) versucht der Matador, dem Stier den Todesstoss zu versetzen.

Erfahrungsgemäß ergibt es wenig Sinn, mit Spaniern über den Stierkampf zu diskutieren, da selbst erbitterte Gegner der *Corrida*, und das sind immerhin 50 % aller Spanier, nationale Gefühle entfalten und dieses archaische Schauspiel als Ereignis mit langer Tradition verteidigen. Einem Ausländer wird sich der Sinn ohnehin kaum erschließen.

Eine Variante des Stierkampfes ist die alljährliche Fiesta zu Ehren San Fermíns in Pamplona, bei der eine Anzahl Stiere durch die Gassen der Altstadt gejagt werden, vorneweg eine Meute von teils betrunkenen Waghalsigen, die mit roten Tüchern geschmückt sind den Stieren zu entkommen versuchen. Jedes Jahr werden Hunderte verletzt, und Tierschützerorganisationen wie PETA protestieren immer wieder gegen die Hatz, bei der die Stiere zunächst mit Stöcken und Elektroschocks gereizt und dann durch die Gassen zur Stierkampfarena gejagt werden. Trotzdem findet die Fiesta, die durch Hemingways Roman *The Sun Also Rises* bekannt wurde, weiterhin statt.

Interessant ist, dass sich die Regierung unter Zapatero dagegen besonders für die Rechte der Großen Primaten einsetzt; künftig sollen Tierversuche mit Bonobos, Schimpansen, Orang-Utans und Gorillas verboten sein. Zudem werden die Auflagen verschärft, unter denen sie gehalten werden dürfen, und Aufführungen mit ihnen (etwa im Zirkus) werden vollständig verboten.

Tiere

Spanier haben ein grobes Verhältnis zu Tieren (s. Stierkampf). Man sieht viele streunende Hunde und Katzen, um die sich niemand kümmert. An den Straßenrändern liegen viele überfahrene Tiere, teilweise Wildtiere, aber auch Hunde und Katzen.

Gleichzeitig kann man viele (Rasse-)Hunde beobachten, die liebevoll umsorgt und gepflegt werden. Die Reaktion der Umwelt auf diese Hunde ist durchweg positiv; sie werden begrüßt und gestreichelt und jedermann ist freundlich zu ihnen.

Allerdings müssen Hunde oft draußen bleiben – das gilt für Lokale, Restaurants etc., und es ist sehr schwer, ein Hotel zu finden, das Hunde aufnimmt.

Leider findet man auf Rummelplätzen immer noch Ponys, die in ein Geschirr gezwängt stundenlang im Kreis laufen müssen, teilweise auf Beton- oder Holzboden, und dies nur, damit Kinder auf ihnen reiten können. Die Haltung von Kleintieren (Hamster, Meerschweinchen, Hasen) ist eher unüblich. Viele Familien haben einen oder mehrere Vögel, die in einem Käfig auf dem Balkon, Terrasse oder Patio gehalten werden.

Tierhaltung

Im Süden von Spanien leben viele Nutztiere noch wie früher im Freien, vor allem Ziegen und Stiere, aber auch Schweine, die den Ibérico-Schinken liefern.

Da aber auch in Spanien intensive Landwirtschaft betrieben wird, gibt es ebenfalls Großställe und Legebatterien. Es sind auch Mastmethoden erlaubt, die in anderen EU-Staaten bereits verboten sind.

Auf die nutzlosen Tiertransporte innerhalb der EU braucht man nicht näher einzugehen. Dies ist kein spanisches Einzelphänomen, sondern ein EU-weites Problem.

Der Spanier, das unbekannte Wesen?

Eindeutige Antwort: „JA"! Spanier sind anders: Sie leben anders, sie fühlen anders, sie ticken anders und sie genießen anders.

Man lebt „auf der Straße" und pflegt seine sozialen Kontakte, man kennt sich, grüßt sich, hält einen Plausch, scherzt miteinander und hat ein gutes Verhältnis zu seinem Umfeld. Das beinhaltet auch, seinen Nächsten zu respektieren, man beobachtet nicht, man denunziert nicht (das kann nämlich auch nach hinten los gehen) und ist nicht rechthaberisch. Rentner, die einen beim Einparken beobachten, ob man nicht vielleicht doch an den Vordermann fährt, wird man in Spanien nicht finden.

Spanier „denken" zuerst mit dem Herzen und erst dann mit dem Verstand. Sie sind gefühlsbetont und großzügig, oftmals selbstverliebt und theatralisch (die ganze Welt ist eine Bühne). Sie haben die Ruhe weg, können aber plötzlich explodieren. Sie sind stolz und schnell beleidigt. Sie sind stets unpünktlich und unzuverlässig. Sie genießen das Leben und machen sich nicht wenig Gedanken um die Zukunft. Sie leben heute. Sie sind offen und gleichzeitig allem Fremden gegenüber misstrauisch. Sie sind großzügig und hilfsbereit und haben Zivilcourage. Sie sind tolerant und höflich, aber auch oberflächlich. Auf die Frage „¿*Qué tal*?" (Wie geht's?) würde niemand antworten, wie es ihm wirklich gehe, sondern immer „Gut!".

An erster Stelle kommt immer die Familie. Der Familienverbund fängt einen auf, wenn es jemanden schlecht geht. Man ist bereit zu helfen, finanziell wie auch persönlich.

Man unternimmt viel zusammen, man lebt zusammen. Man genügt sich und verschließt sich gegenüber anderen, gegenüber Fremden. Wer nicht zur Familie, Freunden oder der näheren Umgebung (Dorf, Stadt, Provinz, Region, Spanien, spanisch sprechend) gehört, ist uninteressant. Das erklärt sich teilweise aus Minderwertigkeitskomplexen, da viele keine Fremdsprachen sprechen, teilweise aus schlichter Ignoranz oder Arroganz.

Man darf sich nicht auf Versprechen von Spaniern verlassen, da sie diese fast nie einhalten. Oftmals wird etwas zugesagt, weil man nicht „nein" sagen kann, man denkt aber im Traum nicht daran, das Versprochene zu halten; es passiert dann einfach nichts. Man geht den Weg des geringsten Widerstands, wie so oft. Alles andere ist unangenehm und zu meiden.

Am Arbeitsplatz kennt der Spanier keinen Stress; er lässt es langsam angehen, um früher aufzuhören. *Mañana* ist auch noch Zeit dazu ...! Diese Einstellung ist umso ausgeprägter, je weiter man nach Süden gelangt. Andalusier fühlen sich schon gehetzt, wenn ein normaler mitteleuropäischer Arbeitsanfall vorkommt. Katalanen hingegen sind ziemlich fleißig ... So viel zu den typischen Klischees!

Die Spanier erscheinen Außenstehenden ziemlich widersprüchlich. Aber welches Volk ist das nicht? Man findet auch Engländer, die am Bus drängeln. Spanier tun das übrigens nicht!

Es soll auch nette Franzosen geben und Deutsche mit Humor. Außerdem Schweizer, die schnell sind und Italiener, die nicht mit den Händen fuchteln. Holländer ohne Wohnwagen und Polen, die nicht stehlen. Es ist schon ein Kreuz mit den Klischees und Vorurteilen.

Gesprächsverhalten

Die meisten Spanier sind eigentlich immer auf einen Schwatz aus. Daher ist es ratsam, nicht das zu einem Gespräch einladende „*Hola!*" zu rufen, wenn man einem Bekannten begegnet, aber in Eile ist, sondern ihn lediglich mit „*Adiós*" oder „*Hasta luego*" zu grüßen.

Thematisch gibt es einige Dinge zu beachten: Vermeiden sollte man heikle Gesprächsthemen wie den Stierkampf, Machismus und Feminismus, Religion, aber auch politisch brisante Themen wie den Zweiten Weltkrieg, Spaniens Bürgerkrieg, Franco, das Unabhängigkeitsbestreben der Basken und Katalanen, Gibraltar, etc. Willkommene Gesprächsthemen sind dagegen spanische Traditionen, die nicht polemisieren (z.b. *Flamenco*), spanische Spezialitäten (*Jamón Serrano*, Wein), Sport, Familie, das eigene Heimatland, etc.

Wie sein italienischer Vetter gestikuliert der Spanier beim Reden gerne. Eine Geste ist aber tunlichst zu vermeiden: das Okay-Zeichen (O aus Daumen und Zeigefinger) hat in Spanien eine vulgäre Bedeutung.

Physischer Kontakt ist in Spanien weiter verbreitet als bei uns – oft wird einem während des Gesprächs auf den Rücken geklopft oder der Arm berührt. Am besten wartet man mit derlei Gesten aber, bis der spanische Bekannte selbst damit anfängt., da der Grad der Vertrautheit für einen Ausländer schwer einzuschätzen ist.

Achtung: Sich mitten auf der Straße zu dehnen oder gar zu gähnen zeugt in Spanien von schlechten Manieren. Auch Fluchen wird nicht gerne gesehen, da ein Großteil der Spanier sehr religiös ist.

Gesten

Die Spanier verwenden nicht so viele hilfreiche Gesten wie die Italiener, haben aber auch einige typische Gesten. Hier einige Beispiele.

Den Vogel zeigen bedeutet dasselbe wie bei uns. Zeige- und Mittelfinger von der Nase zum Mund ziehen heißt: „Ich habe kein Geld". Mit der flachen Hand an die Wange tippen soll aussagen, dass jemand unverschämt ist.

Den Daumen von hinten nach vorne über die Wange ziehen macht klar, dass derjenige, um den es geht, homosexuell ist. Mit dem Zeigefinger auf Holz klopfen (*tocar madera*), bedeutet toi, toi, toi oder „bisher ist es gut gegangen". Hilft auch gegen Aberglaube (z.b. schwarze Katzen, Dienstag, der Dreizehnte, usw.).

Anmerkung zum Schluss: Den „Stinkefinger" verwendet man nicht!

Tabus

Auch in Spanien gibt es ausreichend Fettnäpfchen, um hineinzutreten, hier seien nun einige genannt:

Im Restaurant setze man sich nicht einfach an einen Tisch, sondern warte, bis man vom Kellner einen Tisch angewiesen bekommt. Wer sich trotzdem einfach niederlässt, muss damit rechnen, nicht bedient zu werden.

Man setzt sich niemals an einen bereits besetzten Tisch, egal ob in der Bar, Cafe oder im Restaurant. Auch die Frage: „Ist hier noch frei?" gilt als unhöflich!

Während der Siesta sollte man nicht stören, also keineswegs zwischen 14:30 und 17 Uhr anrufen oder unangemeldet vorbeischauen. Dagegen kann man aber bis 23 Uhr noch anrufen – das ist in Spanien kein Problem.

Bitte auf angemessene Kleidung achten. Man pilgert nicht in Badekleidung, mit Shorts und Sandalen in die Innenstadt, in eine Kirche oder ein

Kloster! Die Höflichkeit der Spanier verbietet es ihnen, etwas zu sagen, aber sie denken nicht wirklich gut darüber. Gewisse Gesprächsthemen sind tabu; so sollte man sich in seiner Skepsis bezüglich des Stierkampfs zurückhalten, da derartige Diskussionen den Nationalstolz nahezu jeden Spaniers wecken (s.o.). Ferner empfiehlt es sich, auch die Kirche und aktuelle brisante Themen wie den Terrorismus im Land zu vermeiden.

Zum Schluss noch einen Rat: Lassen Sie sich nicht mit „Hütchenspielern", „Nelkenmädchen" und Strandverkäufern von Markensonnenbrillen oder Markenuhren ein! Diese Leute sind Betrüger; man ist immer der Dumme.

Kontakt

Der Umgang miteinander ist in Spanien freundlicher. Man begrüßt einander mit Umarmung und Wangenkuss, was aber nicht darüber hinwegtäuschen darf, dass eine Kontaktaufnahme zu Einheimischen überaus schwierig ist. Spanier neigen dazu, unter sich zu bleiben. Sie lieben ihr angestammtes Umfeld, das aus Familie und alten Freunden besteht, und sind nicht bereit, neue Leute kennenzulernen. Als Ausländer bleibt man meist ausgeschlossen, es sei denn, man kommt über persönliche Beziehungen, z.B. am Arbeitsplatz (besser: Heirat) in den Dunstkreis der Spanier. Dann wird man bereitwillig aufgenommen und akzeptiert.

Meist bleiben die Ausländer aber unter sich und bilden dann „Heimatvereine" ohne irgendeinen Kontakt zu den Einheimischen.

Konflikte entbrennen jedoch häufig zwischen Spaniern und Lateinamerikanern. Trotz der gemeinsamen Sprache sind kulturelle Unterschiede zu spüren, die zu Zwist und Uneinigkeiten führen – im schlimmsten Fall sogar zu bewaffneten Kämpfen. So geschehen im Januar 2007 in Alcorcón bei Madrid: Was mit einer Meinungsverschiedenheit zwischen zwei spanischen und zwei dominikanischen Jugendlichen begann, weitete sich schnell zu Strassenkämpfen aus, an denen um die hundert junge Spanier und Lateinamerikaner teilnahmen. Die Polizei stellte mehrere Messer, Baseballschläger und einen Säbel sicher, drei der Kämpfer landeten im Krankenhaus. In der Folge kam es zu Ausschreitungen hunderter junger Spanier aus dem Viertel, die rachedurstig durch die Viertel zogen, Parolen brüllten und die anrückende Polizei mit Flaschen bewarf. Ein Vorfall, der die Brisanz der Migrationsproblematik deutlich macht.

Geschenke

Wer zu einem Spanier nach Hause eingeladen ist, sollte auf alle Fälle ein kleines Gastgeschenk dabei haben, am besten Gebäck, Kuchen, Schokolade oder Blumen.

Falls man Blumen schenken möchte, sollte man sich ein wenig in Blumenkunde auskennen, da die Spanier hier viel hinein interpretieren. Keine gelben Blumen überreichen, da sie für Untreue stehen. Ebensowenig rote Rosen – diese bedeuten Leidenschaft. Auch Chrysanthemen, Dahlien und weiße Lilien sind nicht geeignet. Am besten sollte man eine ungerade Anzahl Blumen wählen – aber niemals 13, da die Zahl 13 auch in Spanien Unglück bringt.

Blumensträuße in Spanien sind bunter als bei uns, man kann rote und weiße Rosen oder Nelken kombinieren, auch sind verschiedene Stiellängen in einem Strauß üblich.

Erhält man selbst ein Geschenk, so öffnet man stets sofort die Verpackung und betrachtet kurz den Inhalt, um sich anschließend zu bedanken. Ein Geschenk anzunehmen und es ungeöffnet wegzulegen ist grob unhöflich und gilt als Beleidigung gegenüber dem Schenkenden! Wenn das Geschenk gefällt, so bedankt man sich einige Tage später nochmals, nachdem man es ausführlich betrachtet hat.

Unter spanischen Freunden halten kleine Geschenke die Freundschaft aufrecht. Zum Beispiel bei der Rückkehr von einer Reise: ein Mitbringsel oder eine Spezialität aus der Stadt werden dann von daheimgebliebenen Freunden geschätzt!

Rauchen

regelt das Antirauchergesetz (*ley antitabaco*) das Rauchen an öffentlichen Plätzen. Das Gesetz verbietet das Rauchen am Arbeitsplatz und in kulturellen Einrichtungen (z.B. Kino, Theater).

In Restaurants ab einer Größe von 75 m_ muss ein abgeschlossener Raucherbereich eingerichtet sein, sonst sind sie per Gesetz Nichtraucherlokale.

Unter der genannten Quadratmeterzahl ist es eine Entscheidung des Besitzers, ob er ein reines Nichtraucherlokal oder ein Raucherlokal führen will (*se permite fumar*). Das ist immer am Eingang angegeben. De facto wird in den meisten Bars nach wie vor gequalmt.

Es wird in Spanien häufiger geraucht als etwa in Deutschland oder Österreich.

Umwelt

Ein trauriges Kapitel in Spanien. Ein Umweltbewusstsein ist in der breiten Bevölkerung nicht vorhanden! Dabei ist ein deutliches Nord-Süd-Gefälle zu beobachten.

Es wird alles weggeworfen, wo man gerade geht und steht. Der Wald ist voll von Müll, den Familien beim Picknick zurückgelassen haben. Auch am Strand wird der Unrat einfach liegen gelassen und weder in eine Mülltonne geworfen noch mitgenommen. Mülltrennung findet nur vereinzelt statt.

Autos werden im Stand warmlaufen gelassen. Man lässt den Motor laufen, während man ein Schwätzchen mit dem Nachbarn hält. Und da man sich gerne unterhält, kann das schon mal eine Viertelstunde dauern. Gerne werden die Autos auch auf der Straße gewaschen oder repariert.

Es muss sich noch einiges ändern, bis

man von einem Umweltbewusstsein sprechen kann.

Probleme

Terrorismus

Am 11. März 2004 wurde den Spaniern bewusst: der internationale Tourismus ist im eigenen Land angekommen. Zwischen 7.39 Uhr und 7.42 Uhr explodierten zehn Sprengsätze in mit Pendlern überfüllten Vorortzügen von Madrid. 191 Menschen kamen dabei ums Leben, 2051 wurden verletzt, darunter waren 82 Schwerverletzte. Es war der schlimmste Anschlag in der Geschichte der EU nach dem Anschlag auf die Pan-Am-Maschine über dem schottischen Lockerbie, bei dem 1988 270 Personen ums Leben kamen.

Ursprünglich der baskischen Untergrundorganisation ETA angelastet, stellte sich heraus, dass der Anschlag in Madrid von islamistischen Extremisten verübt worden war.

Der Vorfall rief in Spanien neben der Trauer auch Empörung hervor, da er sich drei Tage vor den Parlamentswahlen ereignete und die Regierung alles daran setzte, den Anschlag der ETA anzulasten und jeglichen Verdacht, es könne sich um islamistische Terroristen handeln, aus Angst vor weiterer Kritik des Irakkriegs systematisch zerstörte. Im Zuge dessen kam es am 12. März zu Demonstrationen im ganzen Land, bei denen mehr als ein Viertel der spanischen Bevölkerung auf die Straße gingen – und mit Kronprinz Felipe erstmals ein Mitglied der königlichen Familie. Zahlreiche Anti-ETA-Plakate machten deutlich, dass die Strategie der spanischen Regierung aufgegangen war. Allerdings protestierten die Demonstranten auch gegen den Irakkrieg, und letzten Endes wurde die alte Regierung ab- und die sozialistische Partei PSOE gewählt.

ETA

So heißt die wohl berühmt-berüchtigste Untergrundvereinigung Spaniens, ansässig im Baskenland. Das Akronym steht für *Euskadi Ta Askatasuna*, „Baskenland und dessen Freiheit". Während die spanische Bevölkerung der Untergrundorganisation zu Zeiten der Franco-Diktatur noch Sympathie entgegenbrachte, änderte sich diese Haltung mit dem Übergang zur Demokratie. Zahlreiche Attentate und Bombenanschläge, bei denen viele Menschen ums Leben kamen, verbitterten die spanische Bevölkerung. Nach einigen Perioden der Waffenruhe, in denen der Dialog mit der spanischen Regierung aufgenommen wurde, um Terror und Gewalt im Baskenland zu überwinden, erklärte die ETA die Zeit der Waffenruhe am 7. Juni 2007 wieder für beendet. Seitdem sind immer wieder kleinere Nachrichten über ETA-Attentate in der Presse zu finden. Nichts Spektakuläres, aber dennoch.

Sprache

In Spanien findet man, im Gegensatz zur landläufigen Meinung nicht nur eine Sprache sondern vier: Kastilisch (*castellano*), Katalanisch (*catalán*), Baskisch (*euskera*) und Galicisch (*gallego*).

Das Kastilische (*castellano*) ist die Sprache, die wir gemeinhin als Spanisch bezeichnen.

Sie ist offizielle spanische Amtssprache und „alle Spanier haben die Pflicht, sie zu kennen und das Recht, sie zu verwenden", so die spanische Verfassung. Weiterhin heißt es:" Auch die anderen Sprachen Spaniens werden in den jeweiligen Autonomien nach Maßgabe ihrer Statuten Amtssprachen sein. Der Reichtum der verschiedenen sprachlichen Ausprägungen Spaniens ist ein kulturelles Erbe, das in besonderer Weise zu achten und zu schützen ist."

Über 40 % der Spanier leben in einer Region mit mehr als einer offiziellen Sprache, das sind immerhin 18,5 Millionen Einwohner. Es sind die autonomen Regionen Katalonien, Balearen und Valencia mit der Sprache Katalanisch sowie Galicien (Galicisch) und Baskenland (Baskisch).

Kastilisch ist eine romanische Sprache, vom Satzbau und Grammatik dem Italienischen und Französischen ähnlich. Allerdings hat die Sprache durch die jahrhundertelange Herrschaft der Mauren im Süden der Iberischen Halbinsel viele Wörter arabischen Ursprungs aufgenommen (ca. 10%). Diese sind oft an der Vorsilbe *al* erkennbar, so z.B. *alcalde, alhambra,* etc.

Das Katalanische wird zu den neulateinischen Sprachen gezählt und von über 13 Millionen Menschen gesprochen, in Katalonien, auf den Balearen, in Teilen Valencias und in Andorra sowie in der südlichen Grenzregion von Frankreich. Das Katalanische unterteilt sich in verschiedene Dialekte in den einzelnen Regionen. In den Regionen Katalonien, Balearen und Valencia ist das Katalanische zweite Amtssprache neben Kastilisch. In Andorra ist Katalanisch offizielle Landessprache! Katalanisch ist auch eine der Amtssprachen der EU. Nach der Zahl der Personen, die eine bestimmte Sprache sprechen können, rangiert Katalanisch auf Rang 8 innerhalb der EU, noch vor Griechisch, Portugiesisch oder Ungarisch.

Eine weitere Sprache ist das Galicische; auch sie gehört zu den romanischen Sprachen. Man spricht sie im Nordwesten des Landes. Sie ist relativ eng mit der portugiesischen Sprache verwandt. Etwa 2,5 Millionen Menschen in Spanien benutzen diese Sprache.

Zusätzlich wird im Baskenland Baskisch gesprochen, an der Grenze zu Frankreich und auch in der Grenzregion von Frankreich selbst. Der Ursprung dieser Sprache ist ungeklärt; sie unterscheidet sich grundlegend von den anderen Sprachen in Spanien. Man schätzt, dass etwa 650.000 Basken das Baskische aktiv verwenden.

Während der Diktatur unter Franco war die Verwendung der Regionalsprachen verboten. So durften weder Bücher noch Zeitungen in den betroffenen Sprachen erscheinen. Radio-, Fernsehprogramme, Theaterstücke und sogar Telegramme oder Telefonate mussten auf Spanisch sein. Verträge in Regionalsprachen waren ungültig. Wegweiser, Werbung und Ladenschilder mussten auf Spanisch abgefasst sein. Zu dieser Zeit wurden die Regionalsprachen nur innerhalb der Familien gesprochen und weitergegeben. Nach dem Tod Francos Ende 1975 wurde mit der Einführung der Demokratie (1978) die Mehrsprachigkeit in der Verfassung anerkannt.

Heute sind diese Sprachen in ihren Regionen Amtssprachen und können auch im Schriftverkehr mit der EU verwendet werden. Außerdem werden in der Schule einzelne Fächer in der Sprache der Region abgehalten. Im Baskenland beispielsweise werden über 50% der Schulstunden fächerübergreifend auf Baskisch durchgeführt. Auch das Fernsehprogramm wird teils in der regionalen Sprache gesendet. Es erscheinen jedes Jahr mehr Bücher in den Regionalensprachen, z.B. alleine 1.500 Titel auf Baskisch. Selbst Internetforen existieren in Regionalsprachen.

Es wird viel getan, um die Regionalsprachen zu stärken und dadurch die Identität innerhalb Spaniens zu erhalten, was aber auch zur Folge hat, dass die Regionen die Unabhängigkeit anstreben. Das traurige Kapitel „ETA" im Baskenland ist ein Beispiel hierfür.

Viele Basken träumen von einem eigenen Staat auf dem heutigen Gebiet der Grenzregion von Spanien und Frankreich.

Auch in Katalonien bestehen starke Kräfte, die die Unabhängigkeit von Spanien anstreben. Hier gibt es immer wieder Demonstrationen gegen Spanien und die Monarchie, die viele nicht anerkennen.

Sehr viel moderater sind die Autonomiebestrebungen in Galicien, aber auch dort möchte man sich von Spanien abgrenzen. So gab es vor kurzem den Vorschlag, die Uhr eine Stunde gegenüber Spanien zurückzustellen, da man geographisch ja auf der Länge von England bzw. Portugal sei, die eine Stunde zurückliegen. Man kann den praktischen Nutzen dieses Vorschlags durchaus in Frage stellen!

Als Tourist kann man in den anderssprachigen Regionen kuriose Erlebnisse haben. So z.B. eine Straßenkarte mit spanischen Ortsbezeichnungen und Wegweiser in der Sprache der Region: „Ist Bilbo Bilbao?" oder „Girona Gerona?" Es kommt vor, dass Busfahrpläne in den Regionen in der entsprechenden Regionalsprache ausgedruckt sind. Obwohl des Spanischen mächtig, versteht man kein Wort!

Diese Sprachenvielfalt macht es Einwanderern und Arbeitswilligen auch so schwer, in Spanien Fuß zu fassen. Man kommt zwar im ganzen Land mit dem Kastilischen durch, und die meisten Spanier freuen sich, dass man versucht, ihre Sprache zu sprechen. Das ist für Touristen völlig ausreichend. Wenn man aber wirklich in das Leben integriert werden will, auch beruflich, muss man die jeweilige

Regionalsprache lernen oder beherrschen. Dies ist mitentscheidend für Erfolg oder Misserfolg.

Das bedeutet wirklich, bei einem Existenzgründungsvorhaben z.b. auf Mallorca, entweder *Catalán* zu beherrschen oder eben nur mit deutschsprachigen Residenten Geschäfte zu machen. Alle anderen Annahmen sind naiv und zum Scheitern verurteilt!

Spanier kaufen am liebsten bei Leuten, mit denen sie verwandt sind, bei Freunden, oder bei Personen, die sie kennen. Wenn dies alles nicht zutrifft, hat man nur eine Chance, wenn man ihre (Regional-) Sprache spricht.

Der Schlüssel zum Erfolg ist die Sprache! Ohne perfekte Spanischkenntnisse oder Beherrschung der Regionalsprache bleiben einem nur „Handlangerjobs" oder Arbeitsstellen in der Gastronomie mit Kundenkontakt zu Ausländern.

Anmerkung zum Schluss: Die Spanier verwenden sehr viele Kraftausdrücke, die zum normalen Sprachgebrauch gehören. Als Ausländer sollte man sich hier etwas zurückhalten, wenn man die Sprache nicht perfekt beherrscht. Man kann sich schnell ins Abseits manövrieren. Fettnäpfchen sind reichlich vorhanden.

Jobs & Praktika Italien
Studium und Sprachschulen

Für Schüler zum Jobben, für Studenten im Rahmen ihres Studiums oder eines Praktikums und nicht zuletzt für Berufstätige, die beabsichtigen, sich in Italien eine Zeitlang niederzulassen. Mit Preisnachlässen bei Sprachschulen!

ISBN: 978-3-86040-069-2
15,90 Eur, 272 S.

http://shop.interconnections.de

ONLINE REISEFÜHRER
http://www.reisetops.com
Substantielle Beiträge belohnen wir mit einem Buch aus unserem Programm

http://shop.interconnections.de

Nützliche Anschriften

Botschaften & Konsulate und Konsulate

Deutsche Vertretungen

Botschaft der Bundesrepublik
Deutschland
28010 Madrid, C./ de Fortuny 8
T. 0034/ 91 55790 00
E-Mail: zreg@madri.diplo.de

Generalkonsulat der Bundesrepublik
Deutschland
08008 Barcelona
Passeig de Gracia 111
T.0034/ 932 9210 00
E-Mail: zreg@barc.diplo.de

Generalkonsulat der Bundesrepublik
Deutschland
41001 Sevilla,
Fernandez y Gonzales 2,2°
T. 0034/ 954 230204
E-Mail: info@sevilla.diplo.de

Konsulat der Bundesrepublik
Deutschland
29006 Málaga, Edificio Eurocom
Bloque Sur Mauricio Moro Pareto 2,5°
T. 0034/ 952 363591
E-Mail: consugerma.mala@terra.es

Konsulat der Bundesrepublik
Deutschland
07015 Palma de Mallorca,
C./ Porto Pi 8,3°D
T. 0034/ 971 707737
E-Mail: consul.palma@terra.es

Daneben existieren in einigen Großstädten Honorarkonsulate,
s. auch www.auswaertiges-amt.de/diplo/de/Laender.

Österreichische Vertretungen

Botschaft Madrid
28046 Madrid,
Paseo de la Castellana 91
T. 0034 91 5565315
E-Mail: madrid-ob@bmeia.gv.at

Honorarkonsulat Barcelona
08006 Barcelona, Maria Cubi 7,1°
T. 0034 93 3686003
E-Mail: barcelona@consuladodeaustria.com

Honorarkonsulat Bilbao
48930 Las Arenas, Calle Club 8
T. 0034 94 4640763
E-Mail: cons-austria.bilbao@corzac.com

Honorarkonsulat La Orotava, Tenerife
38300 La Orotava,
C./ hermano Apolinar 12
T. 0034 922 325961
E-Mail: juan@cullenabogados.com

Schweizer Vertretungen

Botschaft Madrid
28001 Madrid, C./ de Nunez de Balboa 35A, 7°
T. 0034/ 91 4363960
E-Mail: mad.vertretung@eda.admin.ch

Generalkonsulat Barcelona
08028 Barcelona, Gran Via de Carlos III, 94,7°
T. 0034 93 409 06 50
E-Mail: bar.vertretung@eda.admin.ch

Konsulat Bilbao
48008 Bilbao, Calle de Telesforo Aranzadi, 3,3°
T. 0034/ 94 4704360
E-Mail: markus.schaub@es.rhenus.com

Konsulat Palma de Mallorca
07010 Palma de Mallorca, Antonia Martinez Fiol, 6,3°A
T. 0034/ 97 1768836
E-Mail: chconsulado.balearesqgmx.net

Konsulat Valencia
46003 Valencia,
Calle Cronista Carreres, 9,7°
T. 0034 96 3518816
E-Mail: murviedro@murviedro.es

Spanische Vertretungen Botschaft des Königreichs Spanien

Lichtensteinallee 11, D-10787 Berlin
T. 0049 30 254 00 70
F. 0049 30 25 79 95 57
E-Mail: botschaft.spanien@t-online.de
www.spanischebotschaft.de/botschaft

Botschaft des Königreichs Spanien
Argentinierstr.34, A-1040 Wien
T. 0043 1 505 57 88
F. 0043 505 57 88 125
E-Mail: embespat@mail.mae.es

Botschaft des Königreichs Spanien
Kalcheggweg 24, CH-3006 Bern
T. 0041 31 352 04 12/13
F. 0041 31 351 52 29
E-Mail: embajadabern@bluewin.ch

Stipendienvergebende Organisationen, Praktika

AFS Interkulturelle Begegnungen e.V.
Für Schüler und Jugendliche
Friedensallee 48, D-22765 Hamburg
T. 040/390 61 00
http://www.afs.de

Bundesakademie für öffentliche Verwaltung
Willy-Brandt-Str. 1, D-50321 Brühl
www.bakoev.bund.de

Bundesverband der Pharmaziestudierenden in Deutschland e.V.
IPSF Student Exchange,
Auslandsreferat
C/o Fachschaft Pharmazie,
Staudingerweg 5, D-55099 Mainz
www.bphd.de/ALR

CDC, Carl Duisberg Centren
Sprachreisen
Hansaring 49-51, D-50670 Köln
T. 0221 1626-266
F. 0221 1626-256
E-Mail: info@cdc.de
www.cdc.de

Carl Duisberg Gesellschaft e.V. (CDG)
Studierende oder junge Berufstätige
Weyerstr. 79 – 83, D-50676 Köln
www.cdg.de
www.ibs-cdg.de

College Council
Torstraße 178, 10115 Berlin
T. 030 240 86 97 0
F. 030 25 76 27 33
info@college-council.de
www.college-council.de

DAAD
Geschäftsstelle Bonn-Bad Godesberg
Kennedyallee 50, D-53175 Bonn
T. 0228 882-0
F. 0228 882-444
E-Mail: postmaster@daad.de
www.daad.de

Büro Berlin
Deutscher Akademischer Austausch-
dienst, „Berliner Künstlerprogramm"
Im Wissenschaftsforum am
Gendarmenmarkt
Markgrafenstraße 37, D-10117 Berlin
T. 030 20 22 08 0
F. 030 20 41 267
E-Mail: BKP.Berlin@daad.de
E-Mail: Info.Berlin@daad.de
www.daad-berlin.de

Deutscher Bauernverband
Schorlemer Stiftung des Deutschen
Bauernverbandes
In der Wehrhecke 1c
D-53125 Bonn
T. 0228 92 657 21
F. 0228 92657 15
E-Mail: dbv-praktika-
international@bauernverband.de
www.bauernverband.de

Deutsches Komitee der AIESEC e.V.
(Association Internationale des
Étudiants en Sciences Économiques et
Commerciales)
Kasernenstr. 26, D-53111 Bonn
T. 0228 289800
F. 0228 2898010
www.de.aiesec.de, www.aisec.org

DFA, Deutscher Famulantenaustausch
Godesberger Allee 54, D-53175 Bonn
T. 0228 882 731
F. 0228 882 732
E-Mail: exchange-office@bvmd.de
www.dfa-germany.de,
www.famulantenaustausch.de

Deutsches Komitee der IAESTE
(International Association for the
Exchange of Students for Technical
Experience)
DAAD, Ref. 411
Postfach 200404
D-53134 Bonn
T. 0228 88231
F. 0228 882550
www.iaeste.de

Europäische Vereinigung der Jurastu-
denten Deutschland
(ELSA The European Law Students'
Asssociation Deutschland e.V.)
Rohrbacherstr. 20
D-69115 Heidelberg
T. 6221 601458
F. 06221 610459
E-Mail: buvo@elsa-germany.org
www.elsa-germany.org/de

Europractica-Dresden e.V.
Großenhainer Straße 37
D-01662 Meißen
T. 03521 727837
F. 03521 727841
E-Mail: info@europractica-dresden.de
www.europractica-dresden.de

Gerhard Günnewig Stiftung
Berliner Allee 48
D-40212 Düsseldorf
T. 02 11) 9 94 13 0
F. 0211 9 94 13 10
zentrale@guennewig.de
www.guennewig.de

Gesellschaft zur Förderung v.
Internationalen Praktika
Goethestr. 4-8
D-60313 Frankfurt am Main
T. 069 92 87 08 14
F. 069 28 57 51
praktika.service@rhein-main.net

Koordinierungsstelle für die
Praktischen Studiensemester der Fach-
hochschulen
Moltkestraße 4
D-76133 Karlsruhe
T. 0721 9255080
F. 0721 9255090

Pädagogischer Austauschdienst
Sekretariat der Ständigen Konferenz
der Kultusminister der Länder der
Bundesrepublik Deutschland
Postfach 22 44
D-53012 Bonn
T. 0228 501 777
www.kmk.org

PractiGo GmbH
Neidenburgerstr. 8
D-28207 Bremen
Tel.: +49 421-437 72 8-21
Fax: +49 421-437 73 62
www.practigo.com

Robert Bosch Stiftung
Heidehofstr. 31
D-70184 Stuttgart
T. 0711 46084 0
F. 0711 46084 1094
E-Mail: info@bosch-stiftung.de
www.bosch-stiftung.de

SEQUA
Stiftung für wirtschaftliche
Entwicklung und berufliche
Qualifizierung GmbH
Mozartstr. 4-10
D-53115 Bonn
T. 0228 98238 0
F. 0228 98238 19
E-Mail: info@sequa.de
www.sequa.de

Studienstiftung des deutschen Volkes
Ahrstraße 41
D-53175 Bonn
T. 0228 82096 0
F. 0228 82096 103
E-Mail: info@studienstiftung.de
www.studienstiftung.de

Zahnmedizinischer Austauschdienst
Mallwitzstr. 16, D-53177 Bonn
T. 0228-85 5744
F. 0228 340671
E-Mail: db@fvdz.de
www.zad-online.com

Austauschprogramme, Internationale Dienste

Träger des Freiwilligen sozialen bzw. ökologischen Jahres / ADiA

In Spanien
ASEPROCE Asociación Española de Promotores de Cursos en el Extranjeros
Paseo de la Castellana, 210 - 13°, 6ª
E-28046 Madrid
T. 0034 91 345 08 81; 0034 91-350 30 99; 0034 -902 101 871
F.:0034 91 345 09 61
E-Mail: info@aseproce.org
www.aseproce.org

ASET, Asociación Hispano-Alemana de Enseñanzas Técnicas
Avenida de Burgos 12
E-28036 Madrid
T. 0034 91 3 83 58 30
F. 0034 91 3 83 58 33
E-Mail:aset.mad@aset.es
www.aset.es

Asociación Club de Relaciones Culturales Internacionales
C/ Ferraz, 82, 21 dcha.,
E-28008 Madrid
T. 0034 915 417 103.
F. 0034 915 591 181
E-Mail: spain@clubrci.es
www.clubrci.es

Choices International Work Experience
Carrera de San Jerónimo, 44, 3°
E-28014 Madrid
T. 0034 913 600 492
F. 0034 913 693 754
E-Mail: info@choices-international.com
www.choices-international.com

International Home Student
C/ Gaztambide, 23, E-28015 Madrid
T.0034 915 446 403 / 915 545 997
F.0034 915 445 997
E-Mail: info@ihs-idiomas.com
www.ihs-idiomas.com

In Deutschland
ASF Aktion Sühnezeichen Friedensdienste e.V.
Auguststr. 80
10117 Berlin
T. 030 28 395 184
F. 030 28 395 135
E-Mail: asf@asf-ev.de
www.asf-ev.de

EIRENE Internationaler Christlicher Friedensdienst
Postfach 1322, D-56503 Neuwied
T. 02631 83 79 0
F. 02631 83 79 90
E-Mail: eirene-int@eirene.org
www.eirene.org

Evangelische Freiwilligendienste
Diakonisches Jahr im Ausland
Otto-Brenner-Str. 9
D-30159 Hannover
T. 05 11 4 50 00 83 40
F. 05 11 4 50 00 83 31
E-Mail: dija@ev-freiwilligendienste.de
www.dija.de

Experiment e.V.
Gluckstr. 1, D-53115 Bonn
T. 0228 95722 0
F. 0228 358282
E-Mail: info@experiment-ev.de
www.experiment-ev.de

Freunde der Erziehungskunst
R. Steiners e.V.
Neisser Str. 10, D-76139 Karlsruhe
T. 0721 3548 06 0
F. 0721 3548 06 16
E-Mail: freiwilligendienste@freunde-waldorf.de
www.freunde-waldorf.de

IBG Internationale Begegnung in Gemeinschaftsdiensten e.V.
Workcamps
Schlosserstr. 28, D-70180 Stuttgart
T. 0711 649 02 63
F. 0711 640 98 67
E-Mail: info@ibg-workcamps.org
www.ibg-workcamps.org

IBO Internationaler Bauorden
Liebigstraße 23, D-67551 Worms
T. 06241 37900
F. 06241 37902
E-Mail: info@bauorden.de
www.bauorden.de

ICJA Freiwilligenaustausch weltweit e.V.
Stralauer Allee 20E, D-10245 Berlin
T. 030 2123 8252
F. 030 2123 8253
E-Mail: icja@icja.de
www.icja.de

IFAP-Institut für Angewandte Pädagogik e.V.
Postfach 140, D-99510 Apolda
T. 03644 555 302
F. 03644 555 303
E-Mail: post@ifap-apolda.de
www.ifap-apolda.de

IJGD
Kasernenstr. 48
D-53111 Bonn
T. 0228-22800-0
F. 0228-22800-10 oder -29
E-Mail: ijgd.bonn@ijgd.de
www.ijgd.de

JGD Kolping Jugendgemeinschaftsdienste
Kolpingplatz 5 – 11, D-50667 Köln
T. 0221 20 70 1 115
F. 0221 20 70 1 40
E-Mail: jgd@kolping.de
www.workcamps.kolping.de

Jugend Umwelt Projektwerkstatt
Turmstr. 14a, D-23843 Bad Oldesloe
T. 04531 4512
F. 04531 7116
E-Mai: info@oekojobs.de
www.oekojobs.de

Nothelfergemeinschaft der Freunde e.V.
Postfach 10 15 10, D-52349 Düren
T. 02421 76569
F. 02421 76468
E-Mail: info@nothelfer.org
www.nothelfer.org

SCI Service Civil International
Workcamps
Blücherstr. 14, D-53115 Bonn

T. 0228 212086
T. 0228 212087
F. 0228 264234
E-Mail: info@sci-d.de
www.sci-d.de

VIA e.V.
Verein für intern. u. interk. Austausch
Postfach 29 28, D-21319 Lüneburg
T. 04131 73 22 23
F. 04131 73 22 24
E-Mail: info@via-ev.org
www.via-ev.org

FÖJ und FSJ

Arbeiterwohlfahrt Baden
Hohenzollernstraße 22
D-76135 Karlsruhe
T. 0721 82070
F. 0721 8207 600
E-Mail: info@awo-baden.de
www.awo-baden.de

Arbeiterwohlfahrt
Oppelnerstr. 130, D-53119 Bonn
T. 0228 6685 0
F. 0228 6685 209
www.awo.org.pub

Arbeitsgemeinschaft Freiwillige
Soziale Dienste e.V.
Klosterplatz 4, D-52062 Aachen
T. 0241 452215
F. 0241 452208
E-Mail: fsjaachen@aol.com
www.freiwilliges-soziales-jahr-aachen.de

Arbeitsgemeinschaft Jahr für den
Nächsten e.V.
Steinfelder Gasse 20-22, D-50670 Köln
T. 0221 1642 6213
F. 0211 1642 6849
E-Mail: geschaeftsstelle@fsj-koeln.de
www.fsj-koeln.de

Arbeitskreis Freiwillige Soziale
Dienste
des Diakonischen Werkes der
Ev. Kirche
Stafflenbergstr. 76, D-70184 Stuttgart
T. 0711 2159 0
F. 0711 2159 288
www.diakonie.de

BDKJ Bund der Katholischen Jugend
Postfach 32 05 20, D-40420 Düsseldorf
z. Hd. Martina Stollwerck
T. 02 11 46 93-175
F. 02 11 46 93-120
E-Mail: mstollwerck@bdkj.de
www.bdkj.de

DCV Deut. Caritasverband
Referat Gemeindecaritas
Beratung Freiwilligendienste
Postfach 420, D-79004 Freiburg
E-Mail: freiwilligendienste@caritas.de
www.caritas.de

Deutscher Caritasverband
Karlstr. 40, D-79104 Freiburg
T. 0761 200 0
F. 0761 200 541
www.caritas.de

Deutsches Rotes Kreuz
Carstennstr. 58, D-12205 Berlin
T. 030 85404 0

F. 030 85404 450
www.rotkreuz.de

Evangelische Kirche im Rheinland
Arbeitsstelle für Kriegsdienst-
verweigerung,
Zivildienst und Freiwillige
Friedensdienste
Hans-Böckler-Straße 7
D-40476 Düsseldorf
T. 0211 45 62 0
F. 0211 45 62 490
E-Mail: zivil-und-friedensdienst@
ekir.de
www.ekir.de

IB Internationaler Bund
Freiwilliges Ökologisches Jahr
Am Herrenberge, D-07745 Jena
z. Hd. Stefan Lober
T. 03641 687 105
F. 03641 687 202
E-Mail:
Stefan.Lober@internationaler-bund.de

IB Internationaler Bund
Freier Träger der Jugend-, Sozial-
und Bildungsarbeit e.V.
Valentin-Senger-Straße 5, D-60389
Frankfurt am Main
T. 069 94 54 50
F. 0 69 94 54 52 80
E-Mail: info@internationaler-bund.de
www.internationaler-bund.de

ICE Initiative Christen für Europa e.V.
Wachwitzer Höhenweg 10
01328 Dresden
T. 0351 215 00 20
F. 0351 215 00 28

E-Mail:
ice.dresden@freiwilligendienst.de
www.freiwilligendienst.de

IJAB, Internationaler Jugendaus-
tausch- und Besucherdienst
der Bundesrepublik Deutschland
Heussallee 30
D-53113 Bonn
T. 0228 9506 0
F. 0228 9506 199
www.ijab.de

JEV Jesuit European Volunteers
P. Michael Beschorner SJ
Königstraße 64
D-90402 Nürnberg
T. 0911 23 46 500
F. 0911 23 46 501
E-Mail: team@jev-online.de
www.jev-online.de

Malteser Hilfsdienst
Referat FSJ
Kalker Hauptstraße 22-24
D-51103 Köln
T. 0221 9822 547
F. 0221 9822 539
E-Mail: fsj@maltanet.de
www.malteser.de

Im Verlag interconnections sind dazu
mehrere Title erschienen, s.
http://shop.interconnection.de

Sonstige Anschriften

Allgemeiner Rat der Notare
Consejo General del Notariado
Paseo de General Martinez Campos, 46
E-28010 Madrid
T- 0034 91 3087232
F. 0034 91 3087053

Bibliothek des Instituts für
Auslandsbeziehungen
Charlottenplatz 17, D-70173 Stuttgart
T. 0049 711 2225-0
F. 0049 711 2225-131
E-Mail: bibliothek@ifa.de
www.ifa.de

Bundesverband der Dolmetscher und
Übersetzer e. V. (BDÜ)
Bundesgeschäftsstelle
Kurfürstendamm 170, D-10707 Berlin
T. 030 88712830
F. 030 88712840
E-Mail: info@bdue.de
www.bdue.de

Deutsche Handelskammer für Spanien
Cámara de Comercio Alemana para
España
Avenida Pio XII, 26-28
E-28016 Madrid
T. 0034 91 353 09 10
F. 0034 91 359 12 13
E-Mail: ahk_spanien@ccape.es
www.ahk.de/bueros/s/spanien

Zweigstelle Barcelona der Deutschen
Handelskammer für Spanien
Cámara de Comercio Alemana para
España

Calle Córcega 301-303
E-08008 Barcelona
T. 0034 934155444
F. 0034 934152717
E-Mail: ahk barcelona@ccape.es
www.ahk.de/bueros/s/spanien

Zweigstelle Castellón der Deutschen
Handelskammer für Spanien
Cámara de Comercio de Castellón
Departamento de Idiomas Internacionales
Avda. Hnos.Bou No 79,
E - 12003 Castellón
www.camaracs.es

Deutsch-Hispanische Gesellschaft e.V.,
München / Sociedad Hispano-
Alemana, Munich
Postfach 100 441
D-80078 München / Munich
Residenzstr. 25
D-80333 München / Munich
T. 089 60 60 16 40
F. 089 25549827
E-Mail: info@deutsch-hispanisch.de
www.deutsch-hispanisch.de
www.deutsch-hispanisch.eu
www.hispano-aleman.de
www.hispano-aleman.eu

Deutsche und Schweizerische
Schutzgemeinschaft für Auslands-
grundbesitz e.V.
Carl-Benz-Str. 17 A,
D-79761 Waldshut-Tiengen
T. 07741-21 31
F. 07741-16 62
E-Mail: kontakt@schutzgemeinschaft-ev.de
www.schutzgemeinschaft-ev.de

Euro-Practice
Kyffhäuser Str. 17, D-50674 Köln
T. 0221 4202814
E-Mail: germany@europractice.com
www.euro-practice.com

EUROVACANCES
Youth Exchange gGmbH
Rothenbaumchaussee 5
D - 20148 Hamburg
T. 040 44 70 700
F. 040 44 66 96
E-Mail: info@eurovacances.de
www.eurovacances.de

Europäisch-Lateinamerikanische
Gesellschaft (ELG e.V.)
Alstertor 1 – Thaliahof
D-20095 Hamburg
T. 040 325097 0
F. 040 325097 10
E-Mail: info@elg-online.de
www.elg-online.de

Europäisches Berufsberatungszentrum
Partnerland Spanien
Arbeitsagentur Frankfurt am Main
Fischerfeldstr. 10-12
D-60311 Frankfurt am Main
T. 0049 69 21 71-0
F. 0049 69 21 71-2662
E-Mail: BerufsberatungFrankfurt@
t-online.de

Hauptschatzamt der Sozialen Sicherheit
Tesoreria General de Seguridad Social
(TGSS)
Plaza de los Astros 5-7
E-28007 Madrid
T. 0034 915038000
F. 0034 91 503 84 12

IBW-EUROINSTITUT
Postfach 4025
Winkelstr. 18, D-48022 Münster
T. 0251 435 69; 0251 402 66
E-Mail: ibw.euroinstitut@t-online.de

Informations- und Beratungsstelle
(IBS)
Informationen zur beruflichen Aus-
und Weiterbildung für Deutsche im
Ausland
InWEnt GmbH
Friedrich-Ebert-Allee 40
D-53113 Bonn
T. 0228 4460 0
F. 0228 4460 1766
E-Mail: ibs@inwent.org
www.inwent.org, http://www.cdg.de/ibs

Informationsstelle für Beschäftigungs-
fragen
Oficina de Información Sociolaboral
Agustin de Bethencourt, 41
E-28071 Madrid
T. 0034 3108680
F. 0034 3108620
www.mtas.es

Innenministerium – Generaldirektion
Verkehr
Ministerio del Interior - Dirección
General deTráfico
C/Arturo Soria 143, E-28071 Madrid
T. 0034 91 301 85 00
F. 0034 91 301 84 84
www.dgt.es

Jugend für Europa
Godesberger Allee 142-148
D-53175 Bonn
T. 0228 9506220

F. 0228 9506222
E-Mail: jfe@jfemail.de
www.jugendfuereuropa.de

Landesanstalt für Sozialdienste
Instituto Nacional de Migración y de
Servicios Sociales
Avenida de la Ilustración s/n
E-28071 Madrid
T 0034 913478888
F 0034 91 347 85 95

Landesanstalt für Soziale Sicherheit
Instituto Nacional de la Seguridad
Social (INSS)
Calle Padre Damián 4
E-28036 Madrid
T. 0034 915688300
F. 0034 91 5647822

Landesgesundheitsanstalt
Instituto Nacional de la Salud
(INSALUD)
Calle Alcalá 56, E-28014 Madrid
T. 0034 913380006
F. 0034 91 3380751

Ministerium für Arbeit und Soziales
Unterabteilung für Information
Ministerio de Trabajo y Asuntos
Sociales
Subdirección General de Información
Administrativa
Calle Augustin de Bethencourt, 4
E-28071 Madrid
T. 0034 91 5536278
F. 0034 91 533 40 33, 91 533 29 96
www.mtas.es

Ministerium für Bildung und
Wissenschaft

Ministerio de Educación y Ciencia
Subdirección General de Títulos,
Convalidaciones y Homologaciones
Paseo del Prado 28, E-28071 Madrid

Zur akademischen Anerkennung:
Mariano Labarta Aizpun
T. 0034 914201693
F. 0034 914203535

Zur beruflichen Anerkennung:
Maria Soledad Gonzalez Iglesias
T. 0034 91 506 56 00
F. 0034 91 420 35 35
E-Mail:
ismael.fernandezffieduc.mec.es
www.mec.es

Ministerium für Industrie,
Energie und Tourismus
Ministerio de Industria, Energía y
Turismo
Paseo de la Castellana 160
E-28071 Madrid
T. 0034 91 3494000
F. 0034 914582019
www.mityc.es

O.N.E.C.O.
Organización Nacional de Educación
Comunitaria
C/ Mateos Gago 29, 1°DCH
E-41004 Sevilla
T. 0034 902 153 073
www.oneco.org

Prokuratorenkammer
Colegio de Procuradores de Madrid
Calle Barbara de Braganza 6
E-28004 Madrid
T. 0034 91 308 1323

F. 0034 91 3084415
www.icpm.es

Sozialanstalt der Marine
Instituto Social de la Marina (ISM)
Calle Genova 20 – 24
E-28004 Madrid
T. 0034 913198000
F. 0034 913199034

Spanische Fernuniversität
bei der Botschaft des Königreichs
Spanien
Universidad Nacional de Educación
a Distancia
(U.N.E.D.)
Sozialabteilung
Lichtensteinallee 1, D-10787 Berlin
T. 0049 30 25 40 07 - 45 3
F. 0049 30 25 40 07 - 50 7
E-Mail: uned-allemagne@t.online.de
www.uned.es

Spanisches Fremdenverkehrsamt
Kurfürstendamm 180, D-10707 Berlin
T. 0049 30 882 65 43
F. 0049 30 8826661
E-Mail: berlin@tourspain.es

Spanisches Fremdenverkehrsamt
Grafenberger Allee 100,
D-40237 Düsseldorf
T. 0049 211 680 39 80/81
F. 0049 211 6803985

Spanisches Fremdenverkehrsamt
Myliusstr. 14
D-60323 Frankfurt am Main
T. 0049 69 72 50 33
F. 0049 69 72 53 13
Spanisches Fremdenverkehrsamt

Postfach 15 1940, D-80051 München
T. 0049 89 538 90 75
F. 0049 89532 86 80

Spanisches Fremdenverkehrsamt
Walfischgasse 8, A-1010 Wien
T. 0043 1 51 295 80
F. 0043 1 51 295 81
viena@tourspain.es

Spanisches Fremdenverkehrsamt
Zürich
Seefeldstr. 19, CH-8008 Zürich
T. 0041 1 25 279 30
F. 0041 1 25 262 04
zurich@tourspain.es

Spanischer Generalrat der
Rechtsanwälte
Consejo General de la Abogacía
Española
Paseo de Recoletos, 13
E-28004 Madrid
T. 0034 523 25 93
F. 0034 532 78 36
www.cgae.es

Spanisches Kulturinstitut
Instituto Cervantes
Marstallplatz 7, D-80539 München
T. 0049 89 29 07 18-0
F. 0049 89 29 32 17
E-Mail: kultur@cervantes-
muenchen.de
www.cervantes-muenchen.de

Spanisches Kulturinstitut
Instituto Cervantes
Schwarzenbergplatz 2, A- 1010 Wien
T. 0043 1 5052535
F. 0043 1 505253518

E-Mail: cenvie@cervantes.es
http://viena.cervantes.es

*Staatliche Behörde für das
Steuerwesen
Agencia Estatal de la Administración
Tributaria
Guzmán el Bueno, 139
E-28003 Madrid
T. 0034 91 582 67 67*

*Staatsanzeiger
Boletín Oficial del Estado
Trafalgar 27-29, E-28071 Madrid
T. 0034 91 538 22 95
F. 0034 91 5382121
www.boe.es*

*Veb – das europäische Bildungsinstitut
Richard-Wagner-Str. 11-13
D-28209 Bremen
T. 0421 34 99 430
F. 0421 3400127
E-Mail: p.tapavicki@veb.org
www.veb.org*

*Wirtschaftsministerium
Abteilung für Zoll- und
Steuerangelegenheiten
Dirección General de Aduanas
Guzmán el Bueno 137
E-28071 Madrid
T. 0034 91 554 32 00
F. 0034 91 5335242*

*Wohnbörse für junge Leute
Bolsa de Vivienda Joven
Braganza s/n, E-28025 Madrid
T. 0034 91 5804756
F. 0034 91 5804753
www.provivienda.org*

*Wohnbörse für Einwanderer
Bolsa de Alojamiento para Inmigrantes
Braganza s/n, E-28025 Madrid
T. 0034 91 5804752
F. 0034 91 580 47 53
E-Mail:
bvjalcobendas@provivienda.org
www.provivienda.org*

Deutsche Schulen

Barcelona, www.dsbarcelona.com
Bilbao, www.dsbilbao.org
Las Palmas, Gran Canaria,
www.dslpa.org
Madrid, www.dsmadrid.com
Málaga, www.deutsche-schule-malaga.com
San Sebastián, www.colegioaleman.net
Santa Cruz de Tenerife,
http://www.dstenerife.eu
Sevilla,
www.deutscheschulesevilla.com
Valencia, www.dsvalencia.net

Eures-Berater

In Spanien

Teresa Alonso-Vega Alvarez, Oviedo,
eures-asturias.alonso@inem.es

Guadalupe Diaz Martin, Cáceres,
eures-caceres.diaz@inem.es

Angeles Eseverri Asin, Barcelona,
eures-barcelona.eseverri@inem.es

Dolores Goitiandia Gorrochategui, Bilbao, eures-vizcaya.goitiandia@inem.es

Carlos Mogro Remolina, Santander,

eures-cantrabia.mogro@inem.es
Salvador Montilla Perez, Jaén, eures.jaen.montilla@inem.es
Violetta Morcillo Narciso, San Sebastián, eures-guipuzcoa.morcillo@inem.es
Rafael Perez Garcia, Valladolid, eures-valladolid.perez@inem.es
Isabel Perez Garcia, Sevilla, eures-sevilla.perez@inem.es
Susana Ramirez de Val, Barcelona (Catalunya), sramirez@foment.com

Statistische Angaben

Fläche: 504.741 km^2, zweitgrößtes Land Europas nach Frankreich, das fast die gleiche Fläche aufweist.
Bevölkerung: 46 Mio. Einwohner, davon knapp zehn Prozent Ausländer und darunter rund eine halbe Million Deutsche
Bevölkerungsdichte: 90 Einwohner / km^2 Hauptstadt ist Madrid mit etwa 4 Mio. Einwohnern, weitere größere Städte sind Barcelona, Valencia, Sevilla und Saragossa (Zaragoza).

Anbaufläche: 20.500.000 ha (40,6 %), davon 3.100.000 ha Bewässerungsanbau, in Erweiterung begriffen, und 17.400.000 ha nicht bewässerte Flächen.

Amtssprache ist Spanisch (Castellano), regionale Amtssprachen auch Katalanisch, Baskisch und Galizisch. Wirtschaftskraft (BIP pro Einwohner 2008): Ca. 23.000 Euro

Wirtschaftswachstum 2008: ca. 3%
Vergleichszahlen BRD: Fläche 357.000 km^2, 82 Mill. Einwohner, Bevölkerungdichte 230 E / km^2

Bevölkerung (in Millionen Einwohnern):
Seit Beginn des 20. Jahrhunderts verdoppelte sich die Bevölkerung von knapp 19 Millionen Einwohnern auf rund 43 Millionen heute. Die Verteilung der Bevölkerung auf die autonomen Regionen fällt ganz unterschiedlich aus: Kastilien-La Mancha ist mit 20 Einwohnern pro km^2 der dünnbesiedelste Landstrich, gefolgt von der Extremadura mit 25 und Kastilien-León mit 27 Einwohnern E/km^2.
Die höchste Bevölkerungsdichte weisen die Region Madrid mit fast 700, das Baskenland mit knapp 300, die Kanaren mit 200 und Katalonien mit rund 190 Einwohnern E/km^2 auf.
Größte Städte sind Madrid mit knap 4, Barcelona mit 1,8, Valencia mit 760.000, Sevilla mit 660.000, Saragossa mit 600.000 und Málaga mit 506.000 Einwohnern.

Spanische Verkehrsbüros

Deutschland
Berlin: 030 8826543
Düsseldorf: 0211 6803981
Frankfurt: 069 725038
München: 089 5307460

Österreich
Wien: 01 5129580

Schweiz
Genf: 022 7311133
Zürich: 044 2536050

Spanische Universitäten

(geordnet nach Regionen)

Andalusien
Universidad de Almería, www.ual.es
Universidad de Cádiz, www.uca.es
Universidad de Córdoba, www.uco.es
Universidad de Granada, www.ugr.es
Universidad de Huelva, www.uhu.es
Universidad de Jaén, www.ujaen.es
Universidad de Málaga, www.uma.es
Universidad de Sevilla, www.us.es

Aragón
Universidad de Zaragoza,
www.unizar.es
Universidad San Jorge, www.usj.es

Asturien
Universidad de Oviedo, www.uniovi.es

Balearen
Universidad de les Illes Baleares,
www.uib.es

Baskenland
Universidad del Pais Vasco/ Euskal
Erico Unibertsitatea, www.ehu.es

Canarias
Universidad de La Laguna (Tenerife),
www.ull.es
Universidad de Las Palmas de Gran
Canaria, www.ulpgc.es

Cantabria
Universidad de Cantabria, www.unican.es
Castilla-La Mancha
Universidad de Castilla-La Mancha,
www.uclm.es

Castilla y León
Universidad de Burgos, www.ubu.es
Universidad de León, www.unileon.es
Universidad de Salamanca,
www.usal.es
Universidad de Valladolid,
www.uva.es

Catalunya (Katalonien)
Universidad de Barcelona,
www.ub.edu
Universidad de Girona, www.udg.es
Universidad de Lleida, www.udl.cat
Universidad Politécnica de Cataluña
(Universitat Politècnica de Catalunya),
www.upc.cat
Universidad Abierta de Cataluña
(Universitat Oberta de Catalunya),
www.uoc.edu
Universidad Autónoma de Barcelona,
www.uab.es

Extremadura
Universidad de Extremadura,
www.unex.es

Galizien
Universidad de Coruna, www.udc.es
Universidad de Santiago de Compostela (Universidade de Santiago de Compostela), www.usc.es
Universidad de Vigo,
www.uvigo.es

La Rioja
Universidad de La Rioja,
www.unirioja.es

Madrid
Universidad de Alcalá, www.uah.es
Universidad Autónoma de Madrid,
www.uam.es
Universidad Carlos III de Madrid,
www.uc3m.es
Universidad Complutense de Madrid,
www.ucm.es
Universidad Politécnica de Madrid,
www.upm.es
Universidad CEU San Pablo,
www.uspceu.com
Universidad Rey Juan Carlos,
www.urjc.es

Murcia
Universidad de Murcia, www.um.es
Universidad Politécnica de Cartagena,
www.upct.es

Navarra
Universidad de Navarra, www.unav.es
Universidad Pública de Navarra
(Nafarroako Unibertsitate Publikoa),
www.unavarra.es

Valencia
Universidad de Alicante (Universitat
d'Alacant), www.ua.es
Universidad Miguel Hernández de
Elche (Universitat Miguel Hernández
d'Elx), www.umh.es
Universidad de Valencia (Universitat
de València-Estudi General),
www.uv.es
Universidad Politécnica de Valencia
(Universitat Politècnica de València),
www.upv.es

Fernuniversitäten
Universidad Nacional de Educación a
Distancia, www.uned.es
Universidad Abierta de Cataluña (Universitat Oberta de Catalunya),
www.uoc.edu

Literaturempfehlungen

Allgemein:

Allebrand, Raimund. Alles unter der Sonne: Irrtümer und Wahrheiten über Spanien. Horlemann, 2007.
ISBN: 3895022403.

Aparicio, Guillermo. Spanisch für Besserwisser, Bd. 1-7. Schmetterling, 1996-2008.

Ballauf, Helga. Den Schleier lüften: Spanien und sein maurisches Erbe. Books on Demand, 2008.
ISBN: 3833476443.

Becker, Anne-Katrin und Margarete Meggle-Freund. ¡Viva España! Info Verlagsges., 2007. ISBN: 3881904778.

Bernecker, Walther L. Spanien-Handbuch: Geschichte und Gegenwart. Utb, 2006. ISBN: 3825228274.

Brenan, Gerald. Das Gesicht Spaniens: Bericht von einer Reise durch den Süden. Jenior, 1991.
ISBN: 3980143899.

Buschhorn-Walter, Juliane und Claudia von Holten (Hrsg.). Cantado y contado para los amiguitos: Spanisch für Kinder. Audio-CD. Silberfuchs, 2007.

ISBN: 398107257X.

Drouve, Andreas. KulturSchock Spanien. Reise Know-How, 2008. ISBN: 383171066X.

Eschbach, Susanne. Irreguläre Einwanderer in Spanien: Über Ziele und Erfolge der spanischen Immigrationspolitik. Vdm, 2008. ISBN: 3836452030.

Feldmeier, Frank. Der Blick über die Pyrenäen: Wie sich Deutschland und Spanien in ihren Tageszeitungen gegenseitig wahrnehmen. *Vdm, 2007.* ISBN: 3836430614.

Genze, Felix. Immobilienpreisblasen als wirtschaftspolitisches Problem – Der Fall Spanien. *Grin, 2007.* ISBN: 3638709833.

Goytisolo, Juan. Spanien und die Spanier. Suhrkamp, 2007. ISBN: 3518373617.

Grossman, Lydia. Europäische Esskultur im Wandel: Der Wandel der europäischen Esskultur seit dem späten 19. Jahrhundert im Spiegel des Baedeker, dargestellt an den Beispielen Englands und Spaniens. *Vdm, 2008.* ISBN: 3836455307.

Hilgard, Peter. Spanische Leidenschaften: Von der Liebe zum Land, vom Wein und von anderen Genüssen. *Jenior, 2004. ISBN: 3934377378.*

Hofmann, Felix. Wüste Küste. Jenior, 2002. ISBN: 3980143880.

Horn, Vincent. Frauenerwerbstätigkeit in Spanien. Grin, 2008. ISBN: 3638941663.

Ingendaay, Paul. Gebrauchsanweisung für Spanien. Piper, 2007. ISBN: 3492275184.

Isik, Hakime. Cross Cultural Guide: How to do Business in China, Russia, Spain and Columbia. *Vdm, 2007.* ISBN: 3836416697.

Jenior, Winfried. Almanach Spanien 2008. Jenior, 2007. ISBN: 3934377084.

Kny, Steffi. Minderheitensprachen in Europa am Beispiel von Deutschland, Spanien und Lettland. *Grin, 2007. ISBN: 3638711749.*

Krause, Falko. Der moderne spanische Föderalismus am Beispiel der Entstehung der Autonomen Gemeinschaften. Grin, 2007. ISBN: 3638673804.

Liesendahl, Matthias (Hrsg.). Spanien: Städte, Fiestas, Strände, Burgen, Tapas, Bars, Paradores, Historie. Dorling Kindersley, 2007. ISBN: 3831010463

Madrid, Juan. Dschungel. Jenior, 1991. ISBN: 3928172085

Mateo Sanz, Mercedes. Spanien in kleinen Geschichten. Dtv, 1995. ISBN: 3423093293.

Moore, Tim. Zwei Esel auf dem Jakobsweg: Wie ein Engländer sein Herz an Spanien verlor. *Piper, 2008.* ISBN: 3492251447.

Nagel, Klaus-Jürgen, Maricio Janue i Miret und Maricio Janue i Miret. Katalonien – Eine kleine Landeskunde. Hampp, 2007. ISBN: 3936682186.

Neuhaus, Rolf. FIESTAS – Spanien im Festrausch. Jenior, 1999. ISBN: 3934377300.

Núñez, Faustino. Flamenco verstehen. Jenior, 2003. ISBN: 3934377386.

Olmos, Ignacio und Nikky Keilholz-Rühle (Hrsg.). Kultur des Erinnerns: Vergangenheitsbewältigung in Spanien und Deutschland. Vervuert Verlagsges., 2008. ISBN: 386527336X.

Plate, Eckart. Gott spricht kastilisch. Benissa, Costa Nachrichten. ISBN: 3925087435.

Unger, Stefanie. Die Stellung der Frau im Spanien der Gegenwart. Kovac, 2008. ISBN: 3830038429.

Vazquez, Sandra C., Andreas M. Schlumpf und Willi Plattes. spain – doing business: Ratgeber für unternehmerische Tätigkeiten und Immobilienerwerb in Spanien. Books on Demand, 2007. ISBN: 3833482419.

Vilar, Pierre. Spanien: Das Land und seine Geschichte von den Anfängen bis zur Gegenwart. *Wagenbach, 2000. ISBN: 3803123097.*

Spanisches Recht:

Adomeit, Klaus und Guillermo Frühbeck Olmeido. Einführung in das spanische Recht: Das Verfassungs-, Zivil-, Wirtschafts- und Arbeitsrecht Spanien. Beck Juristischer Verlag, 2007. ISBN: 340654908X.

Dosterschill, Peter. Spanisches Patentrecht. Edition F. Int. Wirtschaft, 2001. ISBN: 3921326206.

Eckl, Christian. Treu und Glauben im spanischen Vertragsrecht. Mohr Siebeck, 2007. ISBN: 3161493001.

Fröhlich, Werner. Fachwörterbuch der Personalarbeit. Datakontext, 2005. ISBN: 3895772968.

Hilgenstock, Niels. Günstigkeitsvergleich im Arbeitsrecht: Rechtsvergleichende Betrachtung unter Einbeziehung Deutschlands, Österreichs, Frankreichs, Spaniens und Großbritanniens. *Wvb, 2007. ISBN: 3865732720.*

Huzel, Erhard. Handels- und Wirtschaftsrecht in Spanien. Edition für Internationale Wirtschaft, 2008. ISBN: 3921326540.

Löber, Burckhardt, Witold Peuster und Armin Reichmann. Das spanische Handelsgesetzbuch. Edition f. internat. Wirtsch., 1984. ISBN: 3921326087.

Meyer, Stefan, Michael Fries und Michael Reichold. Das spanische Insolvenzgesetz. Edition für Internationale Wirtschaft, 2008. ISBN: 3921326559.

Peuster, Witold. Das spanische Zivilgesetzbuch. Edition F. Int. Wirtschaft, 2002. ISBN: 3921326338.

Selenkewitsch, Ilja I..Spanisches Arbeitsrecht. Edition F. Int. Wirtschaf; 2004. ISBN: 3921326516.

Selenkewitsch, Ilja I.. Spanisches Tarifrecht. Peter Lang: Frankfurt, 2006. ISBN: 3631537964.

Index

AFS 72
Agencia Estatal 26, 163
AIESEC 65
Allgemeiner Rat der Notare 159
Arbeiterwohlfahrt 157
Arbeitsgemeinschaft Freiwillige
 Soziale Dienste 157
Arbeitsgemeinschaft Jahr für
 den Nächsten 157
ASEPROCE 155
ASET 74
ASF 155
Asociación Club de Relacione . . . 155
Asociación Hispano-Alemana 74

BDKJ 157
Begabtenförderung 76
Boletín Oficial del Estado 163
Botschaften 151
Bund der Katholischen Jugend . . . 157
Bundesakademie für öffentliche
 Verwaltung 152
Bundesarbeitskreises FÖJ 117
Bundesverband der Dolmetscher . 159
Bundesverband der Pharmazie-
 studierenden 152

Carl Duisberg Centren 152
Carl Duisberg Gesellschaft 153
CCOO 47
CDC 152
CDG 153
Centros de Orientación 74
CEOE 48
CEPYME 48
CGT 47
Choices International 155
CNT 47
COIE 74
Colegio de Procuradores 161
College Council 153
Consejo General de la Abogacía . 162
Consejo General del Notariado . . . 159

DAAD 65
DCV 157
Deut. Caritasverband 157
Deutsch-Hispanische Gesellschaft 159
Deutsche Bauernverband 64
Deutsche Schulen 163
Deutsche und Schweizerische
 Schutzgemeinschaft 159
Deutscher Akademischer
 Austauschdienst 153
Deutscher Caritasverband 157
Deutscher Famulantenaustausch . . 153
Deutsches Rotes Kreuz 62
Diakonisches Werk 62

EIRENE 155
ELG 160
ELSA 153
Erfahrungsberichte:
 Auf eigenen Füßen 28
 Lebe Deinen Traum 43
 Praktikumsaufenthalt in Málaga . . 66
 Barcelona – AupairProbier's
  mal mit Gemütlichkeit 115
 Kommunikation i.Geschäftsleben 58
 Networking 60
 Ausbildung 75
 Wie Spanier uns sehen 101
Eures-Berater 163
Europäisch-Lateinamerikanische
 Gesellschaft 160
Europäische Vereinigung der
 Jurastudenten 153
Europäisches Berufsberatungs-
 zentrum 160
Europractica-Dresden 154

EUROVACANCES 160
Evangelische Auslandsberatung 63
Evangelische Freiwilligendienste .155
Evangelische Kirche 158
Experiment 156

Forum der österreichischen Kultur
  im Ausland 110
Freunde der Erziehungskunst 156

General de Aduanas 163
Gerhard Günnewig Stiftung 154
Gesellschaft zur Förderung v.
  Internationalen Praktika 154
Goethe-Institut 109

Hauptschatzamt der Sozialen
  Sicherheit 160

IAESTE 153
IB 158
IBG 156
IBO 156
IBS 160
IBW-EUROINSTITUT 160
ICE 122
ICJA 156
IFAP 156
IJAB 158
IJGD 156
INEM 65
Informations- und Beratungsstelle 160
Informationsstelle für
  Auslandstätige 62
Informationsstelle für
  Beschäftigungsfragen 160
Initiative Christen für Europa 158
Innenministerium 160
INSALUD 161
INSS 55, 161
Institut f. Angewandte Pädagogik 156

Instituto Cervantes 162
Instituto Nacional de Empleo 65
Instituto Nacional de la Salud 161
Instituto Nacional de la Seguridad 161
Instituto Nacional de Migración ..161
Instituto Social de la Marina 162
Instituts für Auslandsbeziehungen 159
Interkulturelle Begegnungen 152
International Home Student 155
Internationale Begegnung in
  Gemeinschaftsdiensten 156
Internationaler Bauorden 156
Internationaler Bund 158
Internationaler Jugendaustausch-
  und Besucherdienst 158
InWEnt 160

Jesuit European Volunteers 158
JEV 158
JGD 156
Jugend für Europa 160
Jugend Umwelt Projektwerkstatt .156

Kolping Jugendgemeinschafts-
  dienste 156
Konsulate 151
Koordinierungsstelle für die
  Praktischen Studiensemester ...154

Landesanstalt für Sozialdienste ..161
Landesanstalt für Soziale
  Sicherheit 161
Landesgesundheitsanstalt 161
Literatur 166

Malteser Hilfsdienst 158
Mariano Labarta Aizpun 161
Ministerio de Educación y Ciencia161
Ministerio de Industria 161
Ministerio de Trabajo 161
Ministerio del Interior 52, 160

Ministerium für Arbeit und
  Soziales 161
Ministerium für Bildung und
  Wissenschaft 161
Ministerium für Industrie 161

Nationales Büro für Tourismus
  und Austausch 112
Nothelfergemeinschaft 156

O.N.E.C.O. 161
Oficina de Información
  Sociolaboral 160
Organización Nacional de
  Educación 161

Pädagogischer Austauschdienst .. 154
PractiGo 154
Prokuratorenkammer 161

Raphaels 62
Raphaels-Werk 63
Robert Bosch Stiftung 154

SCI 156
Seguridad Social 28, 57
SEQUA 154
Service Civil International 156
Sozialanstalt der Marine 162
Spanisch-Schweizerische
  Handelskammer 48
Spanische Fernuniversität 162
Spanische Handelskammer 48
Spanische Verkehrsbüros 164
Spanischer Generalrat 162
Spanisches Kulturinstitut 162
Staatliche Behörde für das
  Steuerwesen 26
Staatsanzeiger 163
Studienstiftung d. deut. Volkes ... 154

Tesoreria General de Seguridad .. 160
TGSS 160

U.N.E.D 162
Universidad Nacional 72
Universitäten 165

Veb 163
VIA 157

Wirtschaftsministerium 163
Wohnbörse für Einwanderer 163
Wohnbörse für junge Leute 163
Zahnmedizinischer Austausch-
  dienst 154

ZAV 62
Zentralstelle f. Arbeitsvermittlung .62

Lust auf Frankreich
Leben, Urlaub, Arbeit, Freizeit
DER GROSSE FRANKREICHRATGEBER

ISBN: 978-3-86040-114-9

18,00 Euro, 224 S.

http://shop.interconnections.de

REISETOPS

Spanien – Reisen mit Kindern
Ratgeber für Familien
Erholung, Spaß, Tipps und 1000 Adressen

ISBN: 978-3-86040-142-2, 24,90 Euro, 304 S.

Mit vielen Fotos.
Ein aufregendes Buch für Reisen nach Spanien mit der Familie. Neben vielen praktischen Ratschlägen führt es in 55 Touren von den Stränden ins Landesinnere, in den grünen Norden, zu Spaniens Fjorden und auf die Spuren der Araber, Pilger, Ritter und Weinliebhaber.

Briefe aus Südamerika
Indianerherzen, wandelnde Bäume und rotlackierte Möpse

ISBN 978-3-86040-143-9, ca. 15,90 Euro, ca. 192 S.

Marco Gerhards hat bedingungslos recherchiert und mutig formuliert: Reiseberichte aus Südamerika mit sozialpolitischer Aktualität, ökologischen Interessen und der naiven Wahrnehmung eines Gringos. In dieser Art und Weise einzigartig – die Grausamkeit sezierend, die Abgründe entdeckend, den Humor nicht verlierend ...

Auswandern nach Peru – ein Kaffeehaus, alltägliches Chaos und viel Liebenswertes
Ein neues Leben zwischen Einfalt, Stempelwahn, Generalstreiks und anderen Erdbeben

ISBN 978-3-86040-140-8, ca. 15,90 Euro, 192 S.

Humorvoll erzählte Geschichten einer Auswanderung und eine Einführung in eine fremdartige Kultur auf 3.400 Meter Höhe. Viele Einblicke in Mentalität und Gesellschaft, das Leben, Überleben und Leiden sowie eine Schilderung der Auswüchse und Blüten des Alltags. Ein Buch nicht nur für Auswanderer, sondern den Südamerikareisenden überhaupt.

http://shop.interconnections.de

R E I S E T O P S

Nachrichten aus Griechenland
Bakschisch, böser Blick, berockte Mönche, Hotel Mama und ein feudelschwingender Taucher

ISBN: 978-3-86040-141-5, 16,90 Eur, ca. 144 S., 2009

Was erwartet jemanden, der das erste Mal Griechenland besucht und sich dort auch gleich auf längere Zeit häuslich einrichtet? Der Autor schildert in seinen „Nachrichten aus Griechenland" mit viel Gespür und Beobachtungsgabe seine ersten Schritte in sein neues Leben, die ihm zur zweiten Heimat wurden. Wie ist mit Behörden umzugehen, welche Blüten treibt die Bürokratie, wie wird man ein akzeptierter „hellenischer" Mitbürger? ...

Papua Neuguinea – Leben im Regenwald
Todeszauber, Busencheck, beheizte Klaviere und eine christliche Ohrfeige

ISBN: 978-3-86040-138-5, 17,90 Eur, 214 S.

Gabriele Cavelius schrieb eine Liebeserklärung an Papua Neuguinea und den Regenwald.

Kurzweilig, unterhaltsam und bildhaft, aber auch mit kritischer Distanz zu sich selbst und vor allem zu den Folgen von Missionierung schildert sie das Leben mitten im Regenwald – „immer der Schweißfilm auf dem Körper" –, schildert anschaulich, wie sie Knall auf Fall Arbeiten übernehmen musste, von denen sie zuvor keine Ahnung hatte.

Vietnam
Mit Abstecher nach Laos und Kambodscha
Viele Insidertipps und Farbfotos

ISBN: 978-3-86040-139-2, 124 S. 12,80 Euro

Spannende Reiseberichte und Reiseführer mit vielen guten, preisgünstigen Adressen und Tipps. – Der Autor lebte und arbeitete sechs Monate in Hanoi, Vietnam und bereiste während dieser Zeit auch das gesamte Land. In diesem Buch hat er seine Erfahrungen in einem teils spannenden, teils amüsanten, immer aber persönlichen Reise- und Erfahrungsbericht wiedergegeben. Dazu seine Eindrücke von einem Abstecher nach Laos und Kambodscha.

http://shop.interconnections.de

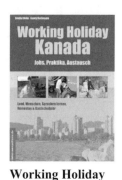

Ferienjobs, Praktika, Austausch – Frankreich
Leben, arbeiten, reisen, Französisch lernen, Aupair, Gastschuljahr
978-3-86040-001-2
ca. 224 S. 15,90 €

Working Holiday Kanada
Jobs, Praktika, Austausch
Land, Menschen, Sprachen lernen, Homestay & Gastschuljahr
978-3-86040-137-8
15,90 €, 176 S.

Das Au-Pair Handbuch
Europa und Übersee
Aupairs, Gastfamilien, Agenturen
Adressen, Erfahrungsberichte und tausend Tipps
978-3-86040-026-5
15,90 €, 208 S.

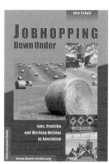

Ferienjobs und Praktika – Großbritannien
Mit Homestay, Sprachkursen, Colleges, Aupair
ISBN: 978-3-86040-008-1
312 S. 15,90 €

Jobhopping DownUnder
Jobs, Praktika, Working Holiday – Australien
Mit Sprachschulen, Highschool und Studium
978-3-86040-126-2
18,90 €, 240 S.

Einfach bestellen im Internet-Shop

http://shop.interconnections.de

www.interconnections.de
Tel. ++49 (0)761-700650